Blumenwelt
der Dolomiten

Umschlagbild: Schwefelanemonen mit Langkofel

31.—40. Tausend

1 9 8 1

Umschlaggestaltung: Roland Prünster, Bozen
Fotolithos: O. Longo, Bozen
Gesamtherstellung: ATHESIADRUCK, Bozen
ISBN 88-7014-011-3

Blumenwelt der Dolomiten

von

Paula Kohlhaupt

Mit einem wissenschaftlichen Beitrag
von Univ.-Prof. Dr. Herbert R e i s i g l

Fünfte, erweiterte Auflage

VERLAGSANSTALT ATHESIA · BOZEN

Vorwort

In Jahrmillionen bildeten sich in der Tethys, dem alten riesigen Südmeer, jene Algenbänke und Korallenriffe, die mit dem Driften des Kontinents von Süd nach Nord langsam aus dem warmen Meer gehoben und zum Gebirge aufgefaltet wurden. War es Zufall oder eine glückliche Fügung, daß diese Sedimente uns heute nicht als Berge mit kalten grauen oder weißblauen Wänden — wie die nördlichen Kalkalpen — erscheinen, sondern daß sie durch besondere chemische Zusammensetzung des Gesteins die wunderbare Farbigkeit ihres Ursprungs, des Korallenmeeres, scheinbar bewahrt haben: so erscheinen uns die Dolomiten als ein zweifaches Wunder durch den Zusammenklang von farbigem Fels und leuchtend buntem Blumenteppich, in ihrer Schönheit einzigartig im ganzen Alpenbogen.

Die dunklen Lärchen- und Zirbenwälder, die grünen Matten und Wiesen der Hochalmen, Blumen bis in die steilsten Felsen und Schuttkare hinauf, noch bunter vielleicht in goldener Herbstpracht, bilden eine wunderbare Harmonie der Farbigkeit, vom tiefblauen, schon südlichen Himmel überspannt. Ganz unwissenschaftlich wird man herausgefordert zu Vergleichen, wie sie in den alten Sagen anklingen: Es ist, als hätten die Bergblumen aus diesem besonderen Boden, aus diesem unvergleichlichen Licht die Farben in sich aufgesogen und spiegelten sie nun wider. Es ist, als müßten die vielen Enziane das tiefe Azur des Himmels zurückstrahlen, dem Schöpfer zum Lob.

Sportliche Bergsteiger sind ein hartes und glückliches Geschlecht, dreifach selig aber ist der ruhig schauende und empfindende Wanderer, der Freund der Bergblumen. Wenn die matte Märzensonne drunten in der Talebene bereits die ersten Blüten hervorzaubert, dann ist's um seine Ruhe geschehen. Zum Frühling droben in den Bergen hat es zwar noch gute Zeit. Aber dieses Jahr darf er die Pelzanemonen auf der Cislesalm, die Schwefelanemonen auf der Seiser Alm nicht versäumen; nicht den gelben Mohn in den bleichen Geröllhalden der Drei Zinnen, die Teufelskralle im steilen Gewänd der Croda da Lago, hoch über dem traumhaften Fedéra-See mit den hochstrebenden schlanken Lärchen und der Felsburg des Becco di Mezzodì — wo im Frühsommer die Zwergalpenrose ein wahres Fest feiert. Nicht die Fackeln der Feuerlilie — vom Fassatal steigt sie hoch hinauf und bildet einen eigenartigen Kontrast zu den weißen Gletschern der Marmolata —, nicht die karminroten Blumensträuße der Bartnelken auf der Südseite der einsamen Marma-

5

Türkenbund am Grödner Joch

rolegruppe oder den Herzblättrigen Hahnenfuß in den Monzonibergen. So sind die Dolomiten ein einziger Blumengarten! Jedes Jahr ist alles wie neugeboren. Es ist, als blühte da die ewige Jugend, als gäbe es hier überhaupt kein Altern!

Im Frühling beginnt das große Blühen. Das Gras noch bleich und strähnig, dazwischen die in seidenweiche Pelzchen gehüllten, violett überlaufenen Frühlingsanemonen. Bei Sonnenschein erstrahlen ihre großen Blüten im reinsten Weiß. Die Schwefelanemonen können ihre Zeit kaum erwarten, sie wollen noch schöner, noch stattlicher sein: hoch hinauf schieben sie ihre Stengel. Dazwischen das Azurblau der Enziane und Rosenrot der köstlich duftenden Steinröserln. Zwischen die niederliegenden Spalierteppiche der rubindurchwirkten Alpenazalee schmuggeln sich die rosaroten Blüten der Zwergprimel mit ihrem Namen Hab-mich-lieb.

In dem sonnenhellen, graublauen Dolomitfels leuchtet aus kleinsten Nischen das Goldgelb der Felsaurikel, ewas südlicher prahlt die seltene Prachtprimel in ihrem Rot. Das ist ein einziges Jubilieren in Farbe und Licht. Hier sind wir fern von aller Bedrückung und Sorge unserer Alltags-Menschenwelt. Unsere Liebe zu dieser Harmonie ungestörter Natur und lebender Welt möchten wir wie einen Schutzschild um dieses Paradies bauen und allen Frevlern zurufen: R a u b t   u n d   z e r s t ö r t   d i e s e   u n w i e d e r b r i n g l i c h   l e t z t e n   P a r a d i e s e   d e r   B e r g e   n i c h t !

Die Bergblumen sind große, fast beispiellose Wanderer. Viele haben nämlich ihre Heimat nicht in den Alpen, sondern anderswo. Einige stammten aus Südafrika, andere aus China, viele aus den Hochsteppen Asiens, aus Sibirien, den Polargebieten. Weit sind viele wohl gewandert, aber noch nicht des Wanderns müde. Aber das gehört ins reizvolle Gebiet der genetischen Pflanzengeographie. In den Alpen haben sie die höchsten Gipfel erorbert und die letzten Klippen.

Es ist eine harte Aufgabe, auf dem Farbfilm diese Wunder mit der Kamera festzuhalten. »Ihr Pinsel ist der Sonnenstrahl!« Der Sonnenstrahl, der erbarmungslos aufs Geröllfeld brennt, vor den Riesenbauten der Drei Zinnen, in dem du schon stundenlang auf dem Bauche liegst. Noch eine Stunde, hast du dir geschworen, willst du auf Windstille warten. Auf absolute Windstille, weil sich die zarten Blütenkronen des Alpenmohns im leisen Lufthauch immer noch so lieblich wiegen. Und wenn deine Bergkameraden bereits vom hohen Gipfel ihr Siegeslied über Erdenschönheit jubeln, liegst du immer noch schußbereit 30 cm vor deinen Lieblingen. Aber später kannst du dir dann sagen, entgegen dem König Salomo: Und ist es auch Mühe und Arbeit gewesen, so ist es doch köstlich gewesen! Zehntausende haben schon die Drei Zinnen fotografiert, Tausende das Edelweiß, aber wohl wenige den so lieblichen, bescheidenen Dolomiten-Mannsschild oder den Himmelsherold, die Wunderblume. Sie blüht ja so nahe dem Himmel, und selbst da begegnet ihr der unermüdliche

6

Steiger nur selten. Hoch über Erdenleid und Erdenqual wächst diese Hochgebirgsschwester unseres Vergißmeinnichts in den Felsspalten und an Felsgraten der höchsten Berge (2500—3600 m). Es war noch dunkel, als ich vom Rollepaß zum Passo del Mulaz wanderte. Die ersten Strahlen der aufgehenden Sonne erreichten mich im schrofigen Gelände hinauf zur Cima del Mulaz, an roten Polstern von Leimkraut, ganzen Büschen Gelben Mohns und dem Blauen Männerle vorbei. Es gab des Schauens viel. Gegenüber die Prachtgestalt des Cimone und der Vezzana. Und dann entdeckte ich es im Fels vor mir: ein Stückchen blauesten Himmels — ein Polster des Himmelsherolds. Allein war ich hinaufgestiegen, allein hielt ich Zwiesprache mit diesen herrlichen blauen Augen.

Aber so hoch hinauf brauchst du nicht unbedingt zu steigen, wenn du die Herrlichkeit der Bergblumen erleben willst. Schon in niederen Regionen kannst du mühelos über buntleuchtende Blumenteppiche mit Tausenden von Goldsternen der Arnika, Glocken- und Flockenblumen wandern, dazwischen die exotisch anmutenden Turbane des stattlichen Türkenbunds, die Kerzen des hohen Enzians und unzählige schwarze, blutrote bis hellgelbe Nigritellen bewundern und in Schneeresten und an ihren Rändern die zarten violetten Glöckchen der Soldanellen — durcheilt von »Brünnlein klar und Quellen rein«.

Natürlich wird der Botaniker, noch dazu der fotografierende, den Seltenheiten nachspüren. A b e r d a s g e s c h i e h t n i c h t m i t d e r m a t e r i e l l e n G i e r d e s S a m m l e r s. Allwegs ist der Bergfreund nur auf der Suche nach Schönheit und hingerissen von den Wundern der Schöpfung. Er freut sich über jede Blume.

Alles aber hat seinen Tag und seine Stunde. Wie oft verlierst du nicht die Geduld bei deiner Leidenschaft. Wenn ein dichter Nebel mit seinem leuchtenden Silberton alle Farben tötet, wenn jede Gestalt schemenhaft und unwirklich erscheint, wenn du deinen schweren Rucksack und den einförmigen Weg dreimal verfluchst. Furchterregend wie wilde Gnome erscheinen die Zirben plötzlich vor dir. Aber manchmal geschieht ein Wunder. Der Nebel wird lichter, nimmt blaugraue Farbe an. Einige Windstöße, und du stehst in blendendem Sonnenlicht. Über dem Nebelmeer! Auch dein Unmut ist weggeblasen. Seligkeit und Frische des Morgens erfüllen dich. Über dir steile Grasflanken und Geschröf. Hier ist das Edelweiß zuhause. Ich hab sie nicht vergessen, die Zauberblume hoch auf Felsen, nahe dem Licht der Sterne. Von einem kleinen Mädchen eines Bergbauern hörte ich einst den wunderbaren italienischen Namen: Stella alpina, Alpenstern!

Bergblumen sind wahrlich Gestirne auf Erden: Sidera terrestria! Ein Zauberland sind die Dolomiten! Dort, im obersten Vajolettal, ragt der Winklerturm wie ein Fanal gegen den Himmel. Eine gute Fee mag dich führen und dir zu seinen Füßen die zarten Rosenblüten des Dolomiten-Fingerkrautes zeigen. Viel schöner klingt der lateinische Name, in dem mir eine ganze Welt von Glanz und Licht zu liegen scheint: Potentilla nitida. Nitida, die Glänzende! In dichten, weißschimmernden Polstern schmiegt sich das Zwergstämmchen eng an die Felsblöcke. Hier hat das Pflänzchen gar die harten Eiszeiten überdauert. Vielleicht ahnst du die heilige, unverletzliche Kraft, die in so zarten rosa Blüten schimmert? Wenn du weiter wanderst durch die Steinwüste der Larsecgruppe, wirst du vielleicht auch ein Polster der Goldprimel erspähen — immer etwas verzoppelt, unfrisiert, sehen ihre kleinen, goldgelben Blüten aus. Später in einer Schlucht abwärtssteigend findest du eine Akelei, kleiner als du es gewohnt bist, blauviolett die Blüten: Dolomiten-Akelei. In den steilaufragenden Wänden leuchten hier im Spätsommer die herrlichen blauvioletten Glocken der Campanula morettiana (Dolomiten-Glockenblume). Wie kann sie hier ihr Leben fristen, wie finden ihre Würzelchen hier Halt und Nahrung?

Ich hoffe, daß auch dir einmal die Erinnerung deine Winterabende färben wird mit dem warmen Gold der Sonnenuntergänge in den Dolomiten, aber auch mit der Glut der Alpenrosen. Vielleicht denkst auch du an die Worte des römischen Dichters Martial: »Im purpurgefärbten Kleide glänzest du.« Solches Erleben wird sich tief in deine Seele prägen, und du brauchst nicht notwendig einen Farbfilm und eine Kamera. Suchst du also hohe Erdenschönheit und willst dich gar wegwenden von der Hektik, der tiefen Krankheit und Aggression unserer Zeit, dann:

> »Geh zu den kleinen Blumen auf den großen, farbigen Bergen in König Laurins Wunderland, zu den Blumenparadiesen der Südtiroler Dolomiten!«

Paula K o h l h a u p t

Die Pflanzenwelt der Dolomiten

1. Die erdgeschichtliche Vergangenheit von den Anfängen bis heute

Aus grauer Vorzeit

Die kühnste Epoche in der kurzen Menschheitsgeschichte hat begonnen: Wir verlassen den Planeten Erde und stoßen in den Weltraum vor. Oder ist es vielleicht der Anfang einer Flucht, weil unsere Lebensmöglichkeiten sich zusehends erschöpfen? Davon wird am Schluß noch kurz zu sprechen sein.

Wir haben also gelernt, mit großen Zahlen umzugehen, doch mag der Vorstellung ein Vergleich zu Hilfe kommen. Setzen wir (nach Rüger) die drei Milliarden Jahre, seit denen die ersten Lebensspuren auf unserem erkalteten Gestirn nachzuweisen sind, einem Kalenderjahr gleich, so entsprechen die 70 Millionen Jahre des »Dolomitenalters« den letzten 10 Dezembertagen, die 100.000 Jahre seit dem Auftreten des Menschen messen dann wie eine halbe Stunde, seine nur 6000 Jahre alte Kulturgeschichte knapp 1,5 Minuten.

Über die Geheimnisse grauer Vorzeiten erfahren wir durch die Geologie. In Jahrmillionen haben sich Land und Wasser geschieden, Meere und Kontinente sind entstanden, Gebirge türmten sich auf. Nur in seltenen Fällen ist die Schichtenfolge von ältesten zu jüngsten Gesteinen einigermaßen ungestört und mit Resten der uralten Lebewesen (Fossilien) erhalten, viel häufiger haben Erdkrusten-Bewegungen oder vulkanische Tätigkeit die als »Sedimente« in oft mehrere 1000 m mächtigen Schichten abgelagerten Kalkteilchen gefaltet, zerquetscht oder durch den hohen Druck so umkristallisiert, daß keine Lebensspuren mehr zu finden sind.

Im Wasser begann mit primitivsten Lebewesen (ähnlich Bakterien und Blaualgen) das Wunder der Evolution, der ständigen, wenn auch immer wieder von Rückschlägen unterbrochenen Höherentwicklung vom Einfachsten zu den immer komplizierteren Bauplänen von Pflanze, Tier und Mensch.

Im Pflanzenreich ist ein Markstein dieser Entwicklung die Eroberung des Landes, die durch die „Erfindung" von schützenden Wand- und tragenden Skelettsubstanzen möglich wurde. Ist der Beginn (Kambrium, Silur) des E r d a l t e r t u m s (Paläozoikum) noch eine reine „Algenzeit" unterseeischer Tangwälder, so finden wir bereits im Devon (vor ca. 400 Mill. Jahren) die ersten Landpflanzen. Am Ende des Erdaltertums (Steinkohlenzeit — Karbon, Perm) herrschten Farngewächse in sehr großer Formenfülle. Alle drei auch heute noch, wenn auch mit relativ kümmerlichen, meist krautigen Typen vorhandenen Farngruppen waren vertreten. Unter den Bärlapp-Gewächsen gab es die mächtigen Siegel- und Schuppenbäume (*Sigillaria* und *Lepidodendron*) und hohe Schachtelhalmbäume (*Calamites*). Erstmals samentragende Baumfarne (*Pteridospermen*) lebten mit den Cordaiten, den primitiven nacktsamigen Vorfahren unserer Nadelbäume zusammen (*Gymnospermen*). Von einigen der genannten Pflanzen sind spärliche Reste im permischen „Grödner Sandstein" erhalten, der den alten vulkanischen Quarzporphyr-Sockel als oberste Verwitterungsschicht abschließt.

9

Vom alten Mittelmeer (»Tethys«), einer warmen Flachsee, überflutet, konnten Korallen, Schwämme, Muscheln und Kalkalgen im Verlauf des E r d - m i t t e l a l t e r s (Mesozoikum) steile Riffe und mächtige Felsbänke aufbauen, die dann gegen das Ende der folgenden Tertiärzeit, im Miozän, mit der Auffaltung der Alpenkette zum Hochgebirge emporgehoben wurden, als der afrikanische Kontinentalblock allmählich nach Norden gegen den europäischen Block drückte. Erst in dieser »späten« Zeit erhielt die Oberfläche der Erde in der Verteilung von Meer und Land ihr heutiges Gesicht. Von vielen Zeichen her wissen wir, daß in den Zeiten vorher dieses Gesicht ganz anders ausgesehen haben muß, daß z. B. die Pole und damit die Klimazonen gewaltigen Verschiebungen unterworfen waren. Im Bereich der heutigen Alpen, der uns hier interessiert, herrschte mit Unterbrechungen bis in das jüngste Erdmittelalter (Kreidezeit) und die frühe Tertiärzeit (Eozän) das »alpine Meer«, ein Flachmeer von höchstens 200—300 m Tiefe. Obwohl sich in Jahrmillionen teils durch chemische Ausfällung, teils durch Vermittlung kalkfällender Organismen über 1000 m mächtige Sedimente bildeten, blieb dieses Meer durch gleichmäßiges Absinken des Untergrundes stets etwa gleich seicht. Das Erdmittelalter (Mesozoikum, in drei Abschnitte: Trias/Jura/Kreide gegliedert) erweist sich als eine ausgesprochene Warmzeit ohne Vergletscherung. Die heutigen Polargebiete waren von reicher subtropischer Waldvegetation bedeckt. Aus Grönland hat z. B. schon O. Heer vor mehr als 100 Jahren Reste ausgestorbener Farne, Palmfarne *(Cycadeen)* und Nadelhölzer beschrieben. Der vielleicht interessanteste Fund ist ein wohlerhaltenes Blatt des heute rein tropischen Brotfruchtbaumes *(Artocarpus)*. Auch aus der weiteren Umgebung des Alpenraumes, aus der Gegend von Straßburg, sind uns Reste ähnlicher Land-Floren überliefert.

Korallenriffe und Grünalgenbänke im Tropenmeer

Die Geburtsstätte der Dolomiten aber war das Meer, ein warmes, seichtes (maximal 100 m tiefes) Tropenmeer mit seiner vielfältigen Tier- und Pflanzenwelt. Wie heute noch in den Tropen unter ähnlichen Bedingungen (Wassertemperatur um 25° C, Tiefe ca. 50 m, bis etwa 30° nördl. und südl. des Äquators), so bauten schon vor über 200 Mill. Jahren Steinkorallen, Schwämme, Muscheln und Algen ihre Riffburgen als Wälle (»Tafelriffe«) oder ringförmige »Atolle«, gegen die außen langsam zerstörend das Meer brandete, während im ruhigen Wasser der umschlossenen Lagunen ausgedehnte Grünalgenwiesen den Grund bedeckten.

Als Beispiel für ein fossiles Tafelriff seien die kompakten ungeschichteten Dolomite des Rosengartens genannt, während die deutlich geschichteten Vajolettürme offenbar eine Lagunenbildung darstellen. Die Felszinnen rund um das Fassatal, teilweise selbst kleine Atolle, bildeten zusammen vielleicht ein zusammengesetztes Riesenatoll (Leonardi). Während also in den eigentlichen Riffen Tiere, vor allem Korallen, das Grundgerüst bauten, an denen sich vielerlei andere Tiere und Algen (besonders krustige und knollige Rotalgen aus der Familie der *Solenoporaceae*, grüne Filzalgen *(Codiaceae)*, in obersten Lagen die Kalkhohlkugeln von Blaualgenkolonien *(Sphaerocodium)* zu einer Lebensgemeinschaft zusammenfanden, waren die Lagunen fast ausschließlich von Wirtelalgen *(Dasycladales)* besiedelt. Da die Wirtelalgen die wichtigsten Gesteinsbildner der Dolomiten waren, sei ihr Bauplan kurz geschildert (Abb. 1).

Eine aufrechte, am Boden mit wurzelähnlichen „Rhizoiden" haftende zentrale Stammzelle trägt in Wirteln (Stockwerken) regelmäßig angeordnete, oft in Haarspitzen auszweigende Seitenäste. Im Schleim zwischen den Ästchen wird Kalk abgelagert, der schließlich das ganze, etwa 2—4 cm große Pflänzchen mit einem röhrenförmigen Panzer umhüllt, aus dem nur die Spitzen der Ästchen herausschauen. Die beim Absterben entstehenden Hohlräume werden ebenfalls von Kalk-

10

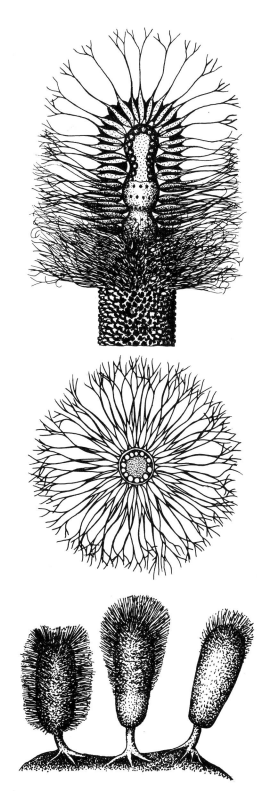

Abb. 1

Wirtelalge *Dasycladaceae*.
Rekonstruktion einer Pflanze vom Ty-
pus *Diplopora*.
O b e r e s B i l d : Oben Längsschnitt,
schwarz der Kalkmantel. Die runden
Zellen im Inneren des Zentralfadens
sind Sporen. In der Mitte Aufsicht ohne
Kalkmantel, vordere Ästchen z. T. entfernt.
Unten: Kalkmantel, lebende Zellen bereits abgestorben.

M i t t l e r e s B i l d : Querschnitt (Kalkmantel nicht gezeichnet).

U n t e r e s B i l d : Drei verschieden
alte Einzelpflänzchen eines ähnlichen
Bautyps mit fortschreitender Verkal-
kung. Etwa nat. Größe.
(Zeichnung: S. Tatzreiter)

11

fällungen ausgefüllt („Steinkerne"). Die Wirtelalgen sind eine sehr alte Pflanzengruppe, an der die Evolution von einfachen Formen (schon im frühen Erdaltertum: Kambrium) zu immer komplizierteren Gebilden besonders deutlich sichtbar wird. Wie bei vielen anderen Pflanzengruppen liegt die „Blütezeit" der reichsten Formentfaltung schon sehr lange zurück: den ca. 70 am l de der Trias lebenden, heute ausgestorbenen Gattungen stehen nur noch 10 in heutigen Tropenmeeren gegenüber. Die Primärstrukturen beider Bildungen (Riffe und Lagunen) wurden sehr häufig durch den Prozeß der „Dolomitisierung", der Umwandlung des von den Organismen abgelagerten Calziumkarbonats („Kalk") in Magnesiumkarbonat („Dolomit") unter gleichzeitiger Umkristalisation weitgehend zerstört. Manchmal freilich, wie z. B. auf der Roterdspitze am Schlern, „glaubt man sich auf einem tropischen Korallenriff der Gegenwart zu befinden, so zahlreich sind die in ihrer ursprünglichen Stellung erhaltenen Korallenstöcke" (Leonardi). Ähnliches gilt für die fast ganz aus den geheimnisvollen „Spongiostromata", deren Natur bis heute nicht klar ist, und die aus Wirtelalgen-Resten aufgebauten, gebankten Marmolata- und Latemar-Kalke oder den nordalpinen Wetterstein-Kalk. Hauptgestein der mitteltriadischen Riffbildung ist der bis über 1000 m mächtige, ungeschichtete Schlern-Dolomit (Ladinische und Karnische Stufe).

Der für die Entstehung der Dolomiten wichtigste Zeitabschnitt des Mesozoikums hat aber nicht nur zwei Gesichter *(»Facies«)*, eine Riff- und eine Lagunenfacies, die wiederum entweder als ursprüngliche Kalke erhalten oder zu Dolomit umgewandelt sein können, sondern zur selben Zeit noch eine dritte, nämlich die V u l k a n i s c h e F a c i e s, die den Riffbereich wenigstens randlich immer wieder störte. Wohl im Zusammenhang damit hat das Meer immer wieder Land freigegeben, auf dem sich höhere Vegetation entwickeln konnte, bis die See wieder alles überflutete. So finden sich schon in der unteren Trias (Muschelkalk) neben marinen Ablagerungen mit Wirtelalgen Reste altertümlicher Nadelhölzer *(Voltzia)*. Die älteren Lagunenablagerungen der anisischen Stufe (Mendel-Dolomit oder Sarl-Dolomit, am Sarlkofel in den Pragser Dolomiten bis 600 m mächtig) enthalten Reste mehrerer Wirtelalgengattungen; in der Mitteltrias finden wir neben der Hauptriffentfaltung Zonen reicher vulkanischer Tätigkeit. Die schwarzgrünen, mineralreichen Gesteine (Augitporphyrit und Melaphyr) treten hauptsächlich in der Form von Decken auf (Seiser Alm, Fassa). In den dunklen Tuffen der Buchensteiner und Wengener Schichten haben sich Reste von Samenfarnen *(Pecopteris)*, Bennettitinae *(Nilssonia*, vielleicht mit der berühmten blütentragenden *Cycadeoidea* verwandt) und Coniferen *(Voltzia)* erhalten, was wegen der unmittelbaren Nähe der Riffe überraschen muß. Anderseits sind die Riffe selbst stellenweise von unterseeischen Eruptionen betroffen worden.

Nach oben zu gehen die Wengener Schichten übergangslos in die tuffig-mergeligen Cassianer Schichten über, die eine sehr reiche Meeresfauna enthalten; der Vulkanismus tritt dabei mehr und mehr zurück. Wengener und Cassianer Schichten verwittern zu tiefgründigem, wasserhaltendem, aber dadurch auch leicht zum Abrutschen neigendem Lehm, der die fruchtbarsten Almböden der Dolomiten liefert (z. B. Seiser Alm, Pralongia, Sella- und Grödner Joch). Die Tafelriffe des Schlern-Dolomits sind stellenweise von einem geringmächtigen Horizont dunkler toniger Kalke überdeckt, die den Riffkalk vor Abtragung durch Verwitterung in der jüngsten erdgeschichtlichen Vergangenheit weitgehend schützen (Schlern-Plateau). Diese „Raibler Schichten" (Oberkarnische St.) sind ein wichtiger Quell- und Vegetationshorizont.

Die obersten Schichten der Trias (Norische und Rhaetische St.) bestehen wieder aus mächtigen marinen Kalk- und Dolomitablagerungen. Es sind die hellen gebänderten Dachstein-Kalke und -Dolomite (dem »Hauptdolomit« der Nordalpen entsprechend), die die mächtigsten Felsburgen der Dolomiten aufbauen (Cristallo, Sorapis, Antelao, Pelmo, Civetta usw.). Besonders schön ist die Bildungsfolge in der Zinnengruppe zu sehen: auf der Basis eines mächtigen Tafelriffs aus Schlern-Dolomit, das von der dünnen Decke der Raiblerschichten geschützt ist, stehen die wuchtigen Zinnen aus Dachstein-Dolomit. Die Fossilien, unter denen sich auch Reste von Wirtelalgen *(Gyroporella)* befinden, sind leider sehr schlecht erhalten.

12

Aus der anschließenden Jurazeit kennen wir nur stellenweise (Sella, Heilig-kreuzkofel, Hohe Gaisl) rötliche, z. T. fossilreiche Riffkalke mit Algen, Turm-schnecken, Seelilien und Korallen, die z. B. den oberen Gipfelaufbau von Pelmo und Civetta bilden. Viel spärlicher sind die Reste der Landflora *(Coni-feren)* aus dieser Zeit.

Die oberste Formation des Mesozoikums schließlich, die Kreidezeit, ist nur mit wenigen Beispielen belegt.

In der Kreidezeit wird plötzlich in der Entwicklung der höheren Pflanzenwelt ein gewaltiger Sprung nach vorne sichtbar, der schon viel früher begonnen haben muß: die »bedecktsamigen« Magnoliophyten *(Angiospermae)* sind auf einmal mit zahlreichen Typen vertreten, und zwar in beiden großen Ent-wicklungslinien der Kätzchenblütler *(Amentiflorae)* und der Vielfrüchtler *(Polycarpicae)*, die dann in der relativ kurzen Zeitspanne vom Tertiär bis heute (ca. 70 Mill. Jahre) an Stelle der Farngewächse und Nacktsamer die Vorherrschaft übernahmen und mit ihrer rapiden Entfaltung, der Schaffung immer neuer Anpassungsformen an fast alle Lebensbereiche der Erde seither die weitaus wichtigste Rolle spielen.

Die subtropischen Wälder der Tertiärzeit

Im Bereich der Dolomiten sind Ablagerungen aus der T e r t i ä r z e i t kaum vertreten (Mte. Parei, Fanes). So müssen wir uns von anderen Fundstätten das Bild der damaligen Pflanzenwelt zu rekonstruieren versuchen. In den meist zu Braunkohle verdichteten Lagerstätten findet man stellenweise außer-gewöhnlich artenreiche Floren und Faunen. In großen Zügen können wir uns vorstellen, daß nach dem allmählichen Rückzug des Meeres eine subtropisch-tropische Waldvegetation aufkam; Jahresringbildungen im Holz sprechen für Regen- und Trockenzeiten. Besonders bemerkenswert ist die weite Verbrei-tung subtropischer Baumarten über ganz Europa: Palmen, Magnolien, meh-rere Arten von Kampfer- und Lorbeerbäumen, Avocado *(Persea)*, Ficus-Arten, *Acacia, Styrax, Diospyros* (Kaki), Sumpfzypresse *(Taxodium)*. Im jüngeren Tertiär vollzog sich die Auffaltung der Alpen zum Hochgebirge, gleichzeitig wurde das Klima allmählich immer kühler. Das bedeutete für die Pflanzen-welt einschneidende Konsequenzen: nach und nach verschwanden die Tro-pengewächse, starben aus oder zogen sich nach Ostasien zurück, wo sie z. T. heute noch leben. Die Flora wird im ganzen immer »europäischer«, der heu-tigen ähnlich.

Einige weniger empfindliche Gewächse wurden erst durch die Eiszeiten (vor etwa 1 Mill. Jahren) endgültig aus Europa vertrieben, wie die tropischen Seerosen *Brasenia* und *Euryale*, zahlreiche Gym-nospermen wie der berühmte Ginkgobaum, der von der Jurazeit an in ganz Eurasien verbreitet war, heute aber nur noch in China wild wächst, zahlreiche Nadelhölzer wie die heute vorwiegend süd-hemisphärische Gattung *Podocarpus* und die ostasiatische Gattung *Cephalotaxus*, die heute rein nordamerikanischen Mammutbäume *(Sequoia)* und Sumpfzypressen *(Taxodium)*, Hickory *(Carya)* und Tulpenbaum *(Liriodendron)*. Im Bereich des Meeres spiegelt sich die schon an der Wende Trias/Jura beginnende Klimaverschlechterung, v. a. im allmählichen Südwärtswandern des Koral-lenriffgürtels wider: von 55° nördl. Br. über 45° (Kreide, Tertiär) bis 30° (Jetztzeit).

Das Hochgebirge der Alpen war ein ganz neuer, zunächst unbesiedelter Leer-raum, den sich die Pflanzenwelt erst erobern mußte, teils durch Zuwande-rung »passender« Arten aus älteren Gebirgen, teils durch Bildung eigener neuer Lebensformen.

Die Eiszeit-Katastrophe und ihre Folgen

Vor etwa einer Million Jahren leitete der Temperaturrückgang, vielleicht infolge der Polverlagerungen jene biologische Katastrophe ein, die wir als E i s z e i t e n kennen. Aus Skandinavien rückten die Inlandeismassen gegen Süden vor, die Alpen boten ein Bild wie die heutige Antarktis: aus dem noch in der Gegend von Bozen über 2000 m mächtigen Eisstromnetz ragten nur die höchsten Gipfel heraus, mächtige Talgletscher schoben sich weit in die Ebene hinaus und hinterließen gewaltige Moränen-Amphitheater (Südende des Garda-

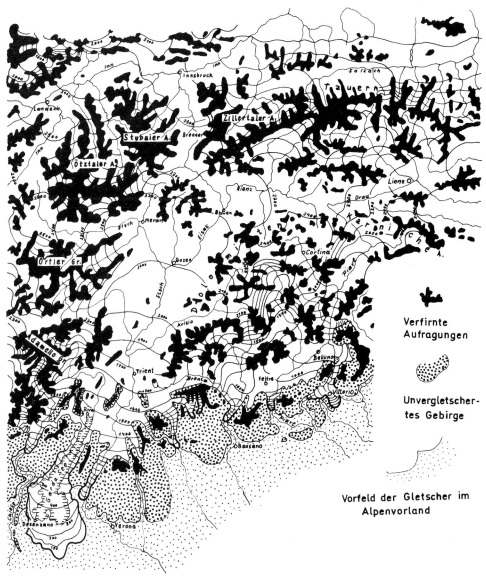

Verfirnte
Aufragungen

Unvergletscher-
tes Gebirge

Vorfeld der Gletscher im
Alpenvorland

Abb. 2
Vergletscherung der Dolomiten nach Klebelsberg, 1935.

14

sees). Am Alpenrand, besonders im Westen, Süden und Osten, blieben größere Gebirgsbereiche immer unvergletschert, so daß zahlreiche Pflanzen, darunter manch uralter Typ der tertiären »Uralpenflora« Zuflucht finden und sich in diesen »Refugien«-Gebieten bis heute erhalten konnte.

Es ist in jedem einzelnen Fall schwierig zu entscheiden, ob eine heute als Relikt auf das begrenzte Areal der Dolomiten beschränkte Pflanze („Endemit") die Eiszeiten an Ort und Stelle überdauern konnte oder ob ein — theoretisch durchaus denkbares — Ausweichen in die unvergletscherten Refugien des Alpensüdrandes und spätere Wiedereinwanderung angenommen werden muß.

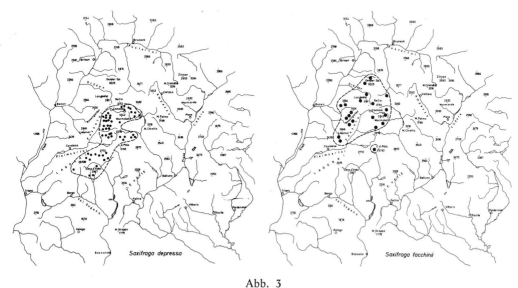

Abb. 3
Verbreitung von Saxifraga depressa und facchinii

Die Dolomiten sind wegen ihrer ausgiebigen eiszeitlichen Vergletscherung ohnedies viel ärmer an solchen Relikten als etwa die Berge zwischen Comersee und Gardasee, so daß man eher geneigt ist, ein Ausharren dieser wenigen „Tapferen" anzunehmen.

Freilich standen auch die eisfreien Randgebiete unter dem Einfluß des kalten Klimas, so daß alle anspruchsvolleren Holzpflanzen ausstarben und nur die genügsamsten, etwa die Föhre, hauptsächlich aber wohl krautige Pflanzen, übrigblieben. Mehrmals wechselten Gletschervorstöße mit Gletscherrückzügen, so daß wir heute mindestens vier große Vereisungsphasen (nach Flüssen im nördlichen Alpenvorland als Günz-, Mindel-, Riß- und Würmeiszeit bezeichnet) unterscheiden können, die durch länger dauernde, z. T. recht warme »Interglazialzeiten« unterbrochen waren, in denen auch wärmeliebende Pflanzen wieder im Innern der Alpen Fuß fassen konnten (z. B. das wärmeliebende *Rhododendron sordellii* in der Höttinger Brekzie, nächstverwandt mit der pontischen Alpenrose).

In diese Zeit fällt das Werden der heutigen Alpenflora: Die Ausmerzung alter Waldtypen und die Bildung neuer, an das Hochgebirge angepaßter Formen, große Zuwanderungen aus der Arktis, im Spätglazial dann besonders aus den asiatischen Gebirgssteppen, schaffen allmählich das jetzige Bild. Im Gletscherton der Spätzeit hat sich eine Tundrenflora erhalten, deren Leitfossil die heute noch im Kalkschutt der Alpen weitverbreitete Silberwurz *(Dryas)* ist, während die nordische Zwergbirke *(Betula nana)* als große Seltenheit nur noch in wenigen Mooren der Alpen sich erhalten hat.

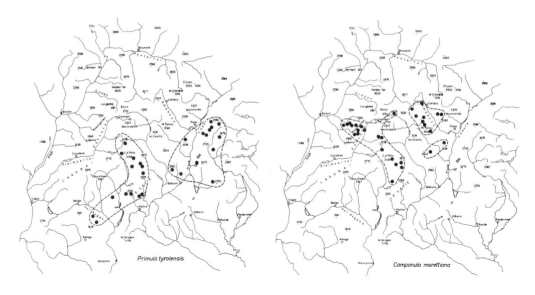

Abb. 4
Verbreitung von Primula tyrolensis und Campanula morettiana

Moore als Archive der Vegetationsgeschichte

Mit dem (vorläufigen?) Ende der Eiszeiten treten wir in den letzten, über-
aus kurzen Abschnitt der Erdgeschichte ein. Nur wenig mehr als 10.000 Jahre
umfassen Nacheiszeit (Postglazial) und Jetztzeit (Holozän). Über die nacheis-
zeitliche Entwicklung der Vegetation des Alpenraumes im Zusammenhang
mit Klima-»Pendelungen« sind wir durch die Pollenanalyse ziemlich gut unter-
richtet. Nachdem C. A. Weber die Moore als sehr brauchbare »Archive der
Vegetationsgeschichte« entdeckt hatte, indem er aus dem dort konservierten,
für jede Pflanzenart charakteristisch gebauten Blütenstaub Rückschlüsse auf
die Zusammensetzung der Vegetation zog, ergibt sich mit der Verfeinerung
der Methoden heute etwa folgendes Bild:

Legföhren mit Sellagruppe

Absolute Zeitmarken (Jahre von heute)	Zone	Klima und Hauptwaldbildner	Kultur
1000	X Jüngeres Subatlantikum	Föhre, Fichte, Lärche.	geschichtliche Zeit
2500	IX Älteres Subatlantikum	Waldgrenze ± 200 m höher, entsprechend der heutigen, durch Aufforstung möglichen.	geschichtliche Zeit
3500	VIII Subboreal	Tanne herrscht vor, Buche, Fichte.	Eisenzeit (900—500 v. Chr.) Bronzezeit (1800—900 v. Chr.)
5000	VII Jüngeres Atlantikum	Klima warm und feucht, Gletscher fast abgeschmolzen. Fichte verdrängt Eichenmischwald, Tanne.	Neolithikum
8000	VI Älteres Atlantikum	Fichte, Eichenmischwald.	Mesolithikum
9000	V Boreal	Klima gleich warm, aber trockener als heute. Im Tal dominiert Eichenmischwald: Hasel, Föhre. Im Bergwald wandert Buche von Osten, Tanne von Südwesten in den Fichtenwald ein.	Mesolithikum
10.000	IV Präboreal	Mit dem Ende des Spätglazials und dem Beginn der Nacheiszeit bessert sich das Klima endgültig, kleinere Rückschläge halten sich etwa im Rahmen des Gletschervorstoßes von 1850 („Klimapendelungen"). Föhre, Wacholder.	Jungpaläolithikum
	.		
11.000	III Jüngere Dryas	Neuerlicher Rückschlag der Vegetation durch Gletschervorstöße (in den Seitentälern), Waldgrenze herabgedrückt. Latsche, Zwergbirke, Tundra.	Jungpaläolithikum
11.800	II Alleröd	Rasche Ausbreitung der Föhre, erstes Auftreten der Fichte, Latsche, Zwergbirke.	Jungpaläolithikum
12.000	Ic Ältere Dryas (Daun)	Kurzer Gletschervorstoß (in den Seitentälern), Latsche, Zwergbirke, teils vegetationslos.	Jungpaläolithikum
13.000	Ib Bölling	Gletscherrückzug, „Parktundra", Föhre, Zwergbirke, Birke, Latsche.	Jungpaläolithikum
	Ia Älteste Dryas	Baumlose Tundra. Steppenpflanzen: Wermut-*Artemisia*, Meerträubel-*Ephedra*; Kornblume-*Centaurea cyanus*.	Jungpaläolithikum
20.000—18.000	Höchststand der letzten Eiszeit (Würm)		

(absolute Zeitmarken lassen sich aus der Bestimmung des Gehalts an radio-
aktivem Kohlenstoff C14 gewinnen, der in allen organischen Substanzen —
Knochen, Holz, Torfresten — enthalten ist.)

In der letzten Phase der Erdgeschichte greift der Mensch mehr und mehr,
zuerst gestaltend, dann zerstörend, in die Natur ein. Beschränkte er sich
während der Altsteinzeit noch aufs Sammeln, so tritt mit der planmäßigen
Anlage von Vorräten durch den Anbau von Nutzpflanzen in der Jungsteinzeit
(ca. 5000 v. Chr., Höhepunkt der postglazialen Wärmezeit) eine entscheidende
Wende ein. Die zunehmende Raumnot läßt ihn die uralte Furcht vor dem
wilden Gebirge überwinden; er besiedelt vor ca. 4000 Jahren die inneren
Alpentäler, rodet die Wälder und treibt Almwirtschaft für die Viehzucht.
Mit dem allgemeinen Rückgang der natürlichen Vegetation infolge zu star-
ker Nutzung und der Zerstörung vieler wirtschaftlich wertloser, aber besonders reizvoller Lebensorte wie etwa der Moore, v. a. aber durch die »Erschlie-
ßung« der bisher noch einigermaßen naturbelassenen Berglandschaft in den
letzten Jahrzehnten hat der Mensch das bislang unrühmlichste Kapitel seiner
Geschichte zu schreiben begonnen.

2. Die heutige Pflanzenwelt und die Gesetze ihrer Verteilung

Drei Faktorengruppen prägten die heutige Dolomitenflora:
1. Historische Faktoren: die »arkto-tertiäre« Uralpenflora und ihr Wandel
während der Eiszeiten lieferten das Material für die Pflanzenwelt der Jetztzeit.
2. Klimatische Faktoren: Aus der Fülle der mehrere 10.000 höhere Pflanzen
zählenden Flora der Erde können aus großklimatischen Gründen nur jene
gedeihen, die an relativ kühle Klimabedingungen mit winterlicher Vegeta-
tionsruhe angepaßt sind (»Holarktisches Florenreich«). Im einzelnen wird das
Bild abgewandelt durch die mit der Meereshöhe abnehmende Temperatur
(Ausbildung von großklimatischen »Höhenstufen der Vegetation«) und die
Verteilung der Niederschläge (der Alpenrand ist feuchter, »ozeanischer« als
das trockene »kontinentale« Alpeninnere). Das drückt sich besonders in den
Waldstufen aus. Am Südrand der Dolomiten herrscht an der Baumgrenze die
Buche, im Innern die Zirbe.

3. Die Gesteins- und Bodenfaktoren bewirken — im wesentlichen unabhängig
von Temperatur und Niederschlag — eine sehr bezeichnende Auslese und
Verteilung in Kalk- und Silikat-Vegetation.

Historische Faktoren

Es würde hier zu weit führen, auf die allgemeinen Gesetzmäßigkeiten der
Pflanzenverbreitung und die Entstehung des Wohngebietes (Areal) einer Sippe
einzugehen, die eng mit den Fragen der Artentstehung verknüpft sind. Es sei
hier nur angedeutet, daß die Alpenflora in bezug auf das Alter und die Her-
kunft ihrer Elemente sehr gemischt zusammengesetzt ist. Nur der geringste
Teil sind »Alpenpflanzen« im engsten Sinn des Wortes, d. h. an Ort und Stelle
(aus Ebenensippe) hervorgegangene Gebirgssippen. (Eisglöckchen — *Soldanella*, Gamswurz — *Doronicum*). Der größere Teil sind Fremdlinge: Boreale
Nadelwaldelemente, besonders viele arktische (etwa Silberwurz — *Dryas* und
Gamsheide — *Loiseleuria*), mediterrane (z. B. aus der Gruppe der Lilien-

gewächse und Glockenblumen) und asiatische Gebirgssteppenpflanzen (fast die gesamte Grasheidenvegetation des Nacktried-Rasens — *Elynetum* mit Edelweiß, Alpenaster und vielen Tragantarten).

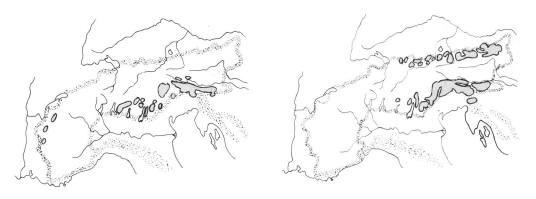

Abb. 5

Verbreitung von Dolomiten-Fingerkraut (Potentilla nitida, links) und Zwergalpenrose (Rhodothamnus chamaecistus, rechts)

Klimatische Faktoren — Höhenstufen

Auf einer 4000 km langen Reise nach Norden an den Rand der Arktis sehen wir eine allmähliche Veränderung des Vegetationsbildes, die dem rauher werdenden Klima, der immer kürzer dauernden sommerlichen Vegetationszeit entspricht. Die Obergrenze des Waldes, in den Dolomiten durchwegs über 2000 m hoch gelegen, sinkt am 69. Breitengrad bis zum Meeresniveau herab (subarktische Waldgrenze), dann folgt bis etwa 80° n. Br. die Zwergstrauchtundra. Die Vegetation wird immer offener, schließlich können nur mehr Einzelpflanzen an besonders geschützten Plätzchen dem Polarklima trotzen. Fast genau denselben Wechsel von Klima und Vegetationsbild können wir beim Anstieg auf jeden höheren Berggipfel erleben, zusammengerückt auf kaum 3000 Höhenmeter. Wie die Stockwerke eines Hauses, durch ± scharfe Grenzen voneinander getrennt, liegen ganz verschiedene Vegetationsstufen übereinander:

Zuunterst (nur in den wärmsten Tallagen) eine „kolline" L a u b w a l d s t u f e, die etwa im unteren Eisacktal zwischen Bozen und Brixen südlichen, „submediterranen" Charakter trägt (Flaumeiche — *Quercus pubescens*, Kastanie, Hopfenbuche — *Ostrya carpinifolia*, Mannaesche — *Fraxinus ornus*, Zürgelbaum — *Celtis australis*, Blasenstrauch — *Colutea arborescens*, Kornelkirsche — *Cornus mas* und Perückenstrauch — *Cotinus coggygria*). Etwas höher, am Sonnhang des Pustertals bis über Bruneck hinaus herrscht vom Talgrund an der inneralpine „submontane" Föhrenwald, ein Wiesenwald mit Zwenkengras *(Brachypodium pinnatum)*. An den trockensten sonnigen Leiten (Villanders, Felthurns) wehen da und dort die silbern schimmernden Federgräser *(Stipa pennata)*. Im eigentlichen B e r g w a l d (montane Stufe, 800—1500 m), der etwa im Pustertal am Schattenhang bis zum Talboden reicht, ändert sich die Zusammensetzung vom niederschlagsreichen Alpensüdrand gegen das Innere der Dolomiten zu, wobei in der gleichen Reihenfolge Buche, Tanne, Fichte jeweils vorherrschen. Auf Kalkunterlage kommt es nur zu mäßiger Bodenversauerung, daher ist hier (z. B. Villnöß, Sexten, südl. Marmolata, Pala) der Unterwuchs ungewöhnlich kräuterreich, es sind richtige „Wiesenwälder". Auf den stärker versauernden Dolomit- und Porphyrböden hingegen stocken fast kräuterlose Zwergstrauchwälder, in deren Unterwuchs Schwarzbeere und Preiselbeere (am Schattenhang) oder Heide (Erica) und Wocholder (Sonnhang) dominieren.

20

Der Bergwald

Die oberste Waldstufe, sinngemäß als subalpin bezeichnet (d. h. unterhalb der waldfreien alpinen Region) kann man in einen schmäleren Fichtengürtel (1500—1800 m) und eine breitere Lärchen-Zirbenstufe (1800—2300 m) unterteilen. Im Zirbenwald kommt es in feuchter Nordlage schneller zur Bodenversauerung. Der Unterwuchs besteht aus Alpenrose (*Rhododendron ferrugineum*), Beerensträuchern (*Vaccinium*) und Moosen, während im Südhang-Zirbenwald kalkholde Zwergsträucher wie Erika, Steinrösl (*Daphne striata*), Kugelblume (*Globularia cordifolia*), Silberwurz und Blaugras wachsen. Im Bereich des Waldes ist das Klima (in der Horizontalen der Niederschlag, in der Vertikalen die Temperaturabnahme) Hauptfaktor für die Vegetationsverteilung, während der Einfluß des Gesteinsuntergrundes durch die saure Humusdecke, die der Wald mit Laub- und Nadelstreu sich selbst schafft, weitgehend ausgeglichen wird.

Die baumfreie alpine Stufe

Wo der Hochwald zu Ende ist und die freie Landschaft der blumigen Almmatten und Urwiesen, der bleichen Schuttströme und himmelhoch ragenden Felsburgen beginnt, da sind wir in der eigentlichen alpinen Stufe. Hier wird es viel schwieriger, die mit- und gegeneinander wirkenden Faktoren der Vegetationsverteilung zu durchschauen. Frost und Schnee verkürzen die Wachstumsperiode der Pflanzen immer mehr, im Durchchnitt um etwa eine Woche pro 100 Höhenmeter.

Je weiter wir aber in die Höhe steigen, umso weniger wichtig wird das von den meteorologischen Stationen gemessene »Großklima« für die Lebensmöglichkeit einer Pflanze, umso entscheidender dafür das sog. Mikroklima, d. h. jenes Umweltklima, das die dem Boden nahe Pflanze zu spüren bekommt: der Wind, der sie am Grat zaust, der Schnee, der sie unter einer Wächte um Monate länger zudeckt als ihre Schwester wenige Meter daneben, die Strahlung, die ihre Blätter in einer Südwand überhitzt, so daß sie durch Verdunstung viel Wasser verlieren, der Nachtfrost, der auf hohen Gipfeln auch im Sommer auftreten kann. So verstehen wir, daß die Vegetationsgrenzen der Waldstufen einigermaßen parallel zum Hang verlaufen und die Kleinklimaunterschiede des Reliefs (Runsen und Rücken) »überbrückt« werden, während die Grenzen zwischen den Vegetationsstufen in der alpinen Region weit auszackend dem Relief der Bergoberfläche folgen, so daß in gleicher Höhenlage — sortiert nach den besonderen Umweltbedingungen des Standorts, besonders der Exposition — die verschiedensten Pflanzengemeinschaften wie in einem Mosaik nebeneinander und scheinbar durcheinander wachsen können.

Kalk- und Silikatflora

Als dritter wichtiger Faktorenkomplex wird in der alpinen Stufe die Gesteinsunterlage wirksam. Auf die noch immer nicht ganz geklärten schwierigen Fragen des »Kalk-Kiesel-Problems« kann ich hier nicht eingehen; ganz allgemein sei nur gesagt, daß sich auf den harten, schwer verwitternden Kalken durchlässige und daher wasserarme und humusarme, relativ warme Böden entwickeln, während die leichter verwitternden Silikatgesteine (Porphyr,

Tuffe) genügend feuchte, humusreiche, fruchtbare, aber eher kühle Böden ergeben. Nicht sosehr der Kalk- oder Silikatgehalt wirkt direkt auf die Pflanze, wie man früher geglaubt hatte, sondern der Säuregrad der wäßrigen Bodenlösung ist es, der zwei gegensinnige Effekte erzeugt: bei saurer Reaktion (Silikatboden) sind die Nährstoffe in Lösung und wären für die Pflanze leicht erreichbar, wenn sie nicht vom einsickernden Regen in tiefere Schichten verfrachtet würden, so daß die Pflanzenwurzeln sie kaum erreichen. Umgekehrt sind die Mineralstoffe bei alkalischer Reaktion des Bodens so schwer löslich, daß sie zwar kaum ausgewaschen werden, dafür aber auch nur von Pflanzen mit besonders hoher Saugkraft des Wurzelsystems verwertet werden können.

So scheidet sich also die Vegetation der alpinen Stufe ± streng und vom Klima ganz unabhängig in »Kalk- und Silikatpflanzen« oder besser: in Pflanzen basischer und solche saurer Böden. Diese beiden Gruppen sind teils ganz streng geschieden, teils werden sie durch die »bodenvagen« Pflanzen (die über einen breiten Bereich sowohl auf Kalk wie auf Silikat gedeihen können) verbunden. Ich möchte hier nur ein paar Beispiele anführen, wo innerhalb einer Gattung sowohl kalkstete sowie kieselstete Sippenpaare entstanden sind, wobei vermutet wurde, daß die Kalksippe die ältere sei:

Almrausch und Alpenrose (*Rhododendron hirsutum* und *ferrugineum*)
Alpenanemonen (*Pulsatilla alpina* und *sulphurea*)
Steinbreche (*Saxifraga androsacea* und *seguieri*)
Primeln (*Primula auricula* und *hirsuta*)
Mannsschildarten (*Androsace helvetica* und *vandellii*)
Eisglöckchen (*Soldanella alpina* und *pusilla*)
Stengellose Enziane (*Gentiana clusii* und *kochiana*)
Schafgarben (*Achillea atrata* und *moschata*)

Die Vegetation auf Kalk und Dolomit

Ein Blick auf die geologische Karte der Dolomiten zeigt uns, daß die so auffallenden mächtigen hellen Dolomitberge zwar das Herz der Landschaft bilden, daß aber auch vulkanische Silikatgesteine (permischer Quarzporphyr, mesozoischer Melaphyr und Augitporphyrit) fast die Hälfte der Fläche ausmachen. Die lotrechten Dolomitwände und blanken Schuttströme, die oft weit in die Waldregionen hinabreichen, sind — freilich nur scheinbar — pflanzenleer, abweisend; die dunklen, weniger schroffen Silikatberge hingegen durch das Grünbraun ihres Rasenkleides freundlicher, lebensvoller. Wir müssen daher im folgenden von der Waldgrenze aufwärts schreitend, die bezeichnendsten Pflanzengesellschaften auf Kalk/Dolomit und auf Silikat getrennt schildern. Zunächst wollen wir noch kurz in jenem Bereich verweilen, wo sich zwischen dunklem Hochwald und hohen Felsfluchten jene weiten, blumenübersäten Almmatten ausbreiten, die den eigentlichen Zauber der Dolomiten ausmachen. Nicht sosehr die Besonderheiten, die Raritäten, an denen andere Alpenteile gewiß reicher sind, begründeten den Ruf der Dolomitenflora, sondern die Fülle und der unerhörte Kontrast zwischen Sanftem und Wildem. Man muß einmal um Pfingsten über die »größte Alm Europas« (Seiser Alm) gewandert sein, wenn im Licht der tiefstehenden Sonne das Meer der silbern bepelzten Anemonenglocken vor dem schattenblauen Schlern den Bergfrühling einläutet, muß im Juli wiederkommen vor der Mahd, wenn die Wiesen übersät sind von den Goldsternen der Arnika, den rosa Blütenkerzen der Knabenkräuter *(Gymnadenia)*, den dunklen Tupfen der duftenden Brunellen *(Nigritella)* und dem prachtvollen Alpenklee *(Trifolium alpinum)*, um zu verstehen, was Dolomitenflora heißt. Diese hochmontanen und subalpinen Wiesen (bis etwa 2300 m reichend) sind durch uralte Rodungen an die Stelle ehemaliger Wälder getreten und breiten sich besonders auf den weniger steilen Tuffböden der Wengener und Cassianer Schichten aus. Die dominierenden Gräser sind Bunthafer *(Avenochloa versicolor)* und Bürstling *(Nardus stricta)*, weitere typische, sauren Boden anzeigende Begleiter sind die bärtige Glockenblume *(Campanula barbata)*, Bergnelkenwurz *(Geum montanum)*, Goldfingerkraut *(Potentilla aurea)*, großer Enzian *(Gentiana kochiana)*, Ferkelkraut *(Hypochoeris uniflora)* und das südalpine Drachenmaul *(Horminum pyrenaicum)*. Aber auch der Botaniker kommt auf seine Kosten, der manch seltenes, wenngleich unscheinbares Pflänzchen findet, das während der Eiszeiten aus der Arktis in die Alpen kam und hier an wenigen Stellen in Quellmooren bis heute Zuflucht fand: Arktische Binse *(Juncus articus)* und seltene Riedgräser *(Carex microglochin, capitata, juncifolia, bicolor)*. Über dem Bereich der Almwiesen wäre da und dort aus klimatischen Gründen zwar noch Baumwuchs möglich, aber der felsige oder schuttige Untergrund läßt nur die dafür geeigneten Legföhren *(Pinus mugo)* aufkommen, die dann stellenweise riesige Flächen überziehen. In ihrer Gesellschaft finden sich häufig, meist ohne eine eigene Stufe zu bilden wie im Silikat, Zwergsträucher wie Almrausch, Silberwurz und die offenen Schüsselblüten der schönen Zwergalpenrose *(Rhodothamnus chamaecistus*, Karte 5), aber auch Blaugras *(Sesleria coerulea)* und niedrige Segge *(Carex humilis)*.

Die schroffen Gipfelaufbauten mit ihren lotrechten Wänden geben nur sehr wenig Raum für die klimatische Schlußgesellschaft der oberen alpinen Stufe, die Urwiesen; nur dort, wo Fragmente der weicheren Jurakalke die Höhen bilden, kommt es zu »Grasbergen« (Fanes). Zwei Rasenvereine sind es vor allem, die nicht nur für die Dolomiten, sondern für die Kalkalpen insgesamt bezeichnend sind: die Polsterseggen-Matte *(Caricetum firmae)* und die B l a u g r a s h a l d e *(Seslerio-Semperviretum)*, die als Schuttpionier bis in den Unterwuchs der subalpinen Rasen-Fichtenwälder hinabgelangt (Kreuzbergsattel), ihre größte Verbreitung aber zweifellos auf den von ihr verfestigten, trockenwarmen Steilhängen der alpinen Stufe erreicht.

Es sind mit die schönsten und blumenreichsten Urwiesen der Alpen, in denen Sonnenröschen *(Helianthemum alpestre)* und Wundklee *(Anthyllis alpestris)*, kopfiges Läusekraut *(Pedicularis rostrato-capitata)* und Frühlingsenzian *(Gentiana verna)*, glanzblättrige Skabiose *(Scabiosa lucida)* und Fingerkraut *(Potentilla crantzii)*, Labkraut *(Galium anisophyllum)* und nickende Disteln *(Carduus defloratus)*, die prachtvolle gelbe Straußglockenblume *(Campanula thyrsoidea)* und die unscheinbare grüne Hohlzunge *(Coeloglossum viride*, Orchidee) gedeihen.

In den feuchteren Rinnen mit längerer Schneebedeckung und Humusanreicherung gelangt oft der Violettschwingel *(Festuca violacea)*, durch sattgrüne glänzende Halme von weitem erkennbar, zur Vorherrschaft und mit ihm allerhand saftige Kräuter wie Frauenmantel *(Alchemilla glaberrima)*, Trollblume *(Trollius europaeus)*, Kleearten *(Trifolium thalii* und *badium)*, Löwenzahn *(Leontodon hispidus)*, stachlige Kratzdistel *(Cirsium spinosissimum)*, Alpen-Ehrenpreis *(Veronica alpina)* und Alpen-Vergißmeinnicht *(Myosotis alpestris)*.

Auf den flachgründigen, humusarmen und steinreichen Rohböden der Gipfelregion gedeiht die sehr windharte und kälteresistente P o l s t e r s e g g e n - m a t t e *(Caricetum firmae)* mit:

blaugrünem Steinbrech *(Saxifraga caesia)*, Schmuckblume *(Callianthemum coriandrifolium)*, Triglav-Enzian *(Gentiana terglouensis)*, Frühlingsmiere *(Minuartia verna)*, Trauerblume *(Bartsia alpina)*, Zwergkresse *(Arabis pumila)*, Platenigl *(Primula auricula)*, Langröhriger Mehlprimel *(Primula halleri)*, Schlernhexe *(Armeria alpina)*, Weißer Aster *(Bellidiastrum michelii)*, den Polstern des stengellosen Leimkrauts *(Silene acaulis)* und des Moschus-Steinbrechs *(Saxifraga moschata)*, der Zwergweide *(Salix serpyllifolia)* und des Zwergknabenkrauts *(Chamorchis alpina)*.

Auch in dieser Gesellschaft können die Dolomiten mit Besonderheiten aufwarten: Die endemische rote *Primula tyrolensis* (Karte 4), das kugelköpfige Blaugras *(Sesleria sphaerocephala)*, Dolomitenfingerkraut *(Potentilla nitida,* Karte 5), kleinstes Eisglöckchen *(Soldanella minima)*, seidiges Läusekraut *(Pedicularis rosea)*, Felsbaldrian *(Valeriana saxatilis)* und Dolomitenschafgarbe *(Achillea clavenae)*.

Wo der Boden vom Gestein her (Schlern) oder durch Humusbildung schwach versauert, da ist das Firmetum an den extrem windgefegten Graten nicht mehr konkurrenzfähig. Hier ist der Lebensbereich des N a c k t r i e d - R a s e n s *(Elynetum)*, jener asiatischen Gebirgssteppengesellschaft, die eiszeitlich mit einer Fülle von Begleitern in die Alpen gelangte. So sind viele jener Pflanzen, die geradezu als die »Wappenblumen der Alpenflora« gelten, in Wahrheit spät zugewanderte Fremdlinge wie:

das Edelweiß *(Leontopodium alpinum)*, die Edelrauten *(Artemisia mutellina* und *genipii)*, die Alpenaster *(Aster alpinus)* und die Tragant-Arten *(Oxytropis jacquinii* und *campestris)*. Weitere Charakterarten sind haarfeine Segge *(Carex capillaris)* und Felssegge *(Carex rupestris)*, Zwergschwingel *(Festuca pumila)*, großes Kreuzkraut *(Senecio doronicum)* und Faltenlilie *(Lloydia serotina)*.

Wenn der Schnee mehr als acht Monate im Jahr liegen bleibt, können sich nur jene Pflanzen behaupten, die durch rasche Entwicklung die Kürze der produktiven Zeit wettmachen können. Es ist klar, daß dabei keine größeren Pflanzenkörper, sondern nur Zwerge entstehen können. Auf dem wasserdurchlässigen Kalkgestein kommt es nicht zu so ausgedehnten S c h n e e - b ö d e n wie im Silikatgebirge, doch sind sie von ebenso bezeichnenden Pflanzen besiedelt:

die Blaukressenflur *(Arabidetum coeruleae)* beherbergt ein winziges Fingerkraut *(Potentilla dubia)*, kleine Gamskresse *(Hutchinsia brevicaulis)*, den Mannsschild-Steinbrech *(Saxifraga androsacea)*, die Kuhblume *(Taraxacum alpinum)*, schwarze Schafgarbe *(Achillea atrata)* und dunklen Mauerpfeffer *(Sedum atratum)*.

Der nackte D o l o m i t f e l s der Wände ist keineswegs frei von Pflanzen; freilich sieht man mit freiem Auge nur nadelstichartige Punkte oder dünne harte Krusten. Unter dem Mikroskop, nach Schliff oder Entkalkung, entdeckt man aber auf und im Fels reiches Leben: Blaualgen *(Gloeocapsa* und *Scytonema)*, Grünalgen *(Trentepohlia)* und Krustenflechten überziehen oft große Flächen (schwarze »Tintenstriche« von Blaualgen oder — besonders nach Regen — die von der Flechte *Aspicilia coerulea* wie mit himmelblauer Farbe angemalten Wände). In den erdgefüllten Felsspalten, oft in so feinen Ritzen, daß sie schier aus dem kahlen Fels zu blühen scheinen, leben einige unserer schönsten Dolomitenblumen: in tieferen Lagen ist es die Gesellschaft des Stengelfingerkrauts *(Potentilla caulescens)*, in der z. B. die prachtvolle Dolomiten-Teufelskralle *(Physoplexis comosa)*, die blauen Manndelen *(Paederota bonarota)*, der dreiblättrige Milzfarn *(Asplenium seelosii)*, die Silberedelraute *(Artemisia nitida)*, aber auch weitverbreitete Kalkspaltenpflanzen wie das Kugelschötchen *(Kernera saxatilis)* und das Platenigl vorkommen.

Bis auf die höchsten Zinnen steigen andere Kostbarkeiten der Dolomitenflora in der Felsspalten-Gesellschaft des Schweizer Mannsschildes *(Androsace helvetica)*, dessen dichte weißfilzige Kugelpolster schon Anfang Mai blühen: Der seltene Dolomiten-Mannsschild *(Androsace hausmannii)*, Felsmiere *(Minuartia cherlerioides)*, filziges Hungerblümchen *(Draba tomentosa)*, die Südalpen-Teufelskralle *(Phyteuma sieberi)*, Felssegge *(Carex rupestris)* und blaugrüner Polstersteinbrech *(Saxifraga squarrosa)*. Als besondere Kostbarkeit ist die nur in einem beschränkten Bereich der Dolomiten vorkommende endemische Fels-Glockenblume *(Campanula morettiana,* Karte 4) zu nennen.

Ein besonderer Lebensraum ist die K a l k s c h u t t h a l d e : aus den darüberliegenden Wänden bricht die Verwitterung ständig neues Felsmaterial, von größeren Blöcken bis zu feinem Grus, die durch ihre verschiedene Rutschgeschwindigkeit sortiert werden. Unmöglich scheint es, daß hier Pflanzen Fuß fassen können, ohne daß die Wurzeln zerrissen, die Blätter zerquetscht werden. Und doch gibt es eine ganze Reihe von Spezialisten, die sich hier einzunisten vermögen.

Verschieden sind ihre Methoden: das lila Täschelkraut *(Thlaspi rotundifolium)* etwa, nach dem die ganze Gesellschaft den Namen hat, und der zweizeilige Grannenhafer *(Trisetum distichophyllum)* kriechen mit langen Trieben durch den Schutt und wandern gewissermaßen mit ihm talwärts, andere breiten sich mehr an der Oberfläche aus, wie das Alpenlöwenmäulchen *(Linaria alpina)* oder das aufgeblasene Leimkraut *(Silene vulgaris subsp. prostrata)*, wieder andere wie die Wimpermiere *(Moehringia ciliata)* und die kretische Augenwurz *(Athamanta cretensis)* wachsen, auch wenn sie verschüttet werden, wieder zum Licht empor. Besonders wichtig sind jene Pflanzen, die den Schutt überdecken, festigen oder stauen, so daß sich erste ruhende Inselchen bilden können, von denen aus der Rasen nach und nach die steinige Halde erobern kann. Solche Pioniere sind Gipskraut *(Gypsophila repens)* und Silberwurz, Blaugras und Horstsegge.

Wohl die schönste Zier in den Schutthalden der Dolomiten ist der gelbe Alpenmohn *(Papaver rhaeticum)*, dessen seidenpapierzarte Blüten einen seltsamen, gleichnishaften Kontrast zu den bleichen Felsburgen bilden. Drei besonders schöne Pflanzen des ruhenden Dolomitschutts seien hier noch erwähnt: Akelei *(Aquilegia einseleana)*, Monte-Baldo-Anemone *(Anemone baldensis)* und die großblütige Schafgarbe *(Achillea oxyloba)*, außerdem die seltene endemische Steinbrechart *(Saxifraga facchinii,* Karte 3). Eine besonders eindrucksvolle Variante der Schuttflur ist auf den Melaphyr-Rücken ausgebildet, wo — etwa zwischen Rodella und Langkofel — die gelben Polster der Goldprimel *(Androsace vitaliana)* sich leuchtend von dem fast schwarzen Grus abheben.

Die Silikatvegetation der Porphyrberge

Wir hatten bereits gehört, daß in den Dolomiten neben den Riffkalkmassiven vulkanische Ergußgesteine größere Bereiche einnehmen, wenngleich ihre Gipfel nur teilweise die alpine Stufe erreichen. Schon der Berliner Botaniker Melchior, dem wir eine anschauliche Schilderung der Porphyrflora verdanken, schrieb: »Hier fehlen die charakteristischen Pflanzen des Dolomitkalks vollkommen, vielmehr glaubt man sich in die Urgesteinskette der Zentralalpen versetzt.«

Die bezeichnenden Gesellschaften der alpinen Region sind: der über die Waldgrenze emporsteigende Zwergstrauchgürtel mit vielen standörtlichen Abwandlungen: Alpenrosen-Wacholder-Beerenheiden an den länger schneebedeckten Stellen, windharte Gamsheiden-Spaliere *(Loiseleurietum)* an den auch winterüber abgeblasenen Kuppen, die Bärentrauben-Besenheide *(Arctostaphylos uva-ursi/Calluna)* an trockenen-heißen Sonnhängen.

In der oberen alpinen Stufe der Grasheiden herrscht auf großen Flächen der braungraue K r u m m s e g g e n - R a s e n *(Curvuletum)*, daneben kommen Violettschwingel-Fluren und Bürstling-Weiderasen vor, an Windecken auf weniger sauren Böden begegnen wir wieder dem Nacktried *(Elynetum)*, in den Schneemulden den Krautweidenteppichen *(Salicetum herbaceae)*. Aus der reichen Artengarnitur seien nur einige der auffallendsten genannt: Neben bodenvagen, die wir schon aus den Dolomitbergen kennen, wie z. B. Alpenmohn, Steinbrech-Arten *(Saxifraga oppositifolia, moschata, paniculata, androsacea)*, Leinkraut *(Linaria alpina)* und Alpenaster interessieren hier vor allem jene ± kieselsteten Pflanzen, die in den Dolomiten ausschließlich auf den vulkanischen Gesteinsunterlagen vorkommen. Am direktesten wirkt sich das naturgemäß in den Fels- und Schuttvereinen aus:

Von den ersten, die bedeutend artenärmer als die Dolomitenwände sind, nenne ich vor allem den schönen Himmelsherold *(Eritrichium nanum)* und eine seltene Mannsschildart *(Androsace vandellii)*, die dieser Gesellschaft den Namen gibt, außerdem Moos-Steinbrech *(Saxifraga bryoides)*, Rosenwurz *(Rhodiola rosea)* und Gamshaar *(Juncus trifidus)*. In der Silikat-Schuttflur begegnen wir dem krausen Rollfarn *(Allosorus crispus)*, der Schuttsimse *(Luzula alpino-pilosa)*, Hornkräutern *(Cerastium uniflorum* und *alpinum)* schwefelgelbem Habichtskraut *(Hieracium intybaceum)*, der Jochkamille *(Achillea moschata)* und der Alpenmargerite *(Tanacetum alpinum)*, Gamswurz *(Doronicum clusii)*, Säuerling *(Oxyria digyna)* und oft in fast reinen Beständen der kriechenden Nelkenwurz *(Geum reptans)*. Im feuchten Feinschutt der Gipfelfluren, noch höher als die Rasen steigend, treffen wir die Gletscher-Mannsschildgesellschaft *(Androsacetum alpinae)* mit Gletscherhahnenfuß *(Ranunculus glacialis)*, dem ährigen Goldhafer *(Trisetum spicatum)* und als größter Besonderheit dem endemischen Eiszeitrelikt *Saxifraga depressa* (Karte 3).

Pflanzengeographisch besonders interessant sind jene ostalpinen oder westalpinen Silikatpflanzen, die im Bereich der Dolomiten ihre Verbreitungsgrenze finden. Westliche Elemente mit Ostgrenze in den Dolomiten sind z. B.: das Gras *Koeleria hirsuta*, die gelbe Simse *(Luzula lutea)*, großblütiges Fingerkraut *(Potentilla grandiflora)* und vielblütiger Mannsschild *(Androsace vandellii)*. Ostalpine Elemente mit Westgrenze in den Dolomiten: großblütiges Seifenkraut *(Saponaria pumila)*; nur wenig weiter nach Westen gehen Gletschernelke *(Dianthus glacialis)*, Speik *(Primula glutinosa)* und Zwergprimel *(Primula minima)*.

In die eigentliche Schneestufe reicht wohl keiner der Porphyrgipfel, doch finden sich gewiß in Nordlagen, bedingt durch die Ungunst des Kleinklimas, entsprechend karge Lebensbedingungen, so daß hier nur wenige Polsterpflanzen, vor allem aber Moose und Flechten, fortzukommen vermögen.

3. Von den Lebensbedingungen im Gebirge

Die Waldgrenze

In den Schrofen am Rand der Almwiesen steht eine Wetterzirbe: mächtige Wurzeln umfassen den Felsblock, schwarze Blitzspuren am vernarbten Stamm, die Hälfte der Krone knochenbleiches abgestorbenes Holz, die andere aber dunkles, sattes Grün der buschigen Nadeln, so ist sie in vielen hundert Jahren eines zähen Sichbehauptens gegen alle Unbill der Natur zu einem Sinnbild der Urkräfte des Lebens gewachsen. Wie hart dieses Leben im Hochgebirge sein kann, wollen wir im folgenden erfahren. So hoch hinauf einzelne Bäume steigen, so weit kann auch Wald wachsen — das ist die einleuchtende Meinung der Forstleute, wenn sie heute unter großen Mühen und hohen Kosten versuchen, den vielerorts vernichteten Bannwald als besten Schutz vor Lawinen und Muren wieder hochzubringen. Eine halbwegs natürliche Obergrenze des Waldes kann man in den Alpen nur dort finden, wo steiles, felsiges Gelände weder Alm- noch Holznutzung ermöglichen. An allen ebeneren Stellen hat der Mensch gerodet. Daher ist das Bild der sogenannten »Kampfzone des Waldes«, wo Einzelbäume wie in einem Park verstreut stehen, wohl nicht natürlich, sondern vom Menschen geschaffen.

Im Großen entscheidet vor allem das Temperaturklima, im Kleinen die Dauer der Schneedecke über die Möglichkeit von Baumwuchs. Als Regel kann gelten, daß an mindestens hundert Tagen im Jahr die 5°-Grenze überschritten werden muß, bei der die meisten unserer subalpinen Holzgewächse noch Stoffgewinn erzielen. Die »Produktionsperiode« der Pflanzen, also die Zeitspanne, während der die »grüne Fabrik« Stoffe aufbauen und Zuwachs erzielen kann, wird aber mit zunehmender Meereshöhe nicht nur immer kürzer, sondern auch kälter. Immer häufiger treten selbst im Sommer Fröste auf, die den Betrieb stillegen. Noch einige weitere Klimafaktoren, die das harte Leben der Pflanze in der alpinen Region erschweren, seien hier vorweg genannt. Da die klare Bergluft viel durchlässiger für die Sonnenstrahlen ist, wirken diese viel intensiver: die Blätter der Pflanzen heizen sich stärker auf, kühlen bei Nacht aber auch oft bis unter den Gefrierpunkt ab. Vor allem während der häufigen Schönwetterperioden im Frühling und Herbst beansprucht der tägliche Wechsel zwischen Hitze und Frost die Pflanzen sehr stark. Besonders im Spätwinter, wenn die Wurzeln dem gefrorenen Boden kein Wasser entreißen können, die Nadeln und Blätter aber bei Sonnenschein und Wind kräftig Wasser verdunsten, kann es zu schweren Trockenschäden kommen. Es ist die Erscheinung der »F r o s t t r o c k n i s«, der viele Pflanzen nur durch den Schutz der Schneedecke entgehen. Die Alpenrosen z. B. sind hier besonders gefährdet, während die Zirben große Wassermengen im Stamm speichern können. So übersteht die Gefahr der Frosttrocknis am besten, wer zu Winterbeginn am meisten Wasser gehortet hat und damit am sparsamsten haushalten kann. Paradoxerweise herrscht also in der alpinen Region Wassermangel kaum jemals während des Sommers, wohl aber im Spätwinter. Echtes »Erfrieren« kommt wohl nur ausnahmsweise und immer bei solchen Pflanzen vor, deren Ahnen in günstigeren Klimazonen lebten (Alpenrosen!). Die innere Ursache der »Frosthärte«, die Widerstandskraft gegen tiefe Temperaturen liegt in den Eigenschaften der lebenden Eiweißsubstanz der Zelle begründet. Sie wechselt von Art zu Art und ist wie die meisten anderen Lebensvorgänge sinnvoll in den Rhythmus der Jahreszeiten eingepaßt. Bei unseren Nadelbäumen genügt sie weitaus, um auch die schärfsten und längsten Winterfröste unbeschädigt zu überstehen. Man braucht ja nur daran zu denken, daß die mit den alpinen Fichten, Tannen, Lärchen und Zirben nahe verwandten sibirischen Arten an ihren Standorten Temperaturen unter —60° aushalten!

Alpine und nivale Stufe

Noch weitaus härter als im Bereich des Zirbenwaldes ist das Leben auf den Gipfeln der Dreitausender. Waren die Jahreszeiten schon in der oberen alpinen Grasheidenstufe so zusammengerückt, daß auf den Frühling unmittelbar der Herbst folgt, so unterbricht in der Schneestufe nur ein kurzes sommerliches Blühen den fast ewigen Winter. Wie der »Alltag« der nivalen Pflanzenwelt aussieht, davon ahnt jemand, der an einem schönen Apriltag auf der Marmolata schifährt, freilich wenig; eher schon, wer einmal im August in einen Wettersturz mit Kälte und Schneefall geriet. Im Jahre 1966 hat Dr. Walter Moser vom Institut für Allgemeine Botanik der Universität Innsbruck mitten in der Nivalstufe (am Nebelkogel bei Sölden/Ötztal, 3190 m) eine kleine Station errichten können, die mit modernen Geräten nicht nur alle wichtigen Klimadaten registriert, sondern auch die direkte Messung des pflanzlichen Stoffwechsels gestattet.

Von den vielen überraschenden Ergebnissen, die bereits gewonnen wurden, sei hier nur weniges aus dem geradezu dramatischen Schicksal des Gletscherhahnenfußes erzählt: In günstigen Jahren hat *Ranunculus glacialis* etwa zwei Monate, in schlechten nur einen Monat Zeit für aktive Lebenstätigkeit. Dabei gelingt es ihm meist nur, ein einziges Blatt neu dazuzubilden. Schaut dieses Blatt bei einem sommerlichen Kältesturz zufällig aus dem Neuschnee heraus, so muß es erfrieren. Das bedeutet aber, daß dieser ganze Sommer für die Pflanze verloren war. Daß eine Nivalpflanze frostempfindlicher ist als ein Ölbaum im Winter, überrascht zunächst. Trotzdem ist sie ihren Lebensbedingungen bestens angepaßt: im Herbst zieht der Gletscherhahnenfuß nämlich ein und überdauert unter der schützenden Schneedecke mit einem Erdstock. An manchen Stellen apert er in schlechten Sommern gar nicht aus, so daß er zwei oder fast drei Jahre unter dem Schnee begraben bleibt. Dann ist er gezwungen, alles, was an Reserven für Blatt- und Blütenanlagen im Erdstock angelegt war, für ein rasches Austreiben im nächsten Sommer nach und nach zu verbrauchen, nur um zu überleben.

Im Gegensatz zum Gletscherhahnenfuß sind die nivalen Polsterpflanzen (Steinbrech- und Mannsschild-Arten, stengelloses Leimkraut und Polstermieren), die oft an windausgesetzten Graten ohne äußeren Schutz den Winter überleben, offenbar gegen stärkste Temperaturschwankungen, wie sie im Frühling täglich auftreten können, unempfindlich: nächtliche Strahlungsfröste bis —20° wechseln mit Erwärmung der Pflanzen bei Sonneneinstrahlung auf über 30°.

Aber auch dort, wo das Klima selbst für Polsterpflanzen zu unwirtlich ist, existiert noch Leben: ebenso unscheinbare wie anspruchslose Algen, Pilze, Moose und besonders Flechten. In feinen Löchern des Kalkgesteins oder ohne Wurzeln am nackten Fels als Krusten überziehend, trotzen sie nicht nur der Sommerhitze und der Winterkälte, sondern passen ihre Lebensvorgänge ganz den äußeren Bedingungen an. In wenigen Minuten können sie aus tiefster Froststarre erwachen und voll aktiv werden; bei einer ganzen Reihe hochalpiner Flechten liegt das Temperaturoptimum der Stoffproduktion sogar um oder unter Null Grad!

Anpassungen: vom harten Dasein der Alpenpflanzen im rauhen Hochgebirge

Die Vielzahl pflanzlicher Erscheinungsformen können wir uns so entstanden denken, daß aus wenigen Grundtypen durch ständige Neukombination von Merkmalen bei der Fortpflanzung sich eine große Zahl von Sippen herausbildeten, die voneinander geringfügig verschieden waren. So entstanden zweifellos Pflanzen, die für bestimmte Lebensbedingungen (etwa Trockenheit oder Kälte) bessere Eignung besaßen, während die »Unbrauchbaren« zugrunde gingen oder in der Konkurrenz unterlagen. So gibt es also auch Pflanzenformen, die besonders gut an das Leben im Hochgebirge angepaßt sind, wobei die Natur auf jede Frage der Umwelt eine Vielzahl von Antworten bereit hat. Oft hat man versucht, die so bezeichnenden »Wuchsformen« der Alpenpflanzen (z. B. den Polsterwuchs und den Spalierwuchs) zu »erklären«, bestimmte Umweltfaktoren als Ursache zu finden. Wir kennen heute etwa 400 P o l s t e r p f l a n z e n, denen allen der gleiche Bauplan zugrunde liegt, obwohl sie unter verschiedensten Umweltbedingungen leben und aus den verschiedensten Verwandtschaftskreisen der ganzen Erde stammen. Müßten da nicht die Faktoren, die solches bewirken sollen, immer die gleichen sein? Oder müßten dann nicht von bestimmten Umweltbedingungen ausschließlich

Polsterpflanzen erzeugt werden? Beides ist, wie wir wissen, nicht der Fall, sondern es setzt sich fast jede Pflanzengesellschaft aus einer bunten Mischung verschiedensten Organisationstypen zusammen.

Die Natur hat viele Wege, ihr Ziel zu erreichen; sie ist einfallsreicher als der Mensch. Aber bis heute ist es nicht gelungen, jene Faktoren zu finden, die eine bestimmte Form „erzeugen". So gilt noch immer, was der große Morphologe K. Goebel einmal sagte: „Die Natur nimmt das Gute, wo sie es findet; es geht so, aber es ginge auch anders. Die reine Nützlichkeitslehre läßt die Natur schaffen wie einen Handwerker, der nur herstellt, was unmittelbar gebraucht wird. Sie verhält sich aber wie ein Künstler, der sich vom nur Nützlichen nicht beschränken läßt." Zwar gibt es auch „Scheinpolster" (hauptsächlich Windformen bei Bäumen und Sträuchern) und von außen erzwungene „Scheinspaliere" (Strauchbuchen und Latschen am Rand von Lawinenrinnen), die echte Polster- und Spalierform aber ist in der inneren Organisation der Pflanze erblich festgelegt.

Wir wollen aus der Fülle der Beobachtungen nur noch einige der Einrichtungen herausgreifen, die den Alpenpflanzen das Zurechtkommen in ihrer feindlichen Welt erleichtern oder überhaupt erst ermöglichen. Der häufige Wind ist nicht nur Hauptursache für die Verteilung des Schnees in der Berglandschaft und damit für das Mosaik der Lebensgemeinschaften, er wirkt auch direkt in doppelter Weise: Schnee- und Sandschliff nagen am Pflanzenkörper, und die Wasserabgabe durch Verdunstung wird stark erhöht. So finden wir ähnlich wie bei Steppenpflanzen eine ganze Reihe von Einrichtungen, die die Vertrocknungsgefahr herabsetzen helfen: Verkleinerung der Oberfläche (Nadelblätter: Erika), filzige Behaarung (Edelweiß), dicke Oberhaut (Lederblätter von Enzian und Täschelkraut) oder das Zusammenrücken der Einzelsprosse zu Polstern. Schließlich gibt es auch in der alpinen Region »Sukkulente«, deren Blätter und Sprosse als Wasserspeicher ausgebildet sind (Hauswurz — *Sempervivum*, Fetthenne — *Sedum*).

Der Z w e r g w u c h s, der für so viele Alpenpflanzen charakteristisch ist, hat wohl mehrere verschiedene Ursachen. In der kurzen Produktionszeit kann nur eine begrenzte Menge an Zuwachs erzielt werden (in der Lebensgemeinschaft der Schneeböden mit oft nur ein bis zwei Monaten Aperzeit treffen wir die kleinsten Zwerge der Alpenflora an). Außerdem wissen wir, daß kurzwellige Strahlung und tiefe Temperatur das Zellwachstum hemmen. Der Zwergwuchs bringt den Pflanzen aber auch den Vorteil höheren Wärmegenusses an der Bodenoberfläche, ja es gibt sogar Holzgewächse wie die Krautweide *(Salix herbacea)*, die mit ihren Stämmchen unterirdisch kriecht und nur die Ästchen mit den Blättern über die Bodenoberfläche emportreibt: *minima inter omnes arbores*, den kleinsten aller Bäume hat sie der große Linné genannt. Viele Alpenpflanzen behalten ihre Blätter über den Winter und sind dann gegenüber jenen im Vorteil, die erst austreiben müssen. Überhaupt wird die Kürze der Vegetationszeit durch zwei Fähigkeiten ziemlich ausgeglichen:

Zum einen sind die Blütenknospen schon im Herbst fix und fertig angelegt und können daher gleich nach der Schneeschmelze, oft schon unter dem Schnee aufblühen (Krokus, Soldanellen, Anemonen, Hahnenfuß- und Steinbrecharten, Gamsheide und Schneeheide), zum anderen reifen etwa 50 Prozent aller Nivalpflanzen auch nach Abschluß der produktiven Zeit bis weit in den Winter hinein ihre Samen aus.

Für die Weitergabe des Lebens ist im allgemeinen die Befruchtung der Samenanlage durch den Blütenstaub (Pollen) nötig. Da die Wahrscheinlichkeit eines Blütenbesuchs durch pollenübertragende Insekten immer geringer wird, je weiter die Einzelpflanzen voneinander entfernt stehen und je weniger Insekten fliegen, so müssen die Anlockungsmittel verstärkt werden: leuchtendere Blütenfarben, erhöhte Duft- und Nektarproduktion. Aber auch dann ist die Unsicherheit noch groß genug, so daß viele Alpenpflanzen auch ohne Insekten, durch Selbstbestäubung oder gar ohne Bestäubung Samen erzeugen. Manche verzichten überhaupt auf Befruchtung und Samenerzeugung; sie pflanzen sich vegetativ, durch Brutknospen (lebendgebärender Knöterich — *Polygonum viviparum*) oder Sproßausläufer (kriechende Nelkenwurz — *Geum reptans*) fort.

Wohl tragen von den Tieren vor allem die Vögel (Schneefinken, Schneehühner, Tannenhäher) zur Verbreitung mancher Alpenpflanzen (vor allem der Beerensträucher und der Zirbe) bei, doch wird die Verbreitung der Samen mit zunehmender Meereshöhe immer mehr dem Wind anvertraut. Durch vielerlei Anhängsel, Flügel und fallschirmartige Haar- und Hautkrönchen werden die Samen befähigt, über weite Strecken zu schweben (Wollgras, Weiden, Kuhschellen, Nelkenwurz und Korbblütler).

In sinnvoller Weise findet die Natur so immer wieder Wege, Leben auch dort noch zu ermöglichen, wo es unmöglich scheint. Die große Frage nach jenen geheimnisvollen formbildenden Kräften, die das Erscheinungsbild und die Funktion alles Lebendigen — so auch der Alpenpflanzen — bestimmen, ist immer noch unbeantwortet. Wie das phantastische Informationssystem der Lebewesen im Prinzip funktioniert, wissen wir bereits. Vielleicht ist der Tag auch nicht mehr fern, an dem wir jene Stellen und jene Bausteine in den Chromosomen (Erbträger im Zellkern) angeben können, die dafür verantwortlich sind, daß aus der Zirbe immer wieder ein Baum, aus dem Moossteinbrech aber eine Polsterpflanze wird. Warum dies im einen Fall so, im anderen anders geschieht, diese Frage wird wohl immer ohne Antwort bleiben.

Dr. Herbert R e i s i g l

Dolomiten: Blumige Matten — steilaufstrebender Fels
Blick von der Seceda auf die Geislergruppe

Familie: Hahnenfußgewächse *Ranunculaceae*
1 Trollblume   *Trollius europaeus*
  Text: Seite 133   Maßstab: 1 : 2
2 Pfingstrose, Gichtrose   *Paeonia officinalis*   G
  Text: Seite 133   Maßstab: 1 : 2
3 Grüne Nieswurz   *Helleborus viridis*
  Text: Seite 133   Maßstab: 1 : 1,4
4 Christrose, Schneerose   *Helleborus niger*   G
  Text: Seite 133   Maßstab: 1 : 2

5	6
8	7

Familie: Hahnenfußgewächse
Ranunculaceae
Korianderblättrige Schmuckblume
Callianthemum coriandrifolium   G
Text: Seite 133   Maßstab: 1 : 1,3
Kerners Schmuckblume
Callianthemum kernerianum   G
Text: Seite 133   Maßstab 1 : 1
Dolomiten-Akelei, Einseles Akelei
Aquilegia einseleana
Text: Seite 133   Maßstab: 1 : 1
Alpen-Akelei   *Aquilegia alpina*
Text: Seite 134   Maßstab: 1 : 1

Familie: Hahnenfußgewächse
Ranunculaceae
9 Hahnenfußblättriger Eisenhut
Aconitum ranunculifolium
Text: Seite 134   Maßstab: 1 : 3,5
10 Blauer Eisenhut
Aconitum napellus
Text: Seite 134   Maßstab: 1 : 1
11 Alpenrebe   *Clematis alpina*   G
Text: Seite 134   Maßstab 1,3 : 1

13
14

3a

Familie: Hahnenfußgewächse
Ranunculaceae
Schwefelgelbe Anemone, Schwe-
felgelbe Kuhschelle   G
Pulsatilla alpina ssp. apiifolia
Text: Seite 134   Maßstab: 1 : 1
Alpen-Anemone,   Alpen-Kuh-
schelle   *Pulsatilla Alpina*   G
a Alpen-Anemone,   Alpen-Kuh-
schelle - Fruchtstand: Bergmänn-
le oder Wildes Männle genannt.
Text: Seite 134
Maßstab: 13 = 1 : 2, 13a = 1 : 1,5
Frühlings-Kuhschelle, Pelzanemo-
ne   *Pulsatilla vernalis*   G
Text: Seite 135   Maßstab: 1 : 1

16	17
18	15

Familie: Hahnenfußgewächse
Ranunculaceae

15 Gewöhnliche Kuhschelle
   Pulsatilla vulgaris   G
   Text: Seite 135   Maßstab: 1 : 2

16 Berg-Kuhschelle
   Pulsatilla montana   G
   Text: Seite 135   Maßstab: 1,5 : 1

17 Narzissenblütiges Windröschen,
   Berghähnlein
   Anemone narcissiflora   G
   Text: Seite 135   Maßstab: 1 : 1

18 Monte-Baldo-Windröschen,
   Tiroler Windröschen
   Anemone baldensis   G
   Text: Seite 135   Maßstab: 1 : 1

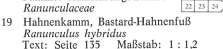

Familie: Hahnenfußgewächse
Ranunculaceae

19 Hahnenkamm, Bastard-Hahnenfuß
Ranunculus hybridus
Text: Seite 135   Maßstab: 1 : 1,2

20 Gift-Hahnenfuß
Ranunculus thora
Text: Seite 135   Maßstab: 1 : 1

21 Alpen-Hahnenfuß
Ranunculus alpestris
Text: Seite 136   Maßstab: 1 : 1

22 Herzblatt-Hahnenfuß
Ranunculus parnassifolius   G
Text: Seite 136   Maßstab: 1 : 1,3

23 Pyrenäen-Hahnenfuß
Ranunculus pyrenaeus   G
Text: Seite 136   Maßstab: 1 : 1

24 Seguiers Hahnenfuß
Ranunculus seguieri   G
Text: Seite 136   Maßstab: 1 : 1

25 Gletscher-Hahnenfuß
Ranunculus glacialis   G

25a Gletscher-Hahnenfuß
Text: Seite 136
Maßstab: 25 = 1 : 1, 25a = 1 : 1

	26	
27	28	

Familie: Mohngewächse
Papaveraceae
26 Rhaetischer Mohn
Papaver rhaeticum   G
Text: Seite 136   Maßstab: 1 : 1,5
27 Sendtners Alpenmohn
Papaver sendtneri
Text: Seite 137   Maßstab: 1 : 3
28 Gelber Lerchensporn
Corydalis lutea
Text: Seite 137   Maßstab: 1 : 1

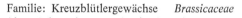

34	35
37	36

Familie: Kreuzblütlergewächse   *Brassicaceae*

34 Zwerg-Gänsekresse   *Arabis pumila*
    Text: Seite 138   Maßstab: 1,2 : 1
35 Alpen-Gänsekresse   *Arabis alpina*
    Text: Seite 138   Maßstab: 1 : 1
36 Blaue Gänsekresse   *Arabis caerulea*   G
    Text: Seite 138   Maßstab: 1 : 1
37 Alpen-Steinschmückel, Pyrenäen-Steinschmückel
    Petrocallis pyrenaica   G
    Text: Seite 138   Maßstab: 1,5 : 1

Familie: Kreuzblütlergewächse *Brassicaceae*
38 Rundblättriges Täschelkraut *Thlaspi rotundifolium*
   Text: Seite 138   Maßstab: 2,2 : 1
39 Alpen-Gemskresse *Hutchinsia alpina*
   Text: Seite 138   Maßstab: 1 : 1

40 Kurzstengelige Gemskresse
   Hutchinsia alpina ssp. brevicaulis
   Text: Seite 138   Maßstab: 1 : 1,5

41	41a
42	43

Familie: Dickblattgewächse *Crassulaceae*
41 Spinnweben-Hauswurz
  Sempervivum arachnoideum G
41a Spinnweben-Hauswurz (Rosetten)
  Text: Seite 139
  Maßstab: 41 = 1,2 : 1, 41a = 2,5 : 1
42 Dolomiten-Hauswurz
  Sempervivum dolomiticum G
  Text: Seite 139 Maßstab: 1 : 1,3
43 Berg-Hauswurz *Sempervivum montanum* G
  Text: Seite 139 Maßstab: 1 : 1,5

Familie: Dickblattgewächse *Crassulaceae*
Alpen-Hauswurz
Sempervivum tectorum ssp. alpinum   G
Text: Seite 139   Maßstab: 2,5 : 1
Gelbe Hauswurz, Wulfens
Hauswurz
Sempervivum wulfenii   G
Gelbe Hauswurz, nur Blüte
Text: Seite 139
Maßstab: 45 = 1 : 4, 45a = 2,3 : 1

	44
45	45a

46	47
48	49

Familie: Dickblattgewächse   *Crassulaceae*
46 Rosenwurz   *Rhodiola rosea*   G
   Text: Seite 139   Maßstab: 1 : 2
47 Behaarte Fetthenne   *Sedum villosum*
   Text: Seite 139   Maßstab: 2,3 : 1
48 Alpen-Fetthenne (mit Alpen-Leinkraut)
   Sedum alpestre
   Text: Seite 140   Maßstab: 1,1 : 1
49 Dunkle Fetthenne, Dunkler Mauerpfeffer
   Sedum atratum
   Text: Seite 140   Maßstab: 1 : 1

65a	65
66	67
69	68

Familie: Rosengewächse *Rosaceae*

65 Felsenbirne *Amelanchier ovalis*
65a Felsenbirne (Blüte)
   Text: Seite 142
   Maßstab: 65 = 1 : 6, 65a = 1 : 1,5
66 Großblütiges Fingerkraut
   Potentilla grandiflora
   Text: Seite 142   Maßstab: 1 : 1,7
67 Zottiges Fingerkraut
   Potentilla crantzii
   Text: Seite 142   Maßstab: 1 : 2
68 Stengel-Fingerkraut
   Potentilla caulescens
   Text: Seite 142   Maßstab: 1 : 1,2

69 Weißes Fingerkraut
   Potentilla alba
   Text: Seite 143   Maßstab: 1 : 1

Familie: Rosengewächse   *Rosaceae*

70 Dolomiten-Fingerkraut   *Potentilla nitida*   G
Text: Seite 143   Maßstab: 2 : 1

71 Alpen-Frauenmantel-Silbermantel   *Alchemilla alpina*
Text: Seite 143   Maßstab: 1 : 2

72 Echter Frauenmantel, Taumantel   *Alchemilla vulgaris*
Text: Seite 143   Maßstab: 1 : 2

Familie: Rosengewächse *Rosaceae*

73 Gletscher-Petersbart, Gletscher-
Nelkenwurz *Geum reptans* G
73a Gletscher-Petersbart, Gletscher-
Nelkenwurz (Fruchtstand)
Text: Seite 143
Maßstab: 73 = 1 : 1,3, 73a = 1 : 1,3
74 Berg-Petersbart, Berg-Nelkenwurz
Geum montanum G
74a Berg-Petersbart, Berg-Nelkenwurz
(Fruchtstand)
Text: Seite 143
Maßstab: 74 = 1 : 1, 74a = 1 : 1

73a	73
74	74a

Familie: Schmetterlingsblütler *Papilionaceae*

79 Echter Alpenklee *Trifolium alpinum*
　　Text: Seite 144　　Maßstab: 1 : 1
80 Braun-Klee, Gold-Klee *Trifolium badium*
　　Text: Seite 144　　Maßstab: 1 : 1
81 Bleicher Klee *Trifolium pallescens*
　　Text: Seite 144　　Maßstab: 1,3 : 1
82 Schnee-Klee *Trifolium pratense ssp. nivalis*
　　Text: Seite 144　　Maßstab: 1 : 1
83 Alpen-Wundklee *Anthyllis alpestris*
　　Text: Seite 145　　Maßstab: 1 : 1,5

79	80
81	82
	83

Familie: Schmetterlingsblütler *Papilionaceae*

84	85
86	87

84 Berg-Spitzkiel *Oxytropis jacquinii*
  Text: Seite 145 Maßstab: 1 : 1
85 Gemeiner Spitzkiel, Feld-Spitzkiel *Oxytropis campestris*
  Text: Seite 145 Maßstab: 1 : 1

86 Alpen Tragant *Astragalus alpinus*
  Text: Seite 145 Maßstab: 1 : 1
87 Südlicher Tragant *Astragalus australis*
  Text: Seite 145 Maßstab: 1,2 : 1

Familie: Schmetterlingsblütler
Papilionaceae
88 Gratlinse, Gletscher-Tragant
Astragalus frigidus
Text: Seite 145   Maßstab: 1,6 : 1
89 Gelbe Platterbse
Lathyrus leavigatus
Text: Seite 145   Maßstab: 1 : 2

Familie: Seidelbastgewächse *Thymelaeaceae*

90	92
	93
91	94

90 Seidelbast *Daphne mezereum* G
   Text: Seite 146 Maßstab: 1 : 1,2
91 Berg-Seidelbast *Daphne alpina* G
   Text: Seite 146 Maßstab: 1 : 1
92 Heidenröserl *Daphne cneorum* G
   Text: Seite 146 Maßstab: 1,2 : 1
93 Steinröserl *Daphne striata* G
   Text: Seite 146 Maßstab: 1 : 1,2
94 Felsenröserl *Daphne petraea* G
   Text: Seite 146 Maßstab: 1 : 1

95	
96	
97	98

Familie: Veilchengewächse   *Violaceae*
95 Dubys Stiefmütterchen, Feinblättriges Stiefmütterchen
   Viola dubyana   G
   Text: Seite 146   Maßstab: 1,3 : 1
96 Zweiblütiges Veilchen, Gelbes Veilchen
   Viola biflora
   Text: Seite 147   Maßstab: 1 : 1
97 Berg-Stiefmütterchen   *Viola tricolor ssp. subalpina*
   Text: Seite 147   Maßstab: 1 : 1,3

Familie: Cistrosengewächse   *Cistaceae*
98 Alpen-Sonnenröschen   *Helianthemum alpestre*
   Text: Seite 147   Maßstab: 1 : 1

Familie: Storchschnabelgewächse   *Geraniaceae*
99 Wald-Storchschnabel   *Geranium sylvaticum*
   Text: Seite 147   Maßstab: 1 : 1
100 Blutroter Storchschnabel   *Geranium sanguineum*
   Text: Seite 147   Maßstab: 1,3 : 1

99	100
101	102

101 Silber-Storchschnabel   *Geranium argenteum*   G
   Text: Seite 147   Maßstab: 1 : 1
102 Felsen-Storchschnabel   *Geranium macrorrhizum*   G
   Text: Seite 148   Maßstab: 2,2 : 1

Familie: Rautengewächse *Rutaceae*

103 Diptam, Spechtwurz *Dictamnus albus* G
103a Diptam, Spechtwurz (Nahaufnahme der Blüte)
     Text: Seite 148
     Maßstab: 103 = 1 : 2,5, 103a = 1,3 : 1

Familie: Leingewächse *Linaceae*

104 Alpen-Lein *Linum alpinum*
     Text: Seite 148   Maßstab: 1 : 1
105 Klebriger Lein *Linum viscosum*
     Text: Seite 148   Maßstab: 1 : 1

103	103a
104	105

107	106
108	109

Familie: Kreuzblumengewächse *Polygalaceae*
106 Buchs-Kreuzblume *Polygala chamaebuxus*
Text: Seite 148   Maßstab: 1,5 : 1
107 Großblütige Buchs-Kreuzblume
Polygala chamaebuxus var. grandiflora
Text: Seite 148   Maßstab: 1 : 1,3

Familie: Wolfsmilchgewächse
Euphorbiaceae

108 Zypressen-Wolfsmilch
Euphorbia cyparissias
Text: Seite 149   Maßstab: 1,5 : 1

Familie: Kreuzdorngewächse
Rhamnaceae

109 Zwerg-Kreuzdorn   *Rhamnus pumila*
Text: Seite 149   Maßstab: 1 : 2,3

Familie: Doldengewächse   *Apiaceae*
110 Große Sterndolde   *Astrantia major*
    Text: Seite 149   Maßstab: 1 : 1
111 Kleine Sterndolde   *Astrantia minor*
    Text: Seite 149   Maßstab: 1 : 2
112 Alpen-Mutterwurz, Muttern, Madaun
    Ligusticum mutellina
    Text: Seite 149   Maßstab: 1 : 3
113 Zwerg-Mutterherz   *Ligusticum mutellinoides*
    Text: Seite 149   Maßstab: 1 : 2
114 Hirschwurz, Heilwurz   *Libanotis sibirica*
    Text: Seite 150   Maßstab: 1 : 2
115 Wiesen-Bärenklau   *Heracleum sphondylium*
    Text: Seite 150   Maßstab: 1 : 4

Familie: Weidengewächse   *Salicaceae*

116 Mattenweide   *Salix breviserrata*
   Text: Seite 150   Maßstab: 1 : 1
117 Spießweide   *Salix hastata*
   Text: Seite 150   Maßstab: 1 : 1
118 Stumpfblättrige Weide   *Salix retusa*
   Text: Seite 150   Maßstab: 1 : 1
119 Netz-Weide   *Salix reticulata*
   Text: Seite 150   Maßstab: 1 : 1

Familie: Leinblattgewächse   *Santalaceae*

120 Alpen-Leinblatt   *Thesium alpinum*
   Text: Seite 151   Maßstab: 1,5 : 1

116	117
	118
119	120

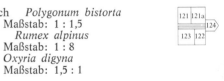

Familie: Knöterichgewächse *Polygonaceae*

121 Knöllchen-Knöterich *Polygonum viviparum*
121a Knöllchen-Knöterich (Blüten-Nahaufnahme mit Bulbillen)
Text: Seite 151
Maßstab: 121 = 1 : 1,5, 121a = 4 : 1

122 Schlangen-Knöterich *Polygonum bistorta*
Text: Seite 151 Maßstab: 1 : 1,5
123 Alpensauerampfer *Rumex alpinus*
Text: Seite 151 Maßstab: 1 : 8
124 Alpen-Säuerling *Oxyria digyna*
Text: Seite 151 Maßstab: 1,5 : 1

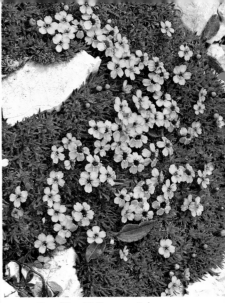

Familie: Nelkengewächse
Caryophyllaceae

	302	125a	
	126	127	125

125 Stengelloses Leimkraut,
Kalk-Leimkraut
Silene acaulis

125a Stengelloses Leimkraut
(Nahaufnahme)
Text: Seite 151
Maßstab: 125 = 1 : 1, 125a = 1 : 1,2

126 Rotes Seifenkraut
Saponaria ocymoides
Text: Seite 152   Maßstab: 1 : 1

127 Kriechendes Gipskraut
Gypsophila repens
Text: Seite 152   Maßstab: 1 : 1

302 Niedriges Seifenkraut, Saupeterstamm   *Saponaria pumila*
Text: Seite 181   Maßstab: 1,5 : 1

Familie: Nelkengewächse   *Caryophyllaceae*

128 Frühlings-Miere   *Minuartia verna*
Text: Seite 152   Maßstab: 1 : 1

129 Zwerg-Miere   *Minuartia sedoides*
Text: Seite 152   Maßstab: 1 : 1

130 Einblütiges Hornkraut   *Cerastium uniflorum*
Text: Seite 152   Maßstab: 1 : 1,5

131 Breitblättriges Hornkraut   *Cerastium latifolium*
Text: Seite 152   Maßstab: 1 : 1,5

132 Bewimpertes Sandkraut   *Arenaria ciliata*
Text: Seite 152   Maßstab: 1 : 1,2

133 Bewimperte Nabelmiere   *Moehringia ciliata*
Text: Seite 153   Maßstab: 1 : 1

128	129
130	131
132	133

134	135
136	
137	137a

Familie: Nelkengewächse   *Caryophyllaceae*
134 Gletscher-Nelke   *Dianthus glacialis*   G
     Text: Seite 153   Maßstab: 1 : 1,2
135 Vernachlässigte Nelke   *Dianthus pavonius*   G
     Text: Seite 153   Maßstab: 1 : 1
136 Stein-Nelke   *Dianthus sylvestris*
     Text: Seite 153   Maßstab: 1 : 1,5
137 Elisabeth-Nelke   *Silene elisabethae*   G
137a Elisabeth-Nelke (Blüten-Nahaufnahme)
     Text: Seite 153
     Maßstab: 137 = 1 : 1,7, 137a = 1,3 : 1

39 Zwerg-Alpenrose   *Rhodothamnus chamaecistus*   G
    Text: Seite 154   Maßstab: 1,6 : 1

40 Alpen-Azalee   *Loiseleuria procumbens*

140a Alpen-Azalee (Blüten-Nahaufnahme)
    Text: Seite 154
    Maßstab: 140 = 1 : 1, 140a = 3 : 1

Alpenrosen mit Sellagruppe

Familie: Heidekrautgewächse
Ericaceae
138 Rostblättrige Alpenrose
Rhododendron
ferrugineum   G
Text: Seite 153
Maßstab: 1 : 2,5

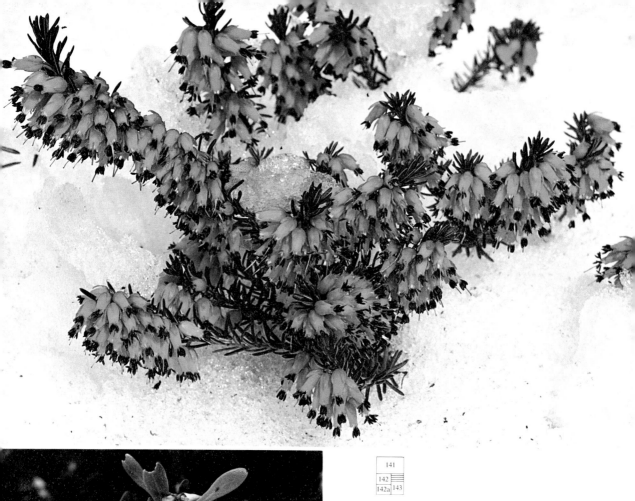

Familie: Heidekrautgewächse   *Ericaceae*

141   Schneeheide, Frühlingsheide   *Erica carnea*
Text: Seite 154   Maßstab: 1,3 : 1

142   Immergrüne Bärentraube   *Arctostaphylos uva-ursi*

142a Immergrüne Bärentraube (Fruchtstand)
Text: Seite 154
Maßstab: 142 = 1 : 1, 142a = 1 : 2

143   Alpen-Bärentraube (Fruchtstand)
Arctostaphylos alpina
Text: Seite 154   Maßstab: 1 : 1

Familie: Wintergrüngewächse   *Pyrolaceae*
144 Einblütiges Wintergrün   *Moneses uniflora*
    Text: Seite 154   Maßstab: 1,2 : 1
145 Rundblättriges Wintergrün   *Pyrola rotundifolia*
    Text: Seite 155   Maßstab: 1 : 2,3

144	145
146	149
147	148

Familie: Primelgewächse   *Primulaceae*
146 Südtiroler Primel   *Primula tyroliensis*   G
    Text: Seite 155   Maßstab: 1 : 1
147 Pracht-Primel   *Primula spectabilis*   G
    Text: Seite 155   Maßstab: 1 : 1,3
148 Klebrige Primel, Blauer Speik
    Primula glutinosa   G
    Text: Seite 155   Maßstab: 1 : 1,3
149 Zwerg-Primel, Habmichlieb   *Primula minima*   G
    Text: Seite 155   Maßstab: 3 : 1

Familie: Primelgewächse   *Primulaceae*

150 Frühlings-Schlüsselblume und Mehlprimel
    Primula veris u. Primula farinosa
    Text: Seite 155   Maßstab: 1 : 1,5

151 Fels-Aurikel, Platenigl   *Primula auricula*   G
    Text: Seite 155   Maßstab: 1 : 1,8

152 Langblütige Primel   *Primula halleri*
    Text: Seite 156   Maßstab: 1 : 1

153 Behaarte Primel   *Primula hirsuta*   G
    Text: Seite 156   Maßstab: 1 : 1

154 Dolomiten-Mannsschild   *Androsace hausmannii*
    Text: Seite 156   *Maßstab: 3,5 : 1*

151	150	
152	153	154

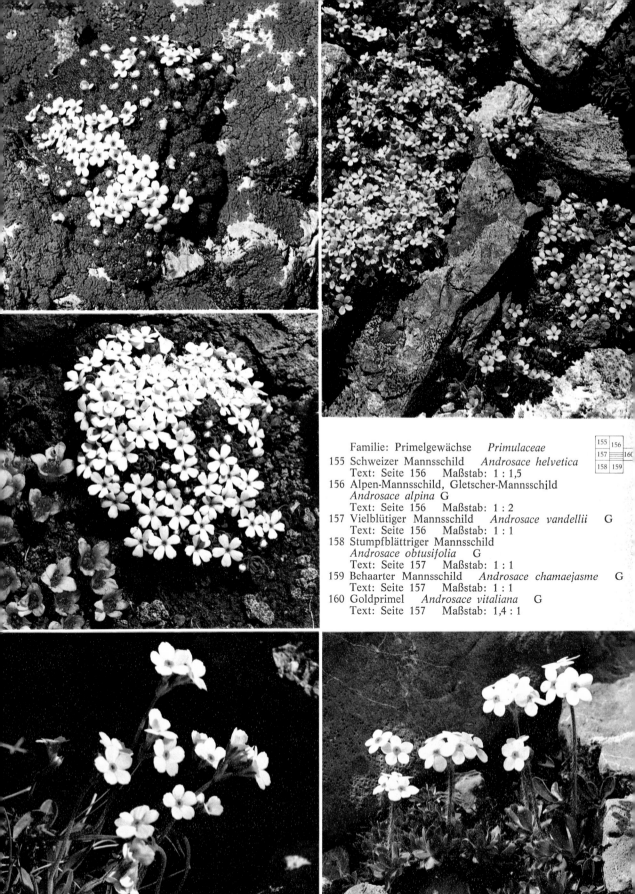

Familie: Primelgewächse   *Primulaceae*

155	156
157	160
158	159

155 Schweizer Mannsschild   *Androsace helvetica*
    Text: Seite 156   Maßstab: 1 : 1,5
156 Alpen-Mannsschild, Gletscher-Mannsschild
    Androsace alpina G
    Text: Seite 156   Maßstab: 1 : 2
157 Vielblütiger Mannsschild   *Androsace vandellii*   G
    Text: Seite 156   Maßstab: 1 : 1
158 Stumpfblättriger Mannsschild
    Androsace obtusifolia   G
    Text: Seite 157   Maßstab: 1 : 1
159 Behaarter Mannsschild   *Androsace chamaejasme*   G
    Text: Seite 157   Maßstab: 1 : 1
160 Goldprimel   *Androsace vitaliana*   G
    Text: Seite 157   Maßstab: 1,4 : 1

Familie: Primelgewächse   *Primulaceae*

161   Alpen-Soldanelle, Alpenglöckchen
Soldanella alpina
Text: Seite 157   Maßstab: 1 : 1

162   Kleine Soldanelle, Kleines Alpenglöckchen
Soldanella pusilla
Text: Seite 157
Maßstab: 162 = 1 : 1,2, 162a = 1,2 : 1

163   Kleinste Soldanelle   *Soldanella minima*
Text: Seite 157   Maßstab: 1,6 : 1

Familie: Primelgewächse *Primulaceae*

164 Alpenveilchen *Cyclamen purpurascens* G
164a Alpenveilchen (Kugelige Fruchtkapsel)
Text: Seite 157
Maßstab: 164 = 1 : 1, 164a = 3,2 : 1
165 Heilglöckchen *Cortusa matthioli* G
Text: Seite 158 Maßstab: 1,8 : 1

Familie: Grasnelkengewächse *Plumbaginaceae*
166 Alpen-Grasnelke, Schlernhexe *Armeria alpina*
Text: Seite 158 Maßstab: 1 : 1,7
166a Alpen-Grasnelke, Schlernhexe *Armeria alpina*
Maßstab: 1 : 1

164a	164	
165	166a	16

Familie: Enziangewächse
Gentianaceae

167 Schwalbenwurz-Enzian
Gentiana asclepiadea
Text: Seite 158   Maßstab: 1 : 2,5

168 Kreuz-Enzian
Gentiana cruciata   G
Text: Seite 158   Maßstab: 1 : 1

169 Schnee-Enzian   *Gentiana nivalis*
Text: Seite 158   Maßstab: 1 : 1,2

170 Schlauch-Enzian
Gentiana utriculosa
Text: Seite 159   Maßstab: 1,8 : 1

171 Zarter Enzian   *Gentianella tenella*
Text: Seite 159   Maßstab: 1 : 1

172 Fransen-Enzian
Gentianella ciliata
Text: Seite 159   Maßstab: 1 : 1,3

Familie: Enziangewächse   *Gentianaceae*

Frühlings-Enzian, Schusternagel   *Gentiana verna*
Text: Seite 159   Maßstab: 1 : 1
Bayerischer Enzian   *Gentiana bavarica*
Text: Seite 159   Maßstab: 1 : 1
Kurzstengeliger Enzian
Gentiana bavarica var. subacaulis
Text: Seite 159   Maßstab: 1 : 1
Deutscher Enzian   *Gentianella germanica*
Text: Seite 159   Maßstab: 1 : 1
Feld-Enzian   *Gentianella campestris*
Text: Seite 160   Maßstab: 1 : 1,5

Familie: Enziangewä
Gentianaceae
301 Saumnarbe, Tauernb
chen *Lomatogoniu
carinthiacum*
Text: Seite 181
Maßstab: 2,5 : 1
175a Dachziegeliger Enzia
Gentiana terglovien
Hacq.
Text: Seite 159
Maßstab: 2 : 1
178 Breitblättriger Enzia
Gentiana kochiana
Text: Seite 160
Maßstab: 1,2 : 1

Familie: Enziangewächse *Gentianaceae*

179 Großblütiger Enzian *Gentiana clusii* G
Text: Seite 160 Maßstab: 1 : 1,5

180 Gelber Enzian *Gentiana lutea* G

180a Gelber Enzian (Blüten-Nahaufnahme)
Text: Seite 160
Maßstab: 180 = 1 : 4,5, 180a = 1 : 1

181 Punktierter Enzian *Gentiana punctata*
Text: Seite 160 Maßstab: 1 : 1

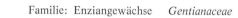

Familie: Enziangewächse   *Gentianaceae*
Purpur-Enzian   *Gentiana purpurea*   G
a Purpur-Enzian (Blüten-Nahaufnahme)
Text: Seite 160
Maßstab: 182 = 1 : 1,6, 182a = 1,2 : 1
Ungarischer Enzian
Gentiana pannonica   G
a Ungarischer Enzian (Blüten-Nahaufnahme)
Text: Seite 161
Maßstab: 183 = 1 : 1,6, 183a = 1 : 1,6

Familie: Rauhblattgewächse   *Boraginaceae*
184 Alpen-Wachsblume   *Cerinthe glabra*
    Text: Seite 161   Maßstab: 1 : 1
185 Alpen-Vergißmeinnicht   *Myosotis alpestris*
    Text: Seite 161   Maßstab: 1 : 1
186 Himmelsherold   *Eritrichum nanum*   G
    Text: Seite 161   Maßstab: 4,2 : 1

Familie: Lippenblütler   *Labiatae*
187 Kriechender Günsel   *Ajuga reptans*
    Text: Seite 161   Maßstab: 1 : 1,5
188 Pyramiden-Günsel   *Ajuga pyramidalis*
    Text: Seite 162   Maßstab: 1 : 1

Familie: Lippenblütler
Labiatae

189 Alpen-Bergminze
Calamintha alpina
189a (Nahaufnahme)
Text: Seite 162
Maßstab: 189 = 1:1, 189a = 1,8

190 Pyrenäen-Drachenmaul
Horminium pyrenaicum
190a (Nahaufnahme)
Text: Seite 162
Maßstab: 190 = 1:1, 190a = 1,2

Familie: Rachenblütler
Scrophulariaceae

191 Alpen-Braunwurz
Scrophularia juratensis
Text: Seite 162   Maßstab: 1 :

192 Gelber Fingerhut, Kleinblütiger
Fingerhut   *Digitalis lutea*
Text: Seite 162   Maßstab: 1 :

193 Alpen-Leinkraut
Linaria alpina
Text: Seite 162   Maßstab: 2 :

Familie: Rachenblütler   *Scrophulariaceae*
194 Blaues Mänderle, Dolomiten-Ehrenpreis
   Paederota bonarota
   Text: Seite 163   Maßstab: 1,2 : 1
195 Gelbes Mänderle, Gelber Ehrenpreis

194	195
196	197

Paederota lutea
   Text: Seite 163   Maßstab: 1 : 1
196 Strauchiger Ehrenpreis   *Veronica fruticulosa*
   Text: Seite 163   Maßstab: 1 : 1
197 Felsen-Ehrenpreis   *Veronica fruticans*
   Text: Seite 163   Maßstab: 1 : 1

Familie: Rachenblütler   *Scrophulariaceae*

198	199
	200
201	202

198 Buntes Läusekraut   *Pedicularis oederi*
     Text: Seite 163   Maßstab: 1 : 1
199 Reichblättriges Läusekraut   *Pedicularis foliosa*
     Text: Seite 163   Maßstab: 1 : 2
200 Knollen-Läusekraut   *Pedicularis tuberosa*
     Text: Seite 163   Maßstab: 1 : 1,2
201 Gestutztes Läusekraut   *Pedicularis recutita*
     Text: Seite 164   Maßstab: 1 : 2
202 Quirlblättriges Läusekraut   *Pedicularis verticillata*
     Text: Seite 164   Maßstab: 1 : 1,3

Familie: Rachenblütler *Scrophulariaceae*
207 Schuppenwurz *Lathraea squamaria*
   Text: Seite 164 Maßstab: 1 : 1
208 Alpenhelm, Trauerblume *Bartsia alpina*
   Text: Seite 165 Maßstab: 1 : 1

207	208
209	210
212	210
213	211

209 Alpendrachen, Tozzie *Tozzia alpina*
   Text: Seite 165 Maßstab: 1 : 1
210 Zwerg-Augentrost *Euphrasia minima*
   Text: Seite 165 Maßstab: 1 : 1

Familie: Geißblattgewächse
Caprifoliaceae
211 Erdglöckchen, Nordisches Moosglöckchen
Linnaea borealis
   Text: Seite 165 Maßstab: 1 : 1,5

Familie: Wasserschlauchgewächse
Lentibulariaceae
212 Dünnsporniges Fettkraut
Pinguicula leptoceras
   Text: Seite 165 Maßstab: 1 : 1,2
213 Alpen-Fettkraut *Pinguicula alpina*
   Text: Seite 166 Maßstab: 1 : 1,2

Familie: Baldriangewächse   *Valerianaceae*

214 Zwerg-Baldrian   *Valeriana supina*
    Text: Seite 166   Maßstab: 1 : 1
215 Berg-Baldrian   *Valeriana montana*
    Text: Seite 166   Maßstab: 1 : 2,3
216 Felsen-Baldrian   *Valeriana saxatilis*
    Text: Seite 166   Maßstab: 1 : 2
217 Verlängerter Baldrian, Ostalpen-Baldrian   *Valeriana elongata*
    Text: Seite 166   Maßstab: 1 : 1

Familie: Kugelblumengewächse   *Globulariaceae*

218 Herzblättrige Kugelblume   *Globularia cordifolia*
    Text: Seite 166   Maßstab: 1 : 1,2

214	215
216	
217	218

Familie: Glockenblumengewächse   *Campanulaceae*
19   Acker-Glockenblume, Rotzglocke
Campanula rapunculoides
Text: Seite 167   Maßstab: 1 : 1
20   Knäuel-Glockenblume   *Campanula glomerata*
Text: Seite 167   Maßstab: 1 : 1
21   Straußblütige Glockenblume
Campanula thyrsoidea   G
Text: Seite 167   Maßstab: 1 : 2
22   Ährige Glockenblume   *Campanula spicata*   G
22a   Ährige Glockenblume (Blütenausschnitt)
Text: Seite 167
Maßstab: 222 = 1 : 3,5, 222a = 1 : 1

222a	219	220
222	221	

Familie: Glockenblumengewäc[
Campanulaceae
223   Dolomiten-Glockenblume
     Campanula morettiana   G
223a Dolomiten-Glockenblume
     (Nahaufnahme)
223b Dolomiten-Glockenblume
     (seltene weiße Spielart)
     Text: Seite 167
     Maßstab: 223 = 1,5 : 1,
     223a = 2,2 : 1, 223b = 1 : 2,
224   Insubrische Glockenblume
     Campanula raineri
     Text: Seite 167   Maßstab: 1 :

Familie: Glockenblumengewächse
Campanulaceae

225 Kleine Glockenblume
Campanula cochleariifolia
Text: Seite 168   Maßstab: 1 : 1

226 Bart-Glockenblume   *Campanula barbata*
Text: Seite 168   Maßstab: 1 : 1,2

227 Dolomiten-Teufelskralle
Phyteuma sieberi   G
Text: Seite 168   Maßstab: 1 : 1,5

228 Kugelige Teufelskralle
Phyteuma orbiculare
Text: Seite 168   Maßstab: 1 : 1,5

229 Hallers Teufelskralle
Phyteuma ovatum   G
Text: Seite 168   Maßstab: 1 : 1,8

230 Schopfige Teufelskralle
Physoplexis comosa   G

230a Schopfige Teufelskralle (Nahaufnahme)
Text: Seite 168
Maßstab: 230 = 1 : 1, 230a = 3 : 1

| 225 |
| 227 |
| 228 |

Familie: Kardengewächse   *Dipsacaceae*
231 Glänzende Skabiose   *Scabiosa lucida*
     Text: Seite 169   Maßstab: 1 : 1,2
232 Langblättrige Witwenblume
     Knautia longifolia
     Text: Seite 169   Maßstab: 1 : 2,5

Familie: Korbblütler
Asteraceae/Asteroideae
233 Grauer Alpendost   *Adenostyles alliariae*
233a Grauer Alpendost (Trieb bricht durch
     das Eis)
     Text: Seite 169
     Maßstab: 233 = 1 : 8, 233a = 1 : 1,5

234	235
236	237

Familie: Korbblütler
Asteraceae/Asteroideae

234 Alpen-Aster   *Aster alpinus*
     Text: Seite 169   Maßstab: 1 : 2,2
235 Alpen-Maßliebchen   *Aster bellidiastrum*
     Text: Seite 169   Maßstab: 1 : 1
236 Einblütiges Berufskraut   *Erigeron uniflo*
     Text: Seite 170   Maßstab: 1 : 1
237 Alpen-Berufskraut   *Erigeron alpinus*
     Text: Seite 170   Maßstab: 1 : 1,2

242	243
244	245

Familie: Korbblütler
Asteraceae/Asteroideae

242 Dolomiten-Schafgarbe   *Achillea oxyloba*
Text: Seite 171   Maßstab: 1,5 : 1

243 Weiße Schafgarbe, Weißer Speik
Achillea clavenae
Text: Seite 171   Maßstab: 1 : 1

244 Sägeblättrige Wucherblume
Leucanthemum atratum
Text: Seite 171   Maßstab: 1 : 1,5

245 Alpen-Wucherblume   *Tanacetum alpinum*
Text: Seite 171   Maßstab: 1 : 2

Familie: Korbblütler
Asteraceae/Asteroideae

246 Echte Edelraute
Artemisia mutellina   G
Text: Seite 171   Maßstab: 2,5

247 Schwarze Edelraute
Artemisia genipi   G
Text: Seite 171   Maßstab: 1,5

248 Glanz-Raute
Artemisia nitida   G
Text: Seite 172   Maßstab: 1 :

249
250 | 251

Familie: Korbblütler
Asteraceae/Asteroideae
249 Arnika, Berg-Wohlverleih
Arnica montana
Text: Seite 172   Maßstab: 1 : 1,2
250 Zottige Gemswurz
Doronicum clusii
Text: Seite 172   Maßstab: 1 : 2
251 Großblütige Gemswurz
Doronicum grandiflorum
Text: Seite 172   Maßstab: 1 : 1,6

252a	252
253	254

Familie: Korbblütler
Asteraceae/Asteroideae

252 Läger-Kreuzkraut, Läger-Greiskraut *Senecio gaudinii*
252a Läger-Kreuzkraut, Läger-Greiskraut (Nahaufnahme)
Text: Seite 172
Maßstab: 252 = 1:2,5, 252a = 1:1
253 Tiroler Kreuzkraut, Tiroler
Greiskraut *Senecio
abrotanifolius var. tirolensis* G
Text: Seite 172 Maßstab: 1 : 1,5
254 Krainer Kreuzkraut, Krainer
Greiskraut *Senecio incanus
ssp. carniolicus* G
Text: Seite 173 Maßstab: 1 : 1

Familie: Korbblütler   *Asteraceae / Asteroideae*

256	255
257	258 259

255 Silberdistel, Wetterdistel   *Carlina acaulis*   G
    Text: Seite 173   Maßstab: 1 : 1

256 Stachelige Kratzdistel   *Cirsium spinosissimum*
    Text: Seite 173   Maßstab: 1 : 4

257 Woll-Kratzdistel   *Cirsium eriophorum*
    Text: Seite 173   Maßstab: 1 : 1

258 Klebrige Kratzdistel   *Cirsium erisithales*
    Text: Seite 173   Maßstab: 1 : 1,5

259 Verschiedenblättrige Kratzdistel
    Cirsium heterophyllum
    Text: Seite 173   Maßstab: 1 : 2,5

Familie: Korbblütler   *Asteraceae/Cichorioideae*

264 Alpen-Milchlattich   *Cicerbita alpina*
    Text: Seite 174   Maßstab: 1 : 1,3

265 Einblütiges Ferkelkraut   *Hypochoeris uniflora*
    Text: Seite 175   Maßstab: 1 : 2

266 Österreichische Schwarzwurzel   *Scorzonera austriaca*
    Text: Seite 175   Maßstab: 1 : 1,5

267 Alpen-Löwenzahn   *Leontodon montanus*
    Text: Seite 175   Maßstab: 1 : 1

<table><tr><td>265</td><td>264</td></tr><tr><td>268</td><td></td></tr><tr><td>266</td><td>267</td></tr></table>

Familie: Korbblütler
Asteraceae/Cichorioideae

Familie: Liliengewächse *Liliaceae*

273 Weißer Germer *Veratrum album*
273a Weißer Germer (Nahaufnahme)
Text: Seite 176
Maßstab: 273 = 1 : 4, 273a = 2 : 1
274 Dolden-Milchstern *Ornithogalum umbellatum*
Text: Seite 176 Maßstab: 1 : 3
275 Wohlriechende Weißwurz, Salomonsiegel
Polygonatum odoratum
Text: Seite 176 Maßstab: 1 : 1
276 Knotenfuß *Streptopus amplexifolius*
Text: Seite 176 Maßstab: 1 : 2

273	275
273a 274	276

Familie: Liliengewächse *Liliaceae*
277 Trichterlilie *Paradisia liliastrum* G
  Text: Seite 177   Maßstab: 1 : 2,4
278 Feuerlilie, Stoangilgen *Lilium bulbiferum* G
278a Feuerlilie, Stoangilgen
  Text: Seite 177
  Maßstab: 278 = 1 : 1,5, 278a = 1 : 2,5
279 Faltenlilie *Lloydia serotina* G
  Text: Seite 177   Maßstab: 1 : 1
280 Allermannsharnisch, Siegwurz *Allium victorialis*
  Text: Seite 177   Maßstab: 1 : 4

Familie: Liliengewächse   *Liliaceae*
281   Türkenbund   *Lilium martagon*   G
281a Türkenbund (Blüten-Nahaufnahme)
Text: Seite 177
Maßstab: 281 = 1 : 4,5, 281a = 1 : 1,3

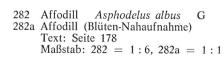

282   Affodill   *Asphodelus albus*   G
282a Affodill (Blüten-Nahaufnahme)
Text: Seite 178
Maßstab: 282 = 1 : 6, 282a = 1 : 1

Familie: Orchideen   *Orchidaceae*

287 Frauenschuh   *Cypripedum calceolus*   G
    Text: Seite 179   Maßstab: 1 : 1,7

288 Rotes Waldvögelein   *Cephalanthera rubra*   G
    Text: Seite 179   Maßstab: 1 : 1

289 Schwertblättriges Waldvögelein   *Cephalanthera longifolia*   G
    Text: Seite 179   Maßstab: 1 : 1,8

290 Weiße Sumpfwurz   *Epipactis palustris*   G
    Text: Seite 179   Maßstab: 1,5 : 1

291 Braunrote Stendelwurz   *Epipactis atrorubens*   G
    Text: Seite 179   Maßstab: 1,5 : 1

292 Nestwurz   *Neottia nidus-avis*   G
    Text: Seite 180   Maßstab: 1 : 1

287	288
290	289
291	292

Familie: Orchideen *Orchidaceae*

293 Schwarzes Kohlröschen, Brändle,
Braunelle *Nigritella nigra* G
Text: Seite 180   Maßstab: 1 : 1
In den Blumenteppichen der
Dolomiten sind alle möglichen
Farbabänderungen des Schwarzen
Kohlröschen zu finden
293a—293e   Maßstab: 1,2 : 1
294 Rotes Kohlröschen
Nigritella miniata   G
Text: Seite 180   Maßstab: 1 : 1

Familie: Orchideen *Orchidaceae*

295 Holunder-Knabenkraut *Dactylorhiza sambudina*
  Text: Seite 180   Maßstab: 1 : 1
296 Breitblättriges Knabenkraut *Dactylorhiza majalis*
  Text: Seite 180   Maßstab: 1 : 2
297 Männliches Knabenkraut *Orchis mascula*
  Text: Seite 180   Maßstab: 1 : 2
298 Brand-Knabenkraut *Orchis ustulata*
  Text: Seite 181   Maßstab: 1,2 : 1
299 Kugel-Knabenkraut *Traunsteinera globosa*
  Text: Seite 181   Maßstab: 1 : 1
300 Fliegen-Ragwurz *Ophrys insectifera*
  Text: Seite 181   Maßstab: 1,5 : 1

Familie: Tüpfelfarne *Polypodiaceae*
304 Dolomiten-Streifenfarn *Asplenium seelosii*
  Text: Seite 181   Maßstab: 4 : 1

295
296 297 300 299 298
304

Hahnenfußgewächse *Ranunculaceae*

1 Trollblume   *Trollius europaeus L.*

Wenig verzweigte Pflanze mit langgestielten, fünfzählig geteilten, grundständigen Blättern. Die 10—60 cm hohen Stengel haben endständige, goldgelbe, kugelige Blüten. Viele rundliche Kronblätter neigen sich über den zahlreichen Staubblättern und schmalen Honigblättern kugelförmig zusammen. Kleine Insekten suchen in dieser sicheren Behausung Schutz vor Regen und Unwetter, finden dort Nahrung und übernehmen zugleich die Bestäubung.
Nasse Wiesen, Bergwiesen, bis 2890 m. Mai—Juli. Sehr verbreitet.
V e r b r e i t u n g : Fast ganz Europa (nördlich bis Norwegen, südlich nur im Gebirge), Kaukasus, arktisches Nordamerika.

2 Pfingstrose, Gichtrose   *Paeonia officinalis L.*

Stattliche, krautige Pflanze mit großen zweimal dreiteiligen, auf der Unterseite schwach behaarten, hellgrünen Blättern. Der aufrechte, 60—90 cm hohe, kahle Stengel hat eine bis 15 cm große, weithin leuchtende Blüte. Fünf bis acht rosarote bis dunkelrote, breit-eiförmige Kronblätter umstehen einen Kranz von zahlreichen, goldgelben Staubblättern.
Lichte Buschwälder, felsige Berghänge, trockene Kalktriften.
Bis 1700 m. Mai—Juli. Vom Süden bis in die Nähe von Bozen. Cadin bei Salurn, Nonsberg (Westseite), Monte Bondone, Monte Baldo usw.
V e r b r e i t u n g : Südeuropa (von Portugal bis Albanien), Kleinasien, Armenien.

3 Grüne Nieswurz   *Helleborus viridis L.*

Der 15—30 cm hohe, kahle Stengel ist nur oben wenig verzweigt und ein- bis dreiblütig. Meist zwei langgestielte Grundblätter sind fußförmig geteilt. Sie ähneln den ungestielten Stengelblättern. Gelbgrün bis grasgrün sind die bis 7 cm großen Blüten. Ihre fünf blumenblattartigen Kelchblätter sind breit-eiförmig und umgeben tütenförmige Honigblätter und Griffel.
Kalkliebend. Gebüsche, Bergwälder. In Südtirol bis 1600 m. März—Mai.
V e r b r e i t u n g : Mitteleuropa (östl. bis Ungarn, westl. bis Nordwestfrankreich, südl. bis Kärnten und Krain).

4 Christrose   *Helleborus niger L.*

Schwarze Nieswurz, Schneerose, Weihnachtsrose
Der dicke, aufrechte, 10—30 cm hohe Stengel ist meist ein- bis zweiblütig. Die bis zu 12 cm großen Blüten haben schneeweiße, rosa bis rötliche, blumenblattartige Kelchblätter, die lange erhalten bleiben und sich bei Fruchtreife grünrot bis braunrot umfärben. Unscheinbar klein und röhrig sind die Honigblättchen; dagegen erhöhen die goldgelben Staubblätter den Zauber der porzellanartig wirkenden Blüte. Winterhart sind die grundständigen, lederartigen, vom Schnee meist an den Boden gepreßten Laubblätter. Sie sind gestielt, fußförmig fünf- bis neunspaltig und gezähnt.
Auf Kalkböden. In lichten Buschwäldern und Schluchten, steinigen Matten. Bis 1850 m. Von Weihnachten bis Mai.
V e r b r e i t u n g : Südliche Kalkalpen: Luganer See bis Steiermark; Zentralalpen: Lungau; Nordalpen: Salzburger Alpen und Sonnwendgebirge. Apennin, Serbien, Karpaten.

5 Korianderblättrige Schmuckblume   *Callianthemum coriandrifolium Rchb.*

Der ein- bis zweiblütige Stengel wird 5—20 cm hoch. Die Grundblätter sind mit scheidigem Grund langgestielt, dreifach fiederschnittig und kürzer als die Blütenstengel. Bis 3 cm groß werden die Blüten; ihre fünf grünlichen Kelchblätter sind kürzer als die acht bis dreizehn weißen bis rötlichen, breit-ovalen, ausgerandeten Kronblätter, die am Grunde ein Honiggrübchen haben.
Auf feuchten Matten und steinigen Triften. Im Legföhrengebüsch. 2000—2800 m. Juni—August. Schlern, Sellajoch, Pordoi, Rosengarten, Fassa- und Fleimstal.
V e r b r e i t u n g : Pyrenäen, Westalpen, Schweiz, Tirol, Dolomiten, Salzburg, Steiermark, Kärnten, Bosnien, Karpaten.

6 Kerners Schmuckblume   *Callianthemum kernerianum Freyn.*

Niedriges, gedrungenes, bis 7 cm hohes Pflänzchen. Der kurze, etwas gekrümmte, rötliche Stengel ist einblütig. Erst nach der Blüte erscheinen die kleinen, dichtgedrängten, zusammengesetzten, grundständigen Laubblättchen. Die endständige Blüte hat fünf grünliche Kelchblätter und neun bis fünfzehn längere weiße bis rötliche, lineal-längliche Kronblätter.
Bald nach der Schneeschmelze öffnen sich auf steinigen Matten im winterbleichen Gras die ersten Blüten dieser seltenen Pflanze. 1400—2000 m.
V e r b r e i t u n g : Endemisch am Monte Baldo.

7 Dolomiten-Akelei, Einseles Akelei   *Aquilegia einseleana F. W. Schultz*

Sie wurde zuerst in den Berchtesgadner Bergen im Jahre 1847 von dem Arzt Dr. Einsele entdeckt und nach ihm benannt.
Der zierliche, aufrechte, unverzweigte Stengel wird 15—40 cm hoch und hat meist nur eine kleine Blüte. Die mittelblauen Blütenköpfchen sind leicht geneigt. Ihre Kronblätter sind länglich-eiförmig, zugespitzt und abstehend, die abwärts gerichteten spateligen Honigblätter haben einen geraden, an der Spitze nur schwach gekrümmten Sporn. Die grundständigen Laubblätter sind zierlich, kurzgestielt, doppelt dreizählig gefiedert mit rundlichen Abschnitten. Sie sind blaugrün und nicht drüsig-klebrig.

Alpenrosen mit Zwergwacholder und Langkofelgruppe

Blockhalden, feuchtes Geröll, grasige Abhänge und Schluchten. Bis 1900 m. Juni—Juli. Schlern, Rosengartengruppe, Larsec und Pragser Dolomiten.
Verbreitung: Südliche Kalkalpen (vom Luganer See bis zur Steiermark); Zentralalpen; Lungau; Nordalpen: Salzburger Alpen und Sonnwendgebirge.

8 Alpen-Akelei   *Aquilegia alpina L.*
Diese bezaubernde Staudenpflanze mit verzweigtem Stengel ist ein- bis dreiblütig. Die bis 8 cm großen, graublauen oder intensiv blauen Blüten sind von einem Zauber sondergleichen. Schon Rambert schilderte in poetischen Worten den Wunderbau dieser Blüte.
Fünf große Kronblätter sind ausgebreitet, dazwischen stehen die abwärts gerichteten Honigblätter mit geschwungenem Honigsporn. Die grundständigen Blätter sind langgestielt, doppelt dreiteilig mit unregelmäßig eingeschnittenen Fiederabschnitten.
Steile Grashänge, Hochstaudenwiesen, lichte Lärchen- und Arvenwälder. Bas 2600 m. Juni—August. Bei Sterzing.
Verbreitung: Auf kalkreichen Böden der Westalpen bis Vorarlberg, Tonalepaß und nördl. Apennin.

9 Hahnenfußblättriger Eisenhut   *Aconitum ranunculifolium Rchb.*
Alle Eisenhutarten sind giftige Pflanzen mit handförmig geteilten Blättern und hohen, meist schmalen Blütenständen.
Aufrechter, steifer, bis 60 cm hoher Stengel, dicht anliegend behaart. Die Laubblätter sind fast bis zum Grunde geteilt, auch die Blattabschnitte sind wiederum tief eingeschnitten, mit schmalen, oft linealen Zipfeln. Die Blüten stehen in dichter, einfacher Traube. Blaßgelb sind die Blütenhelme und nach oben zu sackförmig verlängert.
Kalkreiche Böden, felsige Hänge, lichte Wälder. Juli.
Verbreitung: Wallis, Tessin, Graubünden, Südtiroler Dolomiten, Kärnten, Krain.

10 Blauer Eisenhut   *Aconitum napellus L.*
Große stattliche Pflanze, 50—150 cm hoch, mit handförmigen bis zum Grunde fünf- bis siebenteiligen Blättern. In gedrungener, endständiger Traube stehen die tiefblauen Blütenhelme. Das oberste der fünf Kronblätter bildet einen hohen Helm, in den zwei gestielte Honigblätter hineinragen. Die übrigen Honigblätter sind nur unscheinbare Schuppen. Frucht: Balgkapsel bis 2 cm lang mit dreikantigen Samen. Charakterpflanze der montanen, subalpinen und alpinen Stufe.
Liebt überdüngten Boden, steht deshalb gern in der Nähe von Sennhütten. Bis 3000 m. Juli—August.
Verbreitung: In den Gebirgen von fast ganz Europa.

11 Alpenrebe   *Clematis alpina (L.) Mill.*
Als einzige Liane der Alpen klettert sie mit geschwungenen Ranken über Felsblöcke, kleine Bäumchen, Sträucher und im Geröll. Der holzige, rankende Stengel wird 1—2 m lang und hat gegenständige, doppelt dreischnittige, hellgrüne Blätter. An langen Stielen hängen die großen, meist blauen bis blauvioletten Blütenglocken. Vier große längliche Kronblätter umgeben die kürzeren, weißlichen Honigblätter und diese verbergen die zahlreichen gelben Staubblätter. Nur kräftigen Bienen und Hummeln mag es gelingen, zu den versteckten Nektarquellen vorzudringen und so auch die Bestäubung durchzuführen. Die Früchte bilden haarige Perücken.
Waldränder, Gebüsche, Schutthalden, Felsblöcke. Bis 2000 m. Im Rosengarten bis 2400 m. Bei Blumau und Auer bis ins Tal absteigend.
Verbreitung: Pyrenäen, Apennin, Alpen, Karpaten, Nordrußland, Nordasien, Nordamerika.

12 Schwefelgelbe Anemone *Pulsatilla alpina ssp. apiifolia (Scop.) Schult. (= P. sulphurea [L.] DT.)*
Der aufrechte, behaarte, oft rötliche Stengel wird 15—40 cm hoch. Seine dreiquirligen, gestielten, doppeltfiederschnittigen Hochblätter sind ähnlich den länger gestielten, grundständigen Blättern. Endständig steht die große schwefelgelbe Blüte, deren sechs Kronblätter einen Kranz gleichfarbener Staubblätter umstehen. Bei schönem Wetter breiten sich die Blüten flach aus.
Silikatböden. Bergwiesen, Zwergstrauchheiden, sonnige, trockene Magerrasen. Bis 2000 m. Mai—Juni. In den Dolomiten verbreitet.
Verbreitung: Pyrenäen, Alpen (Nordalpen selten). Nahe Verwandte auf Korsika und im Kaukasus.

13 Alpen-Anemone, Kuhschelle   *Pulsatilla alpina (L.) Delarb.*
Der aufrechte, behaarte Stengel mit dreiquirligen, zerschlitzten Hochblättern wird 10—40 cm hoch. Die grundständigen Blätter sind gestielt, dreizählig, mit tief eingeschnittenen Abschnitten. Strahlend weiß ist die große, endständige Blüte mit den meist sechs ausgebreiteten Kronblättern, die auf ihrer Außenseite zartviolett überlaufen und behaart sind. In ihrer Mitte stehen zahlreiche, goldgelbe Staubblätter.
13a Fruchtstände: Wilde Männle, Teufelsbart, Bocksbart, Wilder Jager. Die Beliebtheit dieser Bärte, Schöpfe und Männle erkennt man an den vielen Volksnamen.
Die zahlreichen Fruchtknoten werden zur Reifezeit kleine Nüßchen; die verlängerten, behaarten Griffel bilden eine große, federige Perücke. Bläst der Föhn über die Berge, so wird der Samen durch sein federiges Flugorgan in die Lüfte gehoben und schwebt oft über manchen Grat.
Kalkliebend. Bergwiesen, Matten, Triften. 1500—2800 m. Juni—Juli.
Verbreitung: Pyrenäen, Cevennen, Auvergne, Alpen, Apennin, Korsika, Karpaten, Kaukasus; Rocky Mountains.

14 Frühlings-Kuhschelle, Pelzanemone *Pulsatilla vernalis (L.) Mill.*

Der dichtbehaarte 5—15 cm hohe Stengel trägt unter der Blüte dreiquirlig angeordnete, zerschlitzte Hochblätter. Die grundständigen Blätter sind einfach gefiedert, gestielt, lederig und winterhart. Die endständige, außen zartviolette Blüte, zuerst nickend und glockig, ist wie das ganze Pflänzchen in ein silbernes oder goldenes Pelzchen gehüllt. Scheint die Sonne hell und warm, öffnen sich die sechs Kronblätter strahlend weiß nach oben, in ihrer Mitte die grünlichgelben Staubblätter.
Gleich nach der Schneeschmelze, im noch winterbleichen Gras, beginnt die Pelzanemone auf den Almen der Dolomiten ihr „großes Blühen".
Schwach saure Humusböden, ungedüngte, trockene Weiden und Matten, Heidewiesen. 500—3600 m. April—Juni.
V e r b r e i t u n g : Vom Flachland Skandinaviens bis in die Alpen; von den Pyrenäen bis zu den Karpaten.

15 Gewöhnliche Kuhschelle *Pulsatilla vulgaris Mill.*

Der aufrechte Stengel wird bis 25 cm hoch. Er ist behaart und trägt den sitzenden Hochblattquirl. Die grundständigen Blätter sind zwei- bis dreifach gefiedert, mit schmalen Abschnitten, sie erscheinen meist nach der Blüte. Die sechs hellvioletten, außen zottig behaarten Kronblätter neigen sich zuerst glockig zusammen, breiten sich später aus und umstehen einen dichten Kranz goldgelber Staubblätter.
Steinige Abhänge, trockene Wälder, sonnige Hügel. März—Mai. Ritten.
V e r b r e i t u n g : In den Kalkgebirgen von Europa und Asien.

16 Berg-Kuhschelle *Pulsatilla montana (Hoppe) Rchb.*

Der 6—20 cm hohe, behaarte Stengel trägt vielteilig zerschlitzte, behaarte Hochblättchen. Zur Blütezeit sind die dreifach-fiederspaltigen Grundblätter mit schmal-linealen Zipfeln noch kaum entwickelt. Die nickende, endständige Blüte ist sehr dunkelviolett und außen seidig behaart. Glockig neigen sich ihre sechs Kronblätter zusammen, sie breiten sich selten auseinander. Die gelben Staubblätter sind zahlreich.
Auf Steppenwiesen, in lichten Föhrenwäldern. Vom Etschtal bis in den oberen Vinschgau (Malser Haide bis 1530 m); im Eisacktal bis Sterzing. Ritten. Seiser Alm. Pustertal. Bis 1600 m. März—April.
V e r b r e i t u n g : Von den Seealpen über die südlichen Alpentäler bis in die Täler der Zentralalpen. Ist vermutlich vor der letzten Eiszeit in ihr heutiges Verbreitungsgebiet der Südalpen eingewandert.

17 Narzissenblütiges Windröschen, Berghähnlein *Anemone narcissiflora L.*

Deutlich behaart ist der 10—50 cm hohe Stengel. Er trägt unter der Blütendolde eine dreiteilige, blattartige Hülle. Auch die langgestielten, grundständigen Blätter sind behaart und handförmig drei- bis fünfteilig mit eingeschnittenen, mehrspaltigen dreieckigen Abschnitten. Drei bis acht Blüten stehen aufrecht in gestielter Dolde. Weiß bis zartrosa sind die fünf bis sechs rundlichen, ausgebreiteten Kronblätter.
Matten, felsige Stellen, Legföhrengebüsch. 1500—2000 m. Mai—Juli.
V e r b r e i t u n g : Von den Pyrenäen über die Alpen, Karpaten bis zum Kaukasus, Ural, Persien, Turkestan, Pamir, Altai, nördl. Asien bis Japan und Nordamerika.

18 Monte-Baldo-Windröschen, Tiroler Windröschen *Anemone baldensis Turra*

Diese zierliche Anemone ist eine ausdauernde Rosettenpflanze. Ihr behaarter Stengel wird 5—15 cm hoch. Unter der Stengelmitte sind drei im Quirl stehende Hochblättchen. Sie ähneln den gestielten Grundblättern, die dreizählig gefiedert sind und doppelt, dreiteilige Fiederchen haben. Die einzeln stehenden Blüten werden 2,5—4 cm groß. Acht bis zehn eiförmige, spitze, weiße, unterseits rötliche, behaarte Kronblätter stehen ausgebreitet um die zahlreichen kurzen, gelben Staubblätter.
Vorwiegend in den Südalpen. Dolomiten verbreitet. Steinige, trockene Böden, Felsen, Geröllhalden. 1800 bis 3000 m. Juni—August.
V e r b r e i t u n g : Pyrenäen, Alpen (fehlt in den deutschen Alpen), südöstliche Karpaten; Gebirge des pazifischen Nordamerika.

19 Hahnenkamm, Bastard-Hahnenfuß *Ranunculus hybridus Biria*

Der wenig verzweigte, 10—15 cm hohe Stengel ist aufrecht, kahl und hat drei- bis fünfzähnige Blättchen, nur das oberste ist lanzettlich. Die zwei grundständigen Blätter sind blaugrün bereift, erhaben aderig, nierenförmig und oben am Rande eigenartig groß gezähnt. Der volkstümliche Name „Hahnenkamm" und „Hahnenkampel" deutet auf diese hahnenkammähnlichen Blätter hin. Die dottergelben Blüten mit fünf rundlichen Blütenblättern leuchten fröhlich in dem vom Winter bleichen Gras auf. Sehr giftig!
Steinige Wildheumähder, Schuttfluren, Felsspalten. Dolomiten häufig. 1600—2500 m. Juni—August.
V e r b r e i t u n g : In den Kalkzügen der Ostalpen, westlich bis zu den Ammergauer Bergen und bis zum Gardasee.

20 Gift-Hahnenfuß *Ranunculus thora L.*

Der dünne, aufrechte Stengel ist wenig verzweigt und wird 10—30 cm hoch. Die Grundblätter vertrocknen so bald, daß sie zu fehlen scheinen. Das unterste große, nierenförmige bis runde Stengelblatt ist am Grunde herzförmig und um am Rande gekerbt. Weiter oben stehen dreiteilige oder dreilappige zugespitzte oder lanzettliche Blätter. Die dottergelben Blüten werden 1—2 cm groß.
Gilt als eine der giftigsten einheimischen Pflanzen. Die Gallier sollen ihre schnelltötenden Pfeile mit dem Saft aus der Wurzel dieses Hahnenfußes vergiftet haben.
Steinige Matten und Abhänge, Felsspalten. 650—2200 m. Juni—Juli. Fassatal, Fleimstal, bei Primiero, Villnöß.
V e r b r e i t u n g : Pyrenäen, Jura, Alpenkette (südliche Kalkkette), Karpaten, Siebenbürgen, Dalmatien, Bosnien, Herzegowina, Montenegro.

21 Alpen-Hahnenfuß   *Ranunculus alpestris L.*

Meist ein- bis zweistengelig ist diese Pflanze. Die aufrechten, kahlen, 5—10 cm hohen Stengel sind gefurcht und haben ein bis zwei ungeteilte, schmale Blättchen. Glänzend grün sind die langgestielten Grundblätter, sie sind drei- bis fünflappig und haben stumpf gekerbte Zipfel. Die Blüte hat fünf reinweiße, ausgerandete Kronblätter und grüne kleine Kelchblättchen.
Eine typische Pflanze der Kalkalpen; in den Zentralalpen nur auf kalkhaltigen Stellen.
Schneetälchen, Fein- und Grobschutt, kurzrasige Böden, Dolomitschluchten. 2500—2950 m. Mai—September.
V e r b r e i t u n g : Pyrenäen, Jura, Alpen, Karpaten, Apennin.

22 Herzblatt-Hahnenfuß   *Ranunculus parnassifolius L.*

Der 4—10 cm lange Stengel ist aufwärts gebogen oder niederliegend; nach oben zu ist er zottig behaart und hat nur wenige, kleine Blättchen. Die Grundblätter sind gestielt, ungeteilt, breit-eiförmig und zugespitzt, am Grunde zottig behaart. Mehrere weiße bis 2,5 cm große Blüten haben abgerundete, breit-eiförmige Kronblätter. Kurz und klein sind die zottig behaarten Kelchblättchen. Früchte bauchig aufgeblasen und geadert.
Auf Kalk. Steinige, feuchte Hänge, Moränenhalden, gefestigter Feinschutt. 1700—2900 m. Juni—August.
Monzonigruppe, Sextner Dolomiten, Karersee, Latemar, Villnöß.
V e r b r e i t u n g : Pyrenäen, Alpen (in kalkreichen Gebieten der zentralen Kette; vereinzelt in den Nord- und Südalpen).

23 Pyrenäen-Hahnenfuß   *Ranunculus pyrenaeus L.*

Die aufrechten, ziemlich kahlen, 10—15 cm hohen Stengel haben meist nur ein kleineres grasartiges Hochblättchen. Die grundständigen, schmal-lanzettlichen, bläulichgrünen Blätter wirken an einem Hahnenfußgewächs sehr eigenartig. Einzeln stehen die bis 2,5 cm großen Blüten; ihre weißen Kronblätter sind breiteiförmig, mit schwach willigem Rand; sie sind sehr hinfällig, der leiseste Luftzug trägt sie fort. Die kürzeren, schmalen Kelchblättchen sind kahl.
Nach der Schneeschmelze auf Weiden und Matten, in Buntschwingel- und Krummseggenrasen. Bis 2600 m bis 3050 m. Juni—September. In den Dolomiten verbreitet.
V e r b r e i t u n g : Von den Pyrenäen über die Gebirgsketten der Zentralalpen, von den Seealpen bis Kärnten.

24 Seguiers Hahnenfuß   *Ranunculus seguieri Vill.*

Benannt nach dem französischen Jesuiten und Naturforscher Jean François Séguier aus Nimes (1703—1784), Verfasser einer Flora von Verona. Mehrere Reisen führten ihn nach Südtirol.
Die niedrige, bis 15 cm hohe, ein- bis dreiblütige Pflanze ist zottig behaart. Ähnlich den Grundblättern, drei- bis fünffach handförmig und mehrfach geteilt, grau behaart sind auch die ein bis drei Stengelblätter. Die Blüten leuchten im reinsten Weiß und werden 2,5 cm groß; ihre Kronblätter sind breit-eiförmig und abgerundet. Bauchig aufgeblasen sind die kugeligen Früchte mit kurzem, hackigem Schnabel.
Feuchter Felsschutt, Felsspalten, feuchte Triften. Auf kalkreicher Unterlage. 1800—2400 m. Juni—Juli.
Pragser Dolomiten, Col di Lana, Schlern, Fassatal, Langkofelgruppe.
V e r b r e i t u n g : Seealpen, Provence, Apennin, Judikarien, Südtiroler Dolomiten, Kärnten, Krain.

25 u. 25a Gletscher-Hahnenfuß   *Ranunculus glacialis L.*

Hochalpine, höchststeigende Blütenpflanze der Alpen; am Finsteraarhorn-Gipfel auf 4275 m Höhe.
Der 4—15 cm hohe, dickliche, meist rot überlaufene, niederliegende oder aufsteigende Stengel ist ein- bis mehrblütig. Nur im oberen Teil hat er wenige sitzende, gestielte Blättchen. Die dicklichen glänzend dunkelgrünen, grundständigen Blätter sind dreizählig, mit gestielten drei-vielspaltigen Abschnitten. Bis 3 cm groß werden die Blüten. Ihre fünf Kronblätter variieren vom reinen Weiß über Rosarot bis ins tiefe Weinrot. Die kürzeren Kelchblättchen sind eiförmig und dunkelrostbraun behaart.
Liebt Gletschergebiete mit feuchtem Felsschutt, Grate und Gipfel. 2300—4275 m. Juli—August. Marmolatagruppe; im südl. Dolomitenzug.
V e r b r e i t u n g : Sierra Nevada, Pyrenäen, Alpen (vor allem Zentralkette); Karpaten; nördl. und arkt. Europa. Island, Ostgrönland.

Mohngewächse   *Papaveraceae*

26 Rhaetischer Mohn   *Papaver rhaeticum Ler.*

Wohl der schönste Schmuck der Kalkschutthalden und Moränen.
Zierliche, 5—15 cm hohe, aufrechte, dunkelborstig behaarte Stengelchen tragen die großen goldgelben Blüten. Rosettig gehäuft sind die grundständigen, einfach bis doppelt gefiederten Blätter mit stumpfen, unsymmetrischen Abschnitten. In nickender Knospe sind die Blüten von zwei dunkelzottig behaarten Kelchblättern eng umschlossen. Doch der Wille zu Leben und Licht sprengt bald ihr Gefängnis. Noch sind die vier Kronblätter zerknittert, mit tausend Fältchen; rasch dehnen und strecken sie sich, erscheinen aus edelster Seide und stehen wie goldene Sonnen gegen den dunklen Fels, den blauen Himmel oder betupfen lustig das eintönige Grau des Kalkgerölls.
Auf beweglichem Kalkgeröll. 2000—2600 m. Häufig in den Dolomiten; manchmal bis ins Tal herabgeschwemmt: Plan de Gralba, Canazei, Penia, Cortina.
V e r b r e i t u n g : Pyrenäen, Apennin, Alpen (von den Seealpen bis in die Cottischen Alpen; vom Engadin bis in die Niederen Tauern und Raibler Alpen; fehlt in den Nordalpen).

27 Sendtners Alpenmohn   *Papaver sendtneri Kern. ex Hay.*

Benannt nach dem Münchner Botaniker Otto Sendtner (1813—1859), der sich große Verdienste um die Erforschung der Alpenflora Bayerns erwarb. Dieser Alpenmohn mit weißen Blüten und meist einfach fiederteiligen, spärlich behaarten Blättern, wächst auf Geröllhalden der nördlichen Kalkalpen. 2000—2600 m. Juli—August.

28 Gelber Lerchensporn   *Corydalis lutea (L.) DC.*

Ästige, 10—20 cm hohe Pflanze mit lauchgrünen, dreifach dreizähligen und gekerbt-eingeschnittenen Blättern. In einseitswendiger Traube stehen die Blüten einem Laubblatt gegenüber. Die goldgelben, vorn etwas dunkleren Blüten haben einen kurzen, sackförmigen Sporn. Die Frucht ist eine schotenförmige Kapsel, die länger wie der Blütenstiel.

An Mauern, schattigen Felsen, im Bachschotter. Vom Tal bis 1600 m. Mai—Oktober.

V e r b r e i t u n g : Vom Ossola-Tal (Lago Maggiore) durch den Tessin bis in den Ostteil der Dolomiten.

Kreuzblütlergewächse   *Brassicaceae*

29 Alpen-Schaumkraut   *Cardamine alpina Willd.*

Bis 10 cm hohes Pflänzchen mit rosettig gehäuften, gestielten Grundblättern, die rhombisch-eiförmig, seicht gelappt oder ganzrandig und am Grunde ohne Öhrchen sind. Die kleinen Blütchen stehen in einfacher, sehr verkürzter Rispe und haben vier weiße Kronblätter. Die länglich-keilförmigen Kelchblätter sind weißhautrandig und an der Spitze violett. Langgestielt sind die stabförmigen bis 15 mm langen Schoten.

Schneetälchen, feuchter Felsschutt. Auf kalkarmem Gestein. 1900—3200 m. Juli—August. Dürrenstein, Sextner Dolomiten, Seiser Alm, Plattkofel, Ciampedie, Fedaja, Monzoni, Rollepaß, Primiero.

V e r b r e i t u n g : Pyrenäen, Cevennen, Auvergne, Korsika, Alpen, nördl. Apennin, Böhmerwald, Sudeten, Karpaten.

30 Schweizer Schöterich   *Erysimum helveticum (Jacq.) DC.*

10—40 cm hohes Halbsträuchlein mit Blattrosetten. Auch die kantigen, meist verzweigten Stengel sind beblättert. Alle Blätter sind lineal-lanzettlich, spitz, behaart, am Grunde verschmälert. In wenigblütiger Traube stehen die gestielten Blüten mit vier dottergelben Kronblättern (15—18 mm lang) und sind lang genagelt. Die 1 mm breiten Schoten werden 4—9 cm lang.

Auf Trockenrasen und sonnigen Felsgesimsen, im Flußschotter. Etschufer bei Bozen, Salurn, Rovereto, Meran. Bis 2400 m. Juni—Juli.

V e r b r e i t u n g : Cottische bis Bündner Alpen; Ötztaler Alpen bis zur mittleren Etsch; Hohe Tauern Südseite; Dalmatien bis Albanien und Mazedonien.

31 Filziges Hungerblümchen   *Draba tomentosa Clairv.*

Mit dichten Sternhaaren ist der 3—6 cm hohe Stengel besetzt, er hat nur wenige eiförmige, spitze Blättchen. In dichter Rosette stehen die Grundblätter. Sie sind verkehrt-eiförmig, ganzrandig, stumpf und grau durch Sternhaare. In gedrängter Traube stehen die kurzgestielten, bis 4 mm großen, weißen Blüten mit verkehrt-eiförmigen Kronblättern. Der Kelch ist hell und hautrandig. Breit-elliptisch sind die Schötchen.

In sonnigen Felsspalten, an Felsgraten. Auf Kalk. 1700—3400 m. Juni—August. In den Dolomiten nicht selten.

V e r b r e i t u n g : Alpen (vom Dauphiné bis Oberösterreich und Krain — mit Lücken in den Silikatmassiven); Tatra, Rhilagebirge.

32 Immergrünes Hungerblümchen   *Draba aizoides L.*

Die kleinen Blattrosetten bilden Radialkugelpolster. Ihre Blättchen sind hellgrün, bis 2 cm lang, schmal, lederig und mit steifen Haaren gewimpert. 5—10 cm hoch wird der blattlose Stengel. In kopfiger Traube stehen die Blüten. Ihre verkehrt-eiförmigen Kronblätter (5—8 mm lang) leuchten goldgelb. Schötchen stehen in verlängerter Traube.

Strauch- und Grasböden der Kalk- und Dolomitalpen, Felsspalten. 1400—3400 m. April—Juni.

V e r b r e i t u n g : In den Gebirgen von Süd- und Mitteleuropa (nördl. bis zum Jura, den Vogesen und Karpaten; südl. bis Kalabrien). Vermutlich ein Relikt aus der Späteiszeit.

33 Alpen-Breitschötchen   *Braya alpina Sternb. et Hoppe*

Kleine, hochalpine, bis 10 cm hohe Rosettenpflanze mit aufrechten, einfachen, oben rot überlaufenen Stengeln. Die Rosettenblätter sind schmal-lineal, stumpf, im bewimperten Stiel verschmälert und mit zweigabeligen Haaren besetzt. In armblütiger Traube stehen die Blüten mit ihren weißen bis zartvioletten, keil- bis verkehrt-herzförmigen, 3—4 mm langen Kronblättern. Die Schoten stehen an verlängerten Stielen aufrecht.

Selten auf alpinen Feinschutthalden, Steinrasen. Auf Kalk und Glimmerschiefer. 2000—3000 m. Juli-August. Südlich vom Brenner: Brenner Alm, Burgum-Pfitsch, Pfunderer Berge.

V e r b r e i t u n g : Endemisch in den Ostalpen.

34 Zwerg-Gänsekresse   *Arabis pumila Jacq.*

Kleines Pflänzchen mit grundständiger Blattrosette. Der 5—15 cm hohe, aufrechte Stengel trägt zwei bis drei ganzrandige, eiförmig-längliche Blättchen. Die Rosettenblätter sind verkehrt-eiförmig, in den Blattstiel verschmälert. Alle Blätter sind mit Sternhaaren rauh besetzt. In armblütiger Doldentraube stehen die Blüten mit vier weißen bis 7 mm langen, vorn abgerundeten, verkehrt-eiförmigen Kronblättern. Bis 4 cm lang werden die aufrecht abstehenden Schotenfrüchte.
Auf kalkreichem Gestein, Felsspalten, Geröllhalden, an trockenen, sonnigen Stellen. 1500—3000 m. Juni bis August.
V e r b r e i t u n g : Alpen (in allen Kalkgebieten), Apennin, Apuanische Alpen, Abruzzen; Karpaten.

35 Alpen-Gänsekresse   *Arabis alpina L.*

Eine 6—40 cm hohe Pflanze mit mehreren aufrechten oder aufsteigenden Ästen und einer grundständigen Blattrosette aus länglich-verkehrt-eiförmigen, grobgezähnten Blättern. Die Stengelblätter sind grob geschweift, sägezähnig, sternhaarig und mit herzförmigem Grund stengelumfassend. Die weißen Kronblätter sind keilförmig und 7—15 mm lang. Die kurzgestielten Schoten, bis 6 cm lang, stehen etwas ab.
Schluchtwälder, Karfluren, quellige Stellen, feuchte Felsspalten. Auf kalkreichen Böden. Bis 3250 m. März—September.
V e r b r e i t u n g : Alpen, Jura, Mittelgebirge; Korsika, Kalabrien, Sizilien; Karpaten; Himalaja; subarktisches und arktisches Eurasien und Nordamerika.

36 Blaue Gänsekresse   *Arabis caerulea All.*

Pflänzchen mit 2—12 cm hohen, aufrechten, behaarten Stengeln, die in nickender, armblütiger Traube enden. Am Stengel sind zwei bis vier sitzende, am Rande gewimperte Blättchen. Die Rosettenblätter sind dicklich, spatelförmig, glänzend grasgrün, an der Spitze drei- bis siebenzähnig und am Rande gewimpert. Hellbläulich-lila sind die vier kurzen Kronblätter der Blüten. Die Fruchttraube ist kurz.
Kalkreiche Schneeböden, feuchter Schutt und Grus. 1500—3500 m. Juli—August.
V e r b r e i t u n g : Alpen (vom Dauphiné bis Niederösterreich und zum Triglav; Südalpen: von Hochsavoyen bis Kärnten).

37 Alpen-Steinschmückel, Pyrenäen-Steinschmückel *Petrocallis pyrenaica (L.) R. Br.*

Steinbrechartige Polster bildet das kleine 2—3 cm hohe Pflänzchen. Die rosettenartig gehäuften Blätter sind bewimpert, keilförmig, vorn spitz, dreilappig und 4—5 mm lang. In gedrungener Doldentraube stehen die Blüten. Sie sind rosa bis fliederfarben und kurzgestielt. Die breit-eiförmigen Kronblätter sind doppelt so lang wie die Kelchblätter. Elliptisch und kahl sind die Schötchen.
Auf Kalk und Dolomit. Felsbänder, Schutt- und Geröllhalden. An windigen Stellen mit Mannsschild, Steinbrech und Silberwurz in Gesellschaft. 1700—3400 m. Mai—Juli. Alm Faloria, Alm Juribello, Cimone della Pala, Rosetta, Boespitze, Sass Maor.
V e r b r e i t u n g : Pyrenäen, Alpen (besonders in den nördl. Ketten, fehlt in den Zentralalpen); Kroatien, Karpaten.

38 Rundblättriges Täschelkraut   *Thlaspi rotundifolium (L.) Gaudin*

5—15 cm lang wird der meist im Felsschutt kriechende Stengel. Seine glänzenden, ganzrandigen Blättchen sind geöhrt und stengelumfassend. Die grundständigen Blätter sind bläulichgrün, 1—2 cm lang, rundlicheiförmig, gekerbt und in ein Stielchen verschmälert. Die reichblütige Doldentraube hat hellviolette bis rotviolette Blumenkronen, die oft dunkler geadert sind. Die verkehrt-eiförmigen Schötchen stehen waagrecht ab. Ein typischer „Schuttstauer" und Hauptbestandteil der Täschelkrauthalde. Überzieht quadratmetergroße Flächen im Geröll, Grobschutt, aber auch im Fels. 1300—3300 m. Juni—September.
V e r b r e i t u n g : Nur in den Alpen (nördl. Kalkalpen häufig; Zentralalpen selten; südl. Kalkalpen: östlich der Etsch häufig).

39 Alpen-Gemskresse   *Hutchinsia alpina (L.) R. Br.*

Nach der irischen Botanikerin Ellen Hutchins (1785—1815) benannt.
Aus grundständigen Blattrosetten treiben 5—12 cm hohe blattlose Blütenstengel. Die Blätter sind sehr zart, hellgrün und vierpaarig fiederschnittig. Der anfangs in gedrungener Traube stehende Blütenstand verlängert sich allmählich. Die Blüten sind gestielt und haben weiße, breit-verkehrt-eiförmige Kronblätter, die doppelt so lang wie der Kelch sind. Die Schötchen, ca. 5 mm lang, sind durch den Griffel bespitzt. Gemsen fressen gern dies wohlschmeckende Kräutlein.
Kalkalpen. Feuchter Grus und Schutt, Täschelkrauthalden, Blaukressenfluren. 1600—3400 m. Juni—August. Dolomiten häufig.
V e r b r e i t u n g : Asturische Gebirge, Pyrenäen, Jura, Alpen, Karpaten.

40 Kurzstengelige Gemskresse   *Hutchinsia alpina ssp. brevicaulis Hoppe*

Diese nahe Verwandte der Alpen-Gemskresse wächst nur auf kalkarmem Gestein. Alle ihre Pflanzenteile sind kleiner und gedrungener. Die Blätter dreiteilig bis dreipaarig fiederschnittig. Gedrungen und flach ist die Blütentraube. Kronblätter 1—2 mm breit. Schötchen stumpf.
Schneetälchen, schneefeuchte Feinschuttböden. Schlern, Plattkofels, Marmolata, Primiero, Falzaregopaß, Monte Cristallo.
V e r b r e i t u n g : Pyrenäen, zentrale und südliche Alpen bis in die Karnischen Alpen, Bosnien, Montenegro.

138

Dickblattgewächse *Crassulaceae*

41 u. 41a Spinnweben-Hauswurz *Sempervivum arachnoideum L.*

Klein und halbkugelig sind die Rosetten. Ihre sukkulenten, hellgrünen, breit-lanzettlichen, zugespitzten Blätter sind am Rande rötlichbraun und drüsig bewimpert. Durch ein von den Blättern ausgeschiedenes Sekret, das beim leichten Öffnen der Rosette Fäden zieht, die erstarren, glaubt man an zarteste Spinnwebenfäden, die zum Fang kleiner Insekten ausgebreitet sind. Ist die Pflanze blühreif, so entsprießt ihr ein kräftiger, aufrechter, 5—15 cm hoher Stengel mit fast schuppenartigen Blättchen. Besonders schön sind die Hauswurzblüten. Leuchtend karminrot und dunkler gestreift sind die 12—18 ausgebreiteten, schmalen Kronblätter; in ihrer Mitte purpurne Staubblätter, grüne Fruchtknoten und purpurne Griffel.
Saure Böden, sonnige Erdabrisse, Felsritzen, Schutthalden, steinige Weiden. 280—2900 m. Juni—September. Umgebung von Bozen, Villnöß, Gröden, Schlern, Fassa- und Fleimstal, Fedaja, Cavalese, Primiero, Kreuzkofelgruppe.
V e r b r e i t u n g : Pyrenäen, Alpen, Apennin, Karpaten.

42 Dolomiten-Hauswurz *Sempervivum dolomiticum Facchini*

Gehört zum Verwandtschaftskreis von Dach-Hauswurz und Berg-Hauswurz. Die kugeligen Rosetten haben verkehrt-eilanzettliche, scharf zugespitzte Blätter, sie sind grün, an der Spitze braunrot, drüsenhaarig und gewimpert. Der drüsig-haarige Stengel mit lanzettlichen Blättchen wird 5—15 cm hoch und trägt drei bis sechs Blüten. 12—16 hellrosenrote Kronblätter mit dunklerem Mittelnerv sind breit-lanzettlich und umgeben die purpurnen Staubblätter und drüsig behaarten grünen Fruchtknoten.
Vermutlich ein Relikt aus dem letzten Interglacial. Auf Dolomit- und Eruptivgestein. Seekofelgruppe, Monzonigebiet, Marmolatagruppe. Provinz Vicenza. 1600—2500 m. Mai—September.
V e r b r e i t u n g : Nur in den Dolomiten und in Oberitalien.

43 Berg-Hauswurz *Sempervivum montanum L.*

Die kugeligen bis sternförmig ausgebreiteten Rosetten haben sukkulente, hellgrüne, drüsig behaarte Blätter mit kurzer rötlicher Spitze. Der 5—20 cm hohe Stengel mit länglich zugespitzten Blättchen hat einen gedrungenen Blütenstand. 12—16 lineal-lanzettliche Kronblätter, sternförmig ausgebreitet, sind orangerot bis violett mit dunklerem Mittelnerv. Sie umgeben zahlreiche Staubblätter, Fruchtknoten und Griffel.
Auf kalkarmen oder ausgelaugten Böden, steinigen Weiden und im Fels. 1700—3400 m. Juli—September. Plose, Trametschtal, Abteital, Helm, Kreuzkofelgruppe, Villnöß, Seiser Alm, Fassa- und Fleimstal.
V e r b r e i t u n g : Pyrenäen, Alpen (bes. Zentralalpen); Karpaten; Korsika.

44 Alpen-Hauswurz *Sempervivum tectorum ssp. alpinum (Griseb. et Schenk) Wettstein*

Die 2—8 cm großen Blattrosetten haben sukkulente, blaugrüne, am Rande gewimperte und stachelig zugespitzte Blätter mit rötlicher Spitze. Sehr kräftig und aufrecht ist der drüsig behaarte, 14—40 cm hohe Stengel, reichblütig und verzweigt der Blütenstand. 12—16 schmal-lanzettliche Kronblätter sind rosenrot mit hellerem Nerv. Ausgebreitet umstehen sie Staubblätter und Fruchtknoten.
Felsen, Schuttfluren, Wiesen und Weiden. Auf basischen bis sauren Böden. 600—2770 m. Juli—September. Brixen, Bozen, Klausen, Gröden, Kastelruth, Tierser Tal, Eggental.

45 u. 45a Gelbe Hauswurz, Wulfens Hauswurz *Sempervivum wulfenii Hoppe*

Sie wurde 1831 nach Franz Xaver von Wulfen (1718—1805) benannt, er fand diese Art zuerst in Kärnten. Die meist sternförmig ausgebreiteten Rosetten sind groß und seegrün; ihre länglich-spateligen Blätter mit starrer Spitze sind am Rande dicht bewimpert. Der kräftige, drüsig-zottige Stengel trägt einen dichtblütigen, fast kopfigen Blütenstand. Die 12—18 goldgelben Kronblätter sind außen flaumig, die Staubblätter purpurn und die Griffel grünlichgelb und kahl.
Steinige Matten und Weiden, ruhender Gesteinsschutt. Auf kalkarmen Böden. 1750—2610 m. Juli—August. Fassatal, Fedaja, Villanderer Alm, Fleimstal, Primiero.
V e r b r e i t u n g : Alpen (besonders in den zentralen Ketten, vom Engadin bis in die Niederen Tauern; vereinzelt im Wallis).

46 Rosenwurz *Rhodiola rosea L. (= Sedum rosea [L.] Scop.)*

Eine bis 35 cm hohe, vielverzweigte Staude, deren Wurzelstock nach Rosen duftet. Die Stengel haben wechselständige, bis 3 cm lange, flache, sukkulente Blätter mit rötlichbrauner Spitze und gesägtem Rand. In dichter Trugdolde stehen die zweihäusigen Blüten. Die männlichen Blüten haben vier gelbliche oder rötliche Kronblättchen und acht Staubblätter, bei den weiblichen sind die Kronblätter sehr kurz oder fehlen ganz.
Feuchte Schluchten, Weiden, Schutthalden, Felsspalten. Auf humosen, neutralen bis sauren Böden. 1600 bis 3000 m. Juni—August. In den Dolomiten häufig, z. B. Cadintal, Val di Roda, Bindelweg, Buchenstein, Seiser Alm.
V e r b r e i t u n g : Pyrenäen, Alpen (vor allem Zentralalpen und Südalpen); in den Nordalpen vom Ennsgebiet an ostwärts); Vogesen, Sudeten, Karpaten, subarkt. und arkt. Eurasien; Ural, Himalaja, Japan, Nordamerika.

47 Behaarte Fetthenne *Sedum villosum L.*

Der 5—20 cm hohe, oberwärts drüsig behaarte Stengel ist einfach oder am Grunde verzweigt. Die wechselständigen, sukkulenten Blätter sind lineal, halb stielrund (oben flach), und drüsig behaart. In lockerer Doldentraube stehen die gestielten Blüten. Ihre fünf eiförmigen, rosaroten bis zartvioletten Kronblätter haben außen einen dunkleren Streifen.
Quellfluren, Flachmoore, an Gräben, auf feuchtem Fels oder Sand. Bis 2450 m. Juni—Juli. Villnöß, Seiser Alm, Schlern, Durontal, bei Campitello.
V e r b r e i t u n g : West-, Mittel- und Nordeuropa; im Norden bis Island und Grönland; im Osten bis Litauen und Polen.

48 Alpen-Fetthenne   *Sedum alpestre Vill.*

Zahlreiche niederliegende, dichtbeblätterte Sprosse bilden lockere Rasen. Die meist verzweigten, blühenden Stengel haben fleischige Blätter, die nach vorn verdickt sind und unterseits abgeflacht. Die goldgelben Blüten sind in wenigblütigen Wickeln vereint. Die fünf Kronblätter sind länglich-eiförmig, stumpf und stehen etwas ab.
Felsen, Felsschutt, Moränen, Schneeböden. 1000—3500 m. Juni—August.
V e r b r e i t u n g : Pyrenäen, Alpen, Vogesen, Sudeten, Karpaten; Apennin, Korsika, Sardinien.

49 Dunkle Fetthenne, Dunkler Mauerpfeffer   *Sedum atratum L.*

2—8 cm hohes, kahles, gelbgrünes Pflänzchen, das meist aber rotbraun bis dunkelpurpurn überlaufen ist. Die von Grund aus verzweigten Stengel haben sitzende, keulenförmige, kaum abgeflachte, stumpfe und fleischige Blätter. Gedrungen ist der Blütenstand mit weißlichen bis rötlichen Blüten. Diese haben fünf länglich-eiförmige Kronblätter, die doppelt so lang wie die Kelchblätter sind.
Felsschutt, Grus, Kies, Felsspalten. Auf kalkreichen Böden. 1400—3100 m. Juli—August. In den Dolomiten verbreitet. Salurn bis 224 m absteigend.
V e r b r e i t u n g : Pyrenäen, Jura, Alpen, Karpaten; Apennin; Balkanhalbinsel.

Steinbrechgewächse *Saxifragaceae*

50 Roter Steinbrech, Gegenblättriger Steinbrech   *Saxifraga oppositifolia L.*

Lockere bis kompakte, aber flache Polster bildende Pflanze. Die starren, gegenständigen, länglich-verkehrt-eiförmigen Blätter sind gewimpert, an der Spitze zurückgebogen und haben ein bis drei winzige Kalkgrübchen. Kurz und drüsig behaart sind die einblütigen Stengel. Die fünf weinroten, eiförmigen Kronblätter sind dreimal so lang wie die bewimperten Kelchzipfel.
Auf Kalk und Silikat. Felswände und Grate, Bachschutt und Moränengrus. 1800—3800 m. Mai—Juli. In den Dolomiten häufig.
V e r b r e i t u n g : Sierra Nevada; Pyrenäen, Auvergne, Jura, Alpen, Sudeten, Karpaten, Rhodopegebirge; subarkt. und arkt. Eurasien; Nordamerika.

51 Bursers Steinbrech   *Saxifraga burseriana L.*

Nach dem Arzt und Botaniker Joachim Burser benannt (1585—1649), der die Pflanze in den Radstätter Tauern entdeckte.
Halbkugelpolster bildende Steinbrechart mit dachziegelig beblätterten Stämmchen und starren, stachelspitzigen, länglich-linealen, graugrünen Blättchen. Der 2—6 cm hohe, einblütige Stengel ist rotdrüsig behaart und hat drei bis sieben kleine, spitze Blättchen. Die fünf breit-eiförmigen, vorn abgerundeten Kronblätter sind weiß und rötlich geadert.
Auf Kalk und Dolomit. Felsbänder, Felsrisse, Schwemmböden. 1600—2500 m. März—Juni. Dolomiten nicht selten.
Verbreitung: Südöstliche und nordöstliche Kalkalpen. Endemisch in den Ostalpen.

52 Stern-Steinbrech   *Saxifraga stellaris L.*

Sternförmig ausgebreitete Blattrosetten mit aufsteigenden, einfachen oder verzweigten, fast blattlosen, 2—20 cm hohen Stengeln. Die glänzenden Grundblätter sind verkehrt-eiförmig oder keilförmig, grobgezähnt und am Grunde verschmälert. Die Blüten stehen in ästiger Rispe. Fünf lanzettlich, zugespitzt, weiß mit gelben Punkten am Grunde und benagelt. Der Fruchtknoten ist oberständig.
Bachufer, Quellsümpfe, feuchter Felsschutt. 1200—3000 m. Juni—August. Dolomiten verbreitet.
V e r b r e i t u n g : Auf den Gebirgen Europas; Skandinavien bis Portugal, Spanien, Korsika, Mazedonien, Bulgarien; Rußland, Sibirien, Nordamerika, Grönland, Spitzbergen.

53 Bewimperter Steinbrech, Fetthennen-Steinbrech   *Saxifraga aizoides L.*

Lockerrasige Pflanze mit kriechenden Sprossen und aufstrebenden, 10—30 cm hohen Stengeln und abstehenden, dicklichen, lanzettlich-linealen, stachelspitzigen Blättern. Die Blüten stehen in lockerer, drüsig behaarter Rispe. Flach ausgebreitet sind die fünf länglich-linealen Kronblätter. Sie sind zitronengelb, orangerot bis tiefrot und dunkler gepunktet.
Auf kalkhaltigem Gestein. Bachufer, Quellfluren, feuchter Ruhschutt, feuchte Felsen. Bis 3100 m. Juni—Oktober. Dolomiten häufig.
V e r b r e i t u n g : Pyrenäen, Südjura, Alpen, Karpaten; Apennin, Illyrien, Balkanhalbinsel; subarkt. und arkt. Eurasien und Amerika.

54 Trauben-Steinbrech   *Saxifraga paniculata Mill.* (= *S.´aizoon Jacq.*)

Pflanze mit zahlreichen blühenden und nichtblühenden Rosetten. Die verkehrt-eiförmigen bis zungenförmigen Blätter sind dick-lederig, starr, am Rande gesägt und haben kleinste, weiße Kalkgrübchen. Der bis 45 cm hohe Stengel ist oben rispenartig verzweigt und leicht drüsig behaart. Jeder Rispenast hat mehrere Blüten. Die gelblichweißen Kronblätter sind rundlich bis verkehrt-eiförmig und länger als die Kelchblätter.
Steinige Triften, Blockhalden, Felsbänder. 1300—3415 m. Mai—August. In allen Gruppen der Dolomiten.
V e r b r e i t u n g : Nordspanien bis zur Balkanhalbinsel. Sudeten bis zu den Karpaten, Skandinavien, Grönland, arkt. Nordamerika.

55 Sparriger Steinbrech   *Saxifraga squarrosa Sieber*
Bildet dichte graugrüne Halbkugelpolster mit dachig beblätterten Stämmchen. Die linealen, stumpfen, auf-rechtstehenden, sparrigen (= starren) Blättchen mit meist sieben winzigen Kalkgrübchen sind nur an der Spitze zurückgebogen. Der 3—8 cm hohe Stengel ist zwei- bis siebenblütig. Doppelt so lang wie die Kelch-blätter sind die fünf verkehrt-eiförmigen, stumpfen, weißen Kronblätter.
Auf Kalk. Felsen, Schutt, steinige Weiden. 1600—2600 m. Juni—August. Dolomiten sehr verbreitet.
V e r b r e i t u n g : Südalpen: von Judikarien, Idrosee, durch die Südtiroler Dolomiten bis in die Julischen Alpen. Vermutlich hat diese Pflanze die Eiszeiten auf eisfreien Bergen der Südalpen überdauert.

56 Blaugrüner Steinbrech   *Saxifraga caesia L.*
Bildet dichte Polster mit dachziegelig beblätterten, kurzen Stämmchen. Die blaugrünen Blättchen sind läng-lich spatelig und vom Grund aus zurückgebogen; sie haben fünf bis sieben hellgraue, kleinste Kalkgrüb-chen. Drei bis 12 cm hoch wird der wenigbeblätterte Stengel. In kurzer Traube stehen zwei bis fünf Blü-ten. Ihre fünf Kronblätter sind weiß, verkehrt-eiförmig und stumpf, auch sind sie zwei- bis dreimal so lang wie die Kelchblätter.
Auf Kalk und Dolomit. Felsspalten, Ruhschutt, offene Rasen. 1600—3000 m. Juli—September. Dolomiten sehr häufig.
V e r b r e i t u n g : Pyrenäen, Alpen (in den zentralen Silikatmassiven fehlend), Karpaten, Apennien bis Abruzzen, Illyrien.

57 Mannsschild-Steinbrech   *Saxifraga androsacea L.*
Bildet lockere oder dichte kleine Rasen. Stämmchen rosettig beblättert. Diese Blättchen sind schmal-ver-kehrt-eiförmig und am Rande mit langen Drüsenhaaren besetzt. 1—6 cm hoch wird der drüsig behaarte Stengel, meist hat er nur ein bis zwei Blüten. Die schneeweißen Kronblätter sind länglich-verkehrt-eiför-mig, stumpf und zwei- bis dreimal so lang als die Kelchblätter.
Schneetälchen, durchfeuchtete Rasen, kalkreiche Schuttböden. 1500—3000 m. Mai—August. In den Dolomiten ziemlich häufig.
V e r b r e i t u n g : Pyrenäen, Auvergne, Alpen, Karpaten, Altai, Ostsibirien.

58 Dreizähniger Steinbrech   *Saxifraga depressa Sternb.*
Eine meist sehr kräftige Pflanze. Das Hauptmerkmal sind die dicklichen, breit keilförmigen, vorn kurz drei-zähnigen (Mittelzahn am längsten) Blätter, sie sind mit kurzen Drüsenhaaren besetzt. Der 4—10 cm hohe Stengel ist aufrecht und behaart. Meist mehrere Blüten bilden einen Ebenstrauß. Die reinweißen Kron-blätter sind länglich-verkehrt-eiförmig und an der Spitze abgerundet.
Auf kalkfreiem Substrat (Porphyr, Melaphyr und Granit). Feuchter Fein- und Grobschutt (nordexponiert), schattige Stellen. 2000—2600 m. Juni—Juli. Marmolata, Fedaja, Bocche-Klamm und Cima d'Asta-Stock.
V e r b r e i t u n g : Endemisch in Südtirol und den westlichen Dolomiten.

59 Blattloser Steinbrech   *Saxifraga aphylla Sternb.*
Bildet lockere Rasen. Ein sehr zartes Pflänzchen mit 1—5 cm hohem, schlaffem, aufrechtem, einblütigem Stengel. Die rosettig gehäuften Blättchen sind hellgrün, kahl, länglich keilförmig oder spatelig, dreispaltig, stumpf. Die Blüten haben sehr schmal-lineale, blaßgelbe Kronblätter, die nur wenig länger sind als die dreieckig stumpfen Kelchblättchen.
Kalkgestein. Beweglicher und ruhender Feinschutt. 1700—3200 m. Juli—September. Dolomiten selten.
V e r b r e i t u n g : Alpen (vom Thuner See bis Niederösterreich; südlich bis zum Puschlav und in die Norddolomiten). Endemisch in den Ostalpen.

60 Fettkraut-Steinbrech   *Saxifraga sedoides L.*
Lockerrasige Pflanze mit niederliegendem, stark verzweigtem Stämmchen. Die hellgrünen Laubblätter sind lanzettlich bis spatelig und stachelspitzig, nur selten zwei- bis dreizähnig. 1,5—5 cm hoch wird der Sten-gel, er ist kahl oder nur kurz-drüsenhaarig; meist hat er eine Blüte, selten ist er bis vierblütig. Die blaß-zitronengelben bis grüngelben Kronblätter sind lanzettlich oder spitz-eiförmig, sie sind nur wenig länger als die dreieckigen Kelchzipfel. Staubblätter ungefähr so lang wie die Kronblätter.
Auf Kalk und Dolomit. Nordexponierte Felswände, Schneeböden. 1600—2800 m. In den Dolomiten verbreitet. Juni—September.
V e r b r e i t u n g : Ostpyrenäen, Ostalpen (vom Comersee ostwärts), nördlicher Apennin und Abruzzen.

61 Moos-Steinbrech   *Saxifraga bryoides L.*
Dichtrasige Pflanze mit kriechendem Stämmchen und zahlreichen blattachselständigen Sproßknospen. Die am Rande steif gewimperten Grundblätter sind lineal-lanzettlich, zugespitzt. Der bis 6 cm hohe Stengel hat angedrückte, kleine Blättchen und ist einblütig. Die fünf cremefarbenen, 4—6 mm langen Kronblätter sind verkehrt-eiförmig, am Grund dunkelgelb und kurz benagelt. Der Kelch ist hautrandig und stachelspitzig.
Auf kalkarmem Gestein. Felsspalten, lockere Rasen, Moränenhalden, Ruhschutt. 1800—4000 m. Juli-August. In den Dolomiten meist nur auf Silikatunterlage.
V e r b r e i t u n g : Ost- und Zentralpyrenäen, Auvergne, Alpen (fehlt in den nordöstlichen Kalkalpen), Sudeten, Karpaten, Balkanhalbinsel.

62 Rauher Steinbrech   *Saxifraga aspera L.*
Pflanze, die lockere oder dichte Rasen bildet mit meist langem, kriechendem Stämmchen. Die lineal-lan-zettlichen, gelblichgrünen Grundblätter sind ungestielt, stachelig gewimpert und grannig zugespitzt. Ähnlich

sind die Stengelblätter, nur abstehend und etwas größer. Der bis 20 cm lange, aufwärtsstrebende, drüsige Stengel ist wenigblütig. Die fünf rahmgelben, länglich-verkehrt-eiförmigen Kronblätter sind an der Spitze abgerundet, am Grund tiefgelb und kurz genagelt; sie sind dreimal so lang wie die Kelchblätter.
Schattige Felsen, Schutt, Mauern, Moospolster. Meist auf Urgestein. 1400—2800 m. Juli—August. Dolomiten z. B. Schlern, Rollepaß, Buchenstein, Sexten, Kreuzkofelgruppe.
V e r b r e i t u n g : Ost- und Zentralpyrenäen, Alpen, Apuanische Alpen, Toskanischer Apennin.

63 Moschus-Steinbrech   *Saxifraga moschata Wulf.*
Bildet Polsterrasen mit blühenden und nichtblühenden Trieben. Die kurz drüsigen, meist zwei- bis dreispaltigen, am Grund stark verschmälerten Rosettenblätter sind furchenlos. Der 1—12 cm hohe Stengel ist nur wenigbeblättert und wenigblütig. Die fünf verkehrt-eiförmigen oder linealen, stumpfen Kronblätter sind gelblich bis grünlichgelb und nur wenig länger wie die Kelchzipfel.
Meist auf kalkreichem Substrat. Ruhender Schutt, Felsbänder, Felsspalten, steinige Weiden. 1500—4000 m. Juli—August. Dolomiten häufig.
V e r b r e i t u n g : Pyrenäen, Auvergne, Alpen (in den Silikatmassiven meist fehlend), Sudeten, Karpaten; Apennin, Illyrien, Balkanhalbinsel, Kaukasus, Armenien; Altai, Ostsibirien.

64 Facchinis Steinbrech   *Saxifraga facchinii Koch.*
Nach dem italienischen Arzt und Botaniker Francesco Facchini benannt (1788—1852). Er verfaßte eine Flora von Südtirol und lebte längere Zeit als Arzt im Fassatal.
Polsterbildende Pflanze mit länglich-lanzettlichen bis linealen, meist ungeteilten Blättern. Stengel bis 5 cm hoch, drüsig behaart und oft rot überlaufen, meist ein- bis vierblütig. Die verkehrt-eiförmigen, vorn gestutzten Kronblätter sind blaßgelb bis hell- oder dunkelpurpurn; sie sind nur wenig länger als die eiförmigen Kelchzipfel. Staubblätter dagegen kürzer als die Kelchzipfel.
Variable Pflanze, die in Blütenfarbe und Blattlänge Unterschiede zeigt.
Auf Feinschutt oder in Felsspalten. 2000—3300 m. Juli—August. Schlerngebiet, Langkofelgruppe, Rosengarten, Larsec, Sellagruppe, Marmolata, Monzoniberge, Palagruppe.
V e r b r e i t u n g : Endemit der Südtiroler Dolomiten.

Rosengewächse *Rosaceae*

65 u. 65a Felsenbirne   *Amelanchier ovalis Med.*
Dornloser Strauch mit ovalen, stumpfen, gesägten, in der Jugend unterseits weißwolligen Blättern. Die Blüten sind gebüschelt in armblütigen Dolden. Die weißen, bis 15 mm langen, außen zottigen Kronblätter sind schmal, verkehrt-eilanzettlich und ausgebreitet. Die Frucht ist eine dunkelblaue, bereifte Scheinbeere. Diese Sträucher mit fast edelweißähnlichen Blüten zieren kalkhaltige Felsspalten, Geröllhalden und steinige Abhänge. Vom Tal bis 2200 m. April—Mai. Verbreitet in den ganzen Dolomiten.
V e r b r e i t u n g : Gebirge Mitteleuropas, Vorderasiens und Afrikas.

66 Großblütiges Fingerkraut   *Potentilla grandiflora L.*
Die bogenförmig aufsteigenden Stengel werden bis 35 cm hoch. Sie haben mehrere bis 3 cm große, langgestielte Blüten. Langgestielt sind auch die dreizähligen, gefiederten Blätter mit ihren verkehrt-eiförmigen, am Rande gezähnten und grün behaarten Teilblättchen. Die Kronblätter sind dottergelb.
Sonnige, felsige Hänge, magere Matten. Meist auf kalkhaltigem Gestein. 1600—3000 m. Juli—August.
V e r b r e i t u n g : Pyrenäen, Alpen (meist in den zentralen und südlichen Teilen; von den Seealpen bis in die Dolomiten und Tauern).

67 Zottiges Fingerkraut   *Potentilla crantzii (Crantz) Beck*
Baron H. J. von Crantz (1722—1799) bewertete das Zottige Fingerkraut als selbständige Art und benannte es 1766 nach sich selbst.
Der 5—20 cm hohe, aufsteigende Stengel ist beblättert und flaumig behaart. Die gefingerten, fünfzähligen Grundblätter haben tief eingeschnittene Fiedern, sie sind stumpf gesägt und abstehend behaart. Leuchtend goldgelb sind die fünf Kronblätter und am Grunde orange gefleckt, sie sind doppelt so lang wie der Kelch.
Kalkliebend. Magerwiesen, Trockenrasen. Bis 3200 m. Juni—August. In den Dolomiten verbreitet auf kalkreichen Böden.
V e r b r e i t u n g : In fast allen europäischen Gebirgen; Atlas, Vorderasien; gesamte Arktis.

68 Stengel-Fingerkraut   *Potentilla caulescens L.*
Die gestielten grundständigen Blätter sind fünfzählig gefingert. Ihre Teilblättchen sind am Grund keilförmig verschmälert, am Rande seidig bewimpert und gezähnt. Der 10—30 cm hohe Stengel ist meist überhängend und vielblütig. Die weißen länglich-verkehrt-eiförmigen Kronblätter sind gestutzt oder ausgerandet. In Runsen und Spalten, steilen Felswänden. Auf verwitterndem, kalkreichem Gestein. 900—2400 m. Juli bis September. Z. B. Langental.
V e r b r e i t u n g : Atlasgebirge, Pyrenäen, Cevennen, Jura, Alpen (fehlt in den Silikatmassiven), Karpaten, Balkanhalbinsel.

69 Weißes Fingerkraut *Potentilla alba L.*
Der schwach aufsteigende Stengel ist meist kürzer als die grundständigen Blätter. Die gestielten Grundblätter sind meist fünfzählig. Die länglich-lanzettlichen Teilblättchen sind im oberen Teil jederseits ein- bis fünfzähnig, die Oberseite ist dunkelgrün und kahl, unterseits und am Rande sind sie weißseidig-silberhaarig. Die meist drei langgestielten Blüten stehen entfernt voneinander, haben fünf weiße, ausgerandete Kronblätter. Trockene Waldränder, Gebüsche, Magerwiesen. Auf Kalk. Mai—Juni. Verbreitet in Südtirol.

70 Dolomiten-Fingerkraut *Potentilla nitida L.*
Seidig schimmernde silbergraue Teppiche, durchwirkt mit rosaroten Blütenmustern — ausgebreitet vor steilaufstrebendem Dolomitenfels — Dolomiten-Fingerkraut! Eindrücke, die man nie vergißt! Dieses verzweigte Spaliersträuchlein überzieht oft große Flächen. Die vielen dreiteiligen Blättchen, die geöhrten Nebenblättchen, die kurzen Stengelchen, alles ist seidig-silbergrau behaart, dazwischen die leuchtend rosaroten Blüten mit breiten, ausgerandeten Kronblättern, in ihrer Mitte rote Staubgefäße und gelbe, dunkelpurpurn umrandete Staubbeutel.
Auf Kalk- und Dolomitfelsen, aber auch auf Schutthalden. 1700—3200 m. Juli—August. In den Dolomiten häufig; am schönsten aber in der Drei-Zinnen-Gruppe der Sextner Dolomiten.
V e r b r e i t u n g : Südalpen (von der Grand Chartreuse bis in die Sanntaler Alpen. Apennin.

71 Alpen-Frauenmantel, Alpen-Silbermantel *Alchemilla alpina L.*
Die langgestielten, grundständigen Blätter sind sieben- bis neunteilig gefingert, oberseits sind sie mattgrün, unterseits glänzend silberweiß behaart. Die am Grund miteinander verwachsenen länglich-elliptischen Abschnitte haben am Rande zusammenneigende Zähnchen. Der 10—13 cm hohe Stengel trägt den locker knäueligen Blütenstand, mit unscheinbaren, kleinen, grünlichen Blütchen.
Felsbänder, Geröllhalden, steinige Weiden, offene Matten. 1200—2600 m. Juni—August. Sehr verbreitet im Gebiet.
V e r b r e i t u n g : Alpen (vor allem in den Außenketten, mehr nach Osten), Cantabrien, Apennin, Illyrien.

72 Echter Frauenmantel, Taumantel *Alchemilla vulgaris L.*
Die langgestielten Blätter mit fünf bis neun halbkreisförmigen, gesägten Lappen sind leicht gefaltet und trichterförmig. Sie sind meist umsäumt von kristallklaren Tröpfchen. Die Pflanze nimmt durch ihr Wurzelgeäst die Feuchtigkeit aus dem Boden auf, die wichtigen Nährstoffe werden verbraucht und das glasklare Wasser — als kristallklare Tröpfchen — durch winzigste Öffnungen an den Blatträndern wieder ausgeschieden. Die Blütenknäuel mit den gelbgrünen Blütenkronen sind unscheinbar.
Wiesen, Wälder, Gebüsch, Weiden. Bis 2700 m. Mai—September. Sehr häufig.

73 Gletscher-Petersbart, Gletscher-Nelkenwurz *Geum reptans L. (= Parageum reptans [L.] Král)*
Halbrosettenstaude mit langen, oberirdisch kriechenden, rötlichen Ausläufern, die am Ende neue Pflänzchen bilden. Die gestielten, unterseits behaarten Blätter sind unterbrochen leierförmig gefiedert. Bis 15 cm hoch werden die meist rotbraunen, drüsig behaarten, einblütigen Stengel, die den Blattachseln der Rosetten entspringen. Die 3—4 cm großen, goldgelben Blüten haben 5—10 rundlich-elliptische Kronblätter.
73a Auffallender als die Blüten sind ihre Fruchtstände. Man nennt sie Petersbart oder Judasbart. Im eintönigen Grau des Urgesteins leuchten sie wie rotbraune Fackeln auf. Die verlängerten, federigen Griffel bilden gedrungene, schraubig gedrehte Schöpfe.
Auf kalkarmen Rohböden, Moränenhalden, Schwemmböden, Felsgrate, Fein- und Grobschutt. 2100—3400 m. Juli—August. Rollepaß, Schlern, Latemar, Fedaja, Pustertal usw.
V e r b r e i t u n g : Alpen, Illyrien, Karpaten, Mazedonien.

74 Berg-Petersbart, Berg-Nelkenwurz *Geum montanum L. (= Parageum montanum [L.] Hara)*
Pflanze ohne Ausläufer. Auch ihre Blätter sind unterbrochen leierförmig gefiedert, haben aber ein viel größeres, fast nierenförmiges, gelapptes Endblatt. Der 5—35 cm hohe Stengel ist meist einblütig und hat nur wenige, kleine Blättchen. Goldgelb und bis 3 cm groß sind die Blüten. Ihre fünf bis sechs Kronblätter sind rundlich bis verkehrt-eiförmig.
74a Die Früchtchen haben auch verlängerte, federige Griffel und bilden rotbraune Perücken, diese sind nicht gedreht, mehr aufgelockert und gestreckt.
Trockenwiesen, Weiden, Wildheumähder. 1600—3500 m. Mai—August. Im Gebiet allgemein verbreitet.
V e r b r e i t u n g : Pyrenäen, Zentralmassiv, Südjura, Alpen, Sudeten, Karpaten; Korsika, Apennin, Balkanhalbinsel.

75 Silberwurz *Dryas octopetala L.*
Vielfach verzweigter, niederliegender Spalierstrauch mit kräftigen Stämmchen, die nicht selten ein Alter von 100 Jahren erreichen. Die gestielten, dunkelgrün glänzenden, am Rand gekerbten Blättchen sind unterseits schneeweiß filzig. Bis 8 cm hoch wird der drüsig behaarte, einblütige Stengel. Die großen Blüten haben meist acht milchweiße, schmal-verkehrt-eiförmige Kronblätter, die zahlreiche goldgelbe Staubblätter umstehen.
Auf Kalk und Dolomit. Moränenhalden, Schwemmböden, Schuttkare, felsige Abhänge. 1200—2500 m. Mai bis August. Im Gebiet häufig.
V e r b r e i t u n g : Pyrenäen, Auvergne, Jura, Alpen, Apennin, Karpaten, Balkanhalbinsel, Kaukasus; nördl. und arkt. Eurasien und Amerika.

Schmetterlingsblütler *Papilionaceae*

76 Gelbe Hauhechel *Ononis natrix L.*

Bis 50 cm hohe, vielverzweigte Staude mit sehr klebrigen Drüsenhaaren. Die langgestielten Laubblätter sind stets dreizählig, ihre Blättchen länglich bis oval und gezähnelt. In Rispentrauben stehen die gestielten, goldgelben, bis 2 cm großen Blüten. Ihre Fahne ist fast kreisrund, ausgerandet, größer wie Schiffchen und Flügel, meist dunkelrot gestreift. Frucht: eine nickende Hülse, flach, bis 2 cm lang und drüsig-zottig behaart. Auf Kalk. Im Geröll, auf felsigen Steppenrasen, in Ölgärten. Bis 2000 m. Mai—Juli. Seiser Alm. Von Süden bis Sterzing im Eisacktal.
V e r b r e i t u n g : Süd- und Südwestschweiz, im Gebirge vom Vinschgau südwärts, Judikarien, Südtirol, Gardasee, Dalmatien.

77 Alpen-Süßklee *Hedysarum hedysaroides (L.) Sch. et Th.*

Von einer bis 1 m langen Pfahlwurzel gehen mehrere Kriechtriebe aus. Aufrecht bis aufsteigend sind die 10—40 cm hohen, reichbeblätterten Stengel. Die unpaarig gefiederten Blätter haben 11—19 eiförmige bis lanzettliche, ganzrandige Fiederblättchen. Weithin leuchtet die reichblütige Traube mit ihren dunkelpurpurnen, hängenden Blüten, die reichlich Nektar bergen und langrüsselige Insekten anlocken.
Auf kalkhaltigem Gestein, sonnige Magerrasen, Felsbänder, hochrasige Wildheuplanken. 1700—2800 m. Juli—August. Im Gebiet verbreitet.
V e r b r e i t u n g : Pyrenäen, Alpen, Sudeten, Karpaten, Kleinasien, Armenien, Kaukasus.

78 Berg-Esparsette *Onobrychis montana DC.*

Pflanze mit zahlreichen, verzweigten Laubsprossen und 5—15 cm langen, aufsteigenden Stengeln. Unpaarig gefiedert sind die Laubblätter, ihre 11—15 Fiederblättchen sind elliptisch-eiförmig und bespitzt. In kurzer Ähre stehen die lebhaft karminroten Schmetterlingsblüten. Ihre Fahnen sind kürzer als die Schiffchen. Wildheuplanken, auf Heubergen, an südexponierten Kalk- und Dolomitabwitterungshalden. Nähe Bozen herabgeschwemmt. 1420—2350 m. Juli—August.
V e r b r e i t u n g : Spanische Gebirge, Pyrenäen, Jura, Alpen (fehlt östlich der Dolomiten), Apennin, Karpaten, nördl. Balkanländer, Kleinasien, Kaukasus.

79 Echter Alpenklee *Trifolium alpinum L.*

Pflanze mit meterlanger Pfahlwurzel, ästigem Erdstock und niederliegenden bis aufsteigenden 5—15 cm langen Stengeln. Stets dreizählig sind die Laubblätter mit 2—7 cm langen, lineal-lanzettlichen Blättchen. Die häutigen Nebenblätter hüllen den Stengel ein und sind mit den Blattstielen verwachsen. Aufrecht stehen die mehrblütigen, lockeren Blütenköpfe. Sie duften stark nach Honig. Ihre fleischroten bis hellpurpurnen Schmetterlingsblüten sind ca. 2 cm lang mit länglich-eiförmiger Fahne, die größer ist wie das Schiffchen. Meist auf kalkarmen Böden. Alpenmatten und Weiden. 1600—3100 m. Juni—August. Am Ritten bei Bozen bis 1230 m absteigend. Sexten, Prags, Buchenstein, Fedaja, Karerpaß.
V e r b r e i t u n g : Asturische Berge, Pyrenäen, Apennin, Alpen (von den Seealpen bis Tirol, fehlt in den nördl. Kalkalpen wie auch ostwärts von Sexten); Siebenbürgen.

80 Braun-Klee, Gold-Klee *Trifolium badium Schreb.*

Niederliegender bis aufsteigender, 10—25 cm langer, kurzbehaarter Stengel. Die langgestielten, kahlen, dreizähligen Blätter haben eiförmige, vorn abgerundete und gezähnte Blättchen. Langgestielt ist auch das reichblütige, halbkugelige Köpfchen mit goldgelben, aufwärtsstehenden Kronen, die sich später kastanienbraun färben und nach abwärts neigen.
Fette Wiesen, feuchte Schwemmböden und Erdabrisse. 1100—3000 m. Juni—August. Bei Bozen bis unter 300 m. Im Gebiet häufig.
V e r b r e i t u n g : Pyrenäen, Südjura, Alpen (in den kalkreichen Gebieten), Tatra, Karpaten, Apennin; ähnliche Art in Illyrien und nördl. Balkanhalbinsel.

81 Bleicher Klee *Trifolium pallescens Schreb.*

Pflanze mit langer Pfahlwurzel und mehrköpfigem Erdstock. Die zahlreichen, niederliegenden bis aufsteigenden Stengel werden 5—15 cm lang. Frischgrün sind die gestielten dreizähligen Laubblätter mit vielnervigen, verkehrt-eiförmigen Blättchen. Weißhäutig und kurz mit dem Blattstiel verwachsen sind die kleinen Nebenblättchen. In reichblütigen, fast kugeligen Köpfchen stehen die weißlich bis rötlichen Blüten. Ihre Kronen sind dreimal so lang wie der Kelch. Die Blüten duften köstlich nach Honig.
Kalkmeidende Geröllpflanze. Rasen, Gesteinsschutt, Moränen. 1800—3100 m. Juli—August. An den Eisack bei Brixen herabgeschwemmt. Seiser Alm, Schlern, Fassatal.
V e r b r e i t u n g : Pyrenäen, Französ. Zentralmassiv, Alpen, Karpaten, Siebenbürgen, Banat, Bosnien, Montenegro, Albanien, Rumänien, Bulgarien.

82 Schnee-Klee *Trifolium pratense ssp. nivalis (Sieber) Arcang.*

Pflanze mit kräftiger Pfahlwurzel, Seitenwurzeln und kurzem Erdstock. Die niederliegenden bis bogig aufsteigenden Stengel sind nach oben zu rauhhaarig. Langgestielt sind die dreizähligen Laubblätter mit großen, ovalen Blättchen. Die Nebenblätter sind auf der Außenfläche behaart. Auffallend groß (bis 4 cm) sind die meist weißen, kugeligen Blütenköpfe. Ihre Kronen sind 1,5mal so lang wie der Kelch.
Meist auf Kalk. Wiesen und Weiden, steinige Fluren, feuchtes Geröll. 1800—3150 m. Juli—August. Im Gebiet häufig.
V e r b r e i t u n g : Pyrenäen, Alpen, südeuropäische Gebirge.

144

83 Alpen-Wundklee   *Anthyllis alpestris (Kit) Hegetschw.*

Der kurze und gedrungene Stengel ist aufsteigend und hat ein bis drei Blätter. Meist ungefiedert sind die grundständigen Blätter, die Stengelblätter dagegen sind unpaarig gefiedert mit ein bis fünf Blattpaaren und einem bedeutend größeren Endblatt. Die endständigen Blütenköpfchen sind groß und reichblütig; ihre Kronen gelblich bis goldgelb. Der weißliche Kelch ist groß, bauchig und zottig behaart.
Auf kalkreichem Boden. Schutthalden und Felsen. 1500—2970 m. Juli—August.
V e r b r e i t u n g : Dauphiné bis Niederösterreich und Kroatien. Unterarten in den Karpaten, im arktischen Eurasien und Nordamerika.

84 Berg-Spitzkiel   *Oxytropis jacquinii Bunge (= O. montana [L.] DC.)*

Halbrosettenstaude mit dünnen Ästen; all ihre oberirdischen Pflanzenteile sind seidig behaart. Die unpaarig gefiederten Laubblätter haben acht bis vierzehn Paar eiförmig-lanzettliche, zugespitzte Teilblättchen. 1—6 cm lang ist der meist niederliegende, runde Stengel. In ca. 15blütiger Ähre stehen die blauvioletten Blüten. Ihre Fahnen sind aufwärtsgebogen und ausgerandet, die Schiffchen scharf bespitzt.
Auf trockenen Kalk- und Dolomitfelsen. Schwemmböden, Moränen, Schutthalden, Täschelkrauthalden. 1700 bis 3000 m. Juli—August.
V e r b r e i t u n g : Pyrenäen, Jura, Alpen, Karpaten; Apennin; Illyrien, Kleinasien.

85 Gemeiner Spitzkiel, Feld-Spitzkiel   *Oxytropis campestris (L.) DC.*

Rosettenstaude mit horstartig wachsenden Ästchen. Alle Laubblätter sind grundständig und graugrün behaart. Sie haben meist 10—12 Fiederblattpaare mit eiförmig-lanzettlichen, zugespitzten Blättchen. Der langgestielte kopfige Blütenstand ist bis 18blütig. Die gelblichweißen bis gelben Blütenkronen haben zurückgeschlagene Fahnen und bespitzte Schiffchen mit beiderseits einem violetten Punkt.
Grate, windexponierte Halden, Magerwiesen, trockene Weiden, Schuttböden. 1800—3020 m. Juli—August. Dolomiten häufig.
V e r b r e i t u n g : Pyrenäen, Alpen, Illyrien, Karpaten; Nordeuropa, Nordasien (bis Transkaukasien und Altai), boreales Nordamerika.

86 Alpen-Tragant   *Astragalus alpinus L.*

Der niederliegende bis aufsteigende, dünne Stengel wird 7—15 cm lang. Die Blätter sind unpaarig gefiedert, sie haben sieben bis zwölf Paar elliptische, oft beiderseits behaarte Blättchen ohne deutliche Seitennerven. Eiförmig und häutig sind die Nebenblättchen. In fünf- bis fünfzehnblütiger Traube stehen die nickenden, schwach duftenden Blüten. Ihre Fahne ist violett mit dunklerem Saftmal, das unbespitzte Schiffchen ist meist so lang wie die Fahne.
Magere Wiesen und Weiden, auf kalkhaltigen, steinigen Böden. 1500—2800 m. Juli—August. Z. B. Fassatal, Gröden, Sellajoch, Seiser Alm, Schlern, Villnöß.
V e r b r e i t u n g : Pyrenäen, Alpen (fehlt in Ober- und Niederösterreich, Karpaten, Kaukasus, Himalaja; subarktisches und arktisches Eurasien.

87 Südlicher Tragant   *Astragalus australis (L.) Lamk.*

Pflanze mit 5—20 cm langen, aufsteigenden, wenig verzweigten Stengeln und unpaarig gefiederten Laubblättern, die vier bis sieben Paar hellgrüne, graubehaarte, schmal-elliptische Blättchen haben. In gedrungener, einseitswendiger Traube stehen die abstehenden oder nickenden Blüten. Ihre Kronen sind gelblichweiß bis rotviolett überlaufen; die ausgerandeten Flügel sind tief zweispaltig; das unbespitzte Schiffchen, violett bis purpurn gefleckt, ist viel größer wie die aufwärtsgekrümmte Fahne.
Magerwiesen, Geröllhalden. 1800—2600 m. Juni—Juli. Dolomiten und Friaul.
V e r b r e i t u n g : Pyrenäen, Alpen (vom Dauphiné bis zu den Tauern), Apennin, Montenegro.

88 Gratlinse, Gletscher-Tragant   *Astragalus frigidus (L.) A. Gray (= Phaca frigida L.)*

Über 1 m lang wird die Pfahlwurzel dieser kräftigen Pflanze. Der 10—35 cm hohe, aufrechte, runde, gerillte Stengel hat am Grund häutige Niederblättchen. Unpaarig gefiedert sind die Laubblätter; sie sind fast kahl und haben sieben bis elf Paar eiförmige, netznervige, stumpfe Blättchen. Die Nebenblätter sind frei, klein und bleich. Fünf- bis zwanzigblütig ist die endständige Blütentraube mit 1,5 cm langen, gelblichweißen, nickenden Blüten. Ihre aufwärtsgebogenen Fahnen sind kaum länger als die stumpfen Schiffchen und die Flügel.
Grate und Steilhänge, Felsbänder. Auf mäßig kalkhaltigen, humosen Lehm- und Steinböden. 1500—2700 m. Juli—August.
V e r b r e i t u n g : Alpen (Dauphiné bis Niederösterreich und Kroatien), Karpaten; arktisches Europa; Nord- und Mittelasien; Nordamerika.

89 Gelbe Platterbse   *Lathyrus laevigatus (W. et K.) Gren.*

Staude mit aufrechtem, 20—60 cm hohem, bis 6 mm dickem, kantigem Stengel. Die Laubblätter haben drei bis sechs Paar eiförmig-elliptische, 3—7 cm lange und 1—3 cm breite, unterseits behaarte Blättchen. Drei bis zwölf nickende große Blüten stehen an kräftigen, bogigen Stielen in einseitiger Traube. Die hellgelben Blüten werden später orangebraun, Fahne und Schiffchen sind meist dunkler geadert.
Bergwiesen, felsige Hänge, Hochstaudenfluren. Bis in die alpine Stufe. Juni—August. Z. B. Seiser Alm, Grödner Joch, Pordoi.
V e r b r e i t u n g : Pyrenäen, Seealpen, Jura, Schweiz, Apennin, Alpen (im Osten nicht über das Fassatal).

Seidelbastgewächse   *Thymelaeaceae*

90 Seidelbast, Kellerhals, Giftbäumli   *Daphne mezereum L.*
„Wenn der Kuckuck ruft, blüht der Seidelbast." Durch seinen betörenden Duft angelockt, besuchen Bienen, Schmetterlinge und sonstiges Insektenvolk den von Blüten umrandeten Strauch. Eifrig, fast gierig, wird jedes Blütchen untersucht, um von der Köstlichkeit des Nektars zu naschen.
Der Bast der Rinde und die glänzend roten Beeren enthalten die stark giftigen Alkaloide Mezerein und Daphnin.
Ein 30—120 cm hoher, ästiger Strauch. Seine länglich-lanzettlichen, bis 8 cm langen Blätter, erscheinen erst nach der Blüte. Meist drei Blüten stehen in den Achseln der vorjährigen, abgefallenen Blätter. Die Blütenhülle ist einfach, sitzend, fliederartig und rosarot bis karminrot. Im Herbst leuchten die scharlachroten Scheinbeeren zwischen dem Grün ihrer Blätter auf.
Lichte Laubwälder, Waldlichtungen, in Schluchten, auf Blockhalden, unter Felsen. Bis 2600 m. Februar bis April. Häufig.
V e r b r e i t u n g : Fast ganz Europa bis nach Ost- und Nordnorwegen, Kaukasus, Kleinasien und Sibirien.

91 Berg-Seidelbast   *Daphne alpina L.*
Bis 50 cm hoher Zwergstrauch mit knorrigen Ästchen. Die Laubblätter sind sommergrün, lanzettlich oder verkehrt-eiförmig, zuerst flaumig behaart, später verkahlend. Die duftenden, weißen Blüten sind außen zottig, innen kahl. Sie stehen zu vier bis zehn am Ästchen. Frucht: rot, länglich-eiförmig und behaart.
Sonnige Geröllhalden, Bergstürze, in Spalten von Kalkfelsen. Bis 1850 m. Mai—Juli. Südlich von Trient (Arco, Vezzano, Mori-Brentonico-Riva).
V e r b r e i t u n g : Französ. Pyrenäen, Seealpen, Schweiz, Südtirol, Kärnten, italienische Alpen, Ligurischer Apennin, Küstenland, Bosnien, Serbien; Kleinasien; Nordafrika.

92 Heidenröserl, Rosmarin-Seidelbast   *Daphne cneorum L.*
Niedriger, locker verzweigter Zwergstrauch mit bogigen, schlanken, 10—40 cm hohen Zweigen. Spatelige, bis 1,6 cm lange Laubblätter sind gleichmäßig an den Zweigen verteilt. Die intensiv roten Blüten duften stark und stehen zu fünf bis zehn in endständigen Büscheln, unterhalb umgeben von spatelförmigen, stumpfen, laubblattartigen Hochblättern. Die Blüten haben einen schlanken, walzenförmigen, dicht kurzhaarigen Achsenbecher mit stumpfen, eiförmigen, längeren als breiten Zipfeln.
Trockene, steinige Böden, Steppenwiesen, lichte Föhrenwälder. Bis 2150 m. April—August. Auf der Seiser Alm besiedelt das Heidenröserl große Flächen. Gröden und Fassatal, Ampezzo, Pustertal, Enneberg.
V e r b r e i t u n g : In den Gebirgen von Spanien bis Serbien, Bosnien und Rußland.

93 Steinröserl, Gestreifter Seidelbast   *Daphne striata Tratt.*
5—35 cm hoher Zwergstrauch mit vielen, zierlichen Ästchen. Die verkehrt-keilförmig-spateligen Blätter, mit aufgesetzten Stachelspitzchen sind dünn und lederig und an den Zweigenden rosettig gehäuft. Zu acht bis zwölf sitzen die ganz kurzgestielten Blüten in endständiger Dolde. Diese wohlriechenden, rosaroten Blüten sind kahl und fein gestreift mit trichterförmigem Achsenbecher und eiförmig zugespitzten Kelchzipfeln. Früchte: länglich orangerote, später bräunliche Beeren.
Auf Gesteinsschutt, in Trockenrasenbeständen, auf Kalkböden, im Legföhrengebüsch, im lichten Arven- und Lärchenwald. 1500—2870 m. Mai—August. Z. B. Schlern; bei Völs bis 900 m herabsteigend; Pordoi, Fedaja, Ampezzotal, Pustertal, Pala.
V e r b r e i t u n g : Savoyen und in die Hautes-Alpes, vom Vierwaldstätter See bis Inn und Eisack und durch die südöstlichen Kalkalpen bis in die Karawanken.

94 Felsenröserl, Felsen-Seidelbast   *Daphne petraea Leybold*
Niedriges, bis 15 cm hohes Spaliersträuchlein mit knorrigem Stämmchen und reicher Verästelung, die sich fest an den Fels schmiegt. Flaumhaarig sind die kurzen, brüchigen Ästchen an ihrem Ende und tragen rosettige Blattbüschel mit meist linealen, dick-lederigen, glänzenden Blättchen ohne Stachelspitze, aber mit verdickten Rändern. In endständiger Dolde sitzen meist drei bis fünf rote, flaumig behaarte Blüten. Ihre Achsenbecher sind zylindrisch und dreimal länger als die breit-eiförmigen Kelchblätter.
In Spalten senkrechter Dolomitwände. Montane bis alpine Stufe. Z. B. Val d'Ampola, Val Vestino, Val di Ledro. Ist gern in Gesellschaft mit Schopf-Teufelskralle, Blauem Mänderle und Monte-Baldo-Segge.
V e r b r e i t u n g : Endemisch im Gebiet vom Nordende des Gardasees westlich bis in die östlichen Alpen von Brescia.

Veilchengewächse   *Violaceae*

95 Dubys Stiefmütterchen   *Viola dubyana Burnat*
    Feinblättriges Stiefmütterchen
Nach dem Genfer Pfarrer und Floristen J. E. Duby (1798—1885) benannt, der diese Pflanze 1817 in der Bergamasker Alpen entdeckte.
Der meist aufrechte Stengel ist nur am Grund verzweigt. Rundlich und gestielt sind die unteren Laubblätter, die mittleren und oberen sind schmal-lanzettlich, ganzrandig und in den Stiel verschmälert. Nebenblätter etwas kürzer als die Laubblätter, fiederspaltig mit laubblattähnlichem Endzipfel. Die langgestielten, einzeln

stehenden Blüten haben lebhaft violette, schmale, verkehrt-eiförmige Kronblätter mit gelbem Saftmal und dunklen Nektarstrichen. Gerade und dünn ist der Sporn.
Felsspalten, Magerwiesen. Juni—Juli. 900—2100 m. Zwischen dem Gardasee, Sarca und Chiese, Val di Ledro, Val Vestino, Monte Baldo.
V e r b r e i t u n g : Endemisch in den südlichen Kalkalpen zwischen Monte Baldo und Grigna.

96 Zweiblütiges Veilchen, Gelbes Veilchen   *Viola biflora L.*
Aufsteigend bis aufrecht sind die meist zwei zarten Stengel. Sie werden 5—15 cm hoch und haben zwei bis vier Stengelblättchen. Die langgestielten Rosettenblätter sind am Rande kerbig-gesägt. Lebhaft gelb leuchten ein bis drei langgestielte Blüten. Ihre vier oberen Kronblätter sind aufwärts und seitlich gerichtet, das fünfte abwärts weisende hat ein dunkelgelbes Saftmal und braune Nektarstreifen. 2—3 mm lang wird der stumpfe, gerade Sporn.
Feuchte Wälder, feuchte, schattige Felsspalten, Hochstaudenfluren. Bis 3000 m. Häufig in den Dolomiten.
V e r b r e i t u n g : Katalonien, Pyrenäen, Südjura, Alpen, Sudeten, Karpaten, Italien, nördl. Balkanhalbinsel, Kaukasus; asiatische Gebirge bis Japan; nördl. Eurasien und Nordamerika.

97 Berg-Stiefmütterchen   *Viola tricolor ssp. subalpina Gaudin*
Der niederliegende bis aufsteigende Stengel ist meist ästig verzweigt, kahl oder nur schwach behaart. Die gestielten Laubblätter eiförmig-lanzettlich mit 2—4 cm langen, gekerbten Blattspreiten. Leierförmig-fiederspaltig sind die Nebenblätter mit deutlich verbreitertem Endabschnitt. Die meist duftende Blütenkrone wird 2,5—3,5 cm lang, ihre Kronblätter sind gelb und zartviolett mit 6 mm langem Sporn.
Magerwiesen, Schutt, Geröllhalden. Subalpine und alpine Stufe. Juni—August. Dolomiten bis Friaul und Krain.
V e r b r e i t u n g : Pyrenäen, Vogesen, Alpen (südl. bis Friaul und Krain), Erzgebirge, Riesengebirge, Sudeten, Karpaten, Balkanländer, Altai.

Zistrosengewächse *Cistaceae*

98 Alpen-Sonnenröschen   *Helianthemum alpestre (Jacq.) Beger*
Niedriges, dichtrasiges Halbsträuchlein mit bogig aufsteigenden Zweigen. Mehr oder weniger gehäuft sind die unteren Laubblätter. Die lanzettlichen Blätter sind gegenständig, meist reichlich behaart und in ein kurzes Stielchen verschmälert. In zwei- bis sechsblütigen Wickeln stehen die leuchtend goldgelben Blüten mit fünf Kronblättern. Die Kelchblätter sind locker filzig behaart, die Blütenknospen eiförmig und abwärtsgeneigt.
Geröllhalden, Felsbänder, steinige Matten, in Zwergstrauchheiden. 900—2850 m. Oft herabgeschwemmt. Juni—August. Häufig.
V e r b r e i t u n g : Pyrenäen, Alpen, Apennin, Karpaten, nördl. Balkangebirge bis zum Olymp.

Storchschnabelgewächse *Geraniaceae*

99 Wald-Storchschnabel   *Geranium sylvaticum L.*
Halbrosettenstaude mit 30—50 cm hohen, dicken, kantigen und behaarten Stengeln. Die meist grundständigen Laubblätter sind langgestielt, fünf- bis siebenlappig geteilt, haben unterseits hervortretende Netznerven und sind am Rande unregelmäßig gezähnt. Am Stengel sind meist nur ein gestieltes und drei bis sieben sitzende Blätter. Viele Blüten stehen in zweigabeligen Trugdolden. Die fünf verkehrt-eiförmigen Kronblätter sind rotviolett bis blauviolett und dunkelblau. Die Knospen hängen abwärts und die aufwärtsgerichteten Früchte mit bis 3 cm langem Griffel sind auf dem Schnabel drüsig behaart.
Auf Fettwiesen und Lägern, in Hochstaudenfluren. Bis 2500 m. Juni—August. Sehr häufig.
V e r b r e i t u n g : Mittel- und südeuropäische Gebirge, Nordeuropa, mittel- und nordasiatische Gebirge.

100 Blutroter Storchschnabel   *Geranium sanguineum L.*
Der kahle oder behaarte Stengel wird 20—45 cm hoch und ist meist vom Grund aus verzweigt. Die grundständigen Blätter vertrocknen sehr rasch, die stengelständigen sind gegenständig, siebenlappig geteilt (fast bis zum Grund). Trockenhäutig, klein und lanzettlich sind die Nebenblätter. Blüten meist einzeln. Ihre verkehrt-eiförmigen Kronblätter haben seichte Buchten und sind karminrot.
Trockene Magerwiesen, Steinige Hänge, lichte Wälder. Bis 1900 m. Mai—September. In Südtirol bis 1250 m.
V e r b r e i t u n g : Fast ganz Europa (nördl. bis Skandinavien, südl. bis Italien mit Sizilien, östl. bis zum Kaukasus).

101 Silber-Storchschnabel   *Geranium argenteum L.*
Niedere Halbrosettenstaude, von angepreßten Seidenhaaren weißgrau schimmernd. Die gestielten Rosettenblätter sind bis zum Grund fünf- bis siebenteilig mit dreispaltigen Abschnitten und auf beiden Seiten silbern behaart. Die rotbraunen Nebenblättchen sind hautrandig, lanzettlich und bis 1 cm lang. Einzeln stehen die 3—4 cm großen Blüten. Ihre verkehrt-eiförmigen Kronblätter sind gestutzt bis wenig ausgerandet, sie sind zartrosa und meist mit dunkleren Adern durchzogen.
Auf Abwitterungsböden an Graten und auf Gipfeln. 1500—2200 m. Juli—August. Schlern, Mendel, Roën, Monte Baldo.
V e r b r e i t u n g : Julische Alpen, Dolomiten bis zum Schlern, Mendel, Bergamasker Alpen, französische Westalpen und Apennin.

102 Felsen-Storchschnabel   *Geranium macrorrhizum L.*

Halbstrauchige Rosettenpflanze mit verdicktem, kriechendem Erdstock, der dicht von Nebenblattresten umgeben ist. Der bis 50 cm hohe Stengel überragt nur wenig die langgestielten Rosettenblätter, mit fünf- bis siebenlappiger Blattspreite und bespitzt gezähnten Abschnitten. Nur zwei- bis dreilappig sind die Stengelblätter. Lebhaft karminrote Blüten stehen in langgestielter, zweigabeliger Trugdolde. Die fünf, fast rundlichen, ausgebreiteten Kronblätter mit bärtigem Nagel werden von herausragenden Staubblättern und einem noch längeren Griffel überragt.
Meist schattige, felsige Stellen, im Gebüsch. Kalkliebend. Bis 2400 m. Juli—August. Nähe Trient: Vigolo-Vattaro; Friaul: Isonzotal, Tarnovaner Wald; Plöckenpaß.
V e r b r e i t u n g : Südostalpen, Apennin, Seealpen, Karst, Ungarn bis Balkanländer.

Rautengewächse *Rutaceae*

103 u. 103a Diptam, Spechtwurz   *Dictamnus albus L.*

Nach Zitrone oder Zimt duftet diese stattliche Pflanze mit aufrechtem, beblättertem, 60—120 cm hohem Stengel. Seine unteren Laubblätter, fast sitzend, sind einfach und verkehrt-eiförmig; die oberen gestielten dagegen unpaarig gefiedert mit sieben bis neun länglich-eiförmigen, am Rande gesägten Blättchen. In meist einfacher Traube stehen die großen, rosaroten und dunkler geaderten Blüten. Von den fünf breit-lanzettlichen Kronblättern stehen vier nach oben, das fünfte ist abwärts gerichtet. Lang und in elegantem Bogen ragen zehn Staubblätter und ein dünner Griffel aus der Blüte.
Auf trockenen, kalkreichen, felsigen Stellen; im Laubmischwald, aber auch in Weinbergen. Bis 800 m. Mai—Juni. Eggental. Zwischen Blumau und Kardaun. Umgebung von Bozen bis Trient.
V e r b r e i t u n g : Südeuropa, Mittel- und Osteuropa (in den Alpen nur am Südrand) bis Montenegro.

Leingewächse *Linaceae*

104 Alpen-Lein   *Linum alpinum Jacq.*

10—30 cm hohe, reichästige, kahle Pflanze. Die bogig aufsteigenden Stengel sind reich beblättert mit lineal-lanzettlich sitzenden und einnervigen Laubblättchen. Die hellblauen, langgestielten Blüten stehen in armblütigen Wickeln. Ihre sehr zarten, hinfälligen Kronblätter sind verkehrt-eiförmig-keilförmig, vorn abgerundet, und ihre Ränder decken sich nur wenig. Frucht: weiße, kugelige, bespitzte Kapsel.
Bergwiesen, Felsen, Kalkgeröllhalden. 1400—2200 m. Juni—August.
V e r b r e i t u n g : Pyrenäen, Südfrankreich, Alpen, Gebirge von Südosteuropa.

105 Klebriger Lein   *Linum viscosum L.*

Bis 60 cm hoher, aufrechter, klebriger, zottig behaarter und beblätterter Stengel. Alle seine Blätter sind sitzend, drei- bis fünfnervig, zottig behaart und am Rande drüsig gewimpert; die unteren sind länglich und stumpf, die oberen eilanzettlich spitz. Die 3—4 cm großen Blüten stehen in traubigen Wickeln. Ihre Kronblätter sind rosarot bis purpurn und dunkler geadert.
Trockenwiesen, Schutt, Waldschläge, lichte Föhrenwälder. Bis 2000 m. Mai—Juli. Fassatal: Forno; Primiero; Nonsberg; Campo bei Cortina, Kerschbaum oberhalb Salurn.
V e r b r e i t u n g : Iberische Halbinsel, Italien, Kroatien, Slowenien, Südwestungarn. Alpen; Seealpen, Gebirgsketten von Judikarien bis Krain, Nordtirol und Oberbayern.

Kreuzblumengewächse *Polygalaceae*

106 Buchs-Kreuzblume   *Polygala chamaebuxus L.*

Kleiner verzweigter Halbstrauch mit Ausläufern und niederliegenden bis aufsteigenden Ästen. Die sitzenden, ganzrandigen, lederigen Blätter sind elliptisch bis lanzettlich und oberseits glänzend. Blattwinkel- oder endständig sind die Blüten, sie ähneln denen der Schmetterlingsblütler. Die aufwärtsgerichteten Flügel sind weißlich, das an der Spitze vierlappige Schiffchen gelb bis bräunlich.
Trockener Kalkschutt, Trockenrasen, Kieferwälder, Legföhren- und Alpenrosengebüsch. Bis 2300 m. Sehr häufig.
V e r b r e i t u n g : Gebirge von Süd- und Mitteleuropa, Jura, Sudeten, Karpaten.

107 Großblütige Buchs-Kreuzblume   *Polygala chamaebuxus L. var. grandiflora*

Wie Buchs-Kreuzblume Nr. 106, nur mit roten Flügelchen und gelben Schiffchen. Diese Varietät wächst vorwiegend auf Kalk und Dolomit. Verbreitet.
Süd- und Zentralalpen.

148

Wolfsmilchgewächse *Euphorbiaceae*

108 Zypressen-Wolfsmilch *Euphorbia cyparissias L.*

Buschige Staude mit 15—20 cm hohen, beblätterten, milchsafthaltigen Stengeln und blühenden sowie nicht-blühenden Ästen. Waagrecht abstehend sind die sitzenden, linealen, 2 cm langen Blättchen, auch sind sie weich und am Rande etwas umgebogen. Sehr kurz, aber vielstrahlig ist der Blütenstand. Die Blüten sind von gelben, kronblattartigen, ovalen Blättern umgeben und haben wachsgelbe, zweihörnige Drüsen. Im Herbst ist die Pflanze meist rötlich überlaufen.

Herdenweise auf sonnigen, mageren Böden; an Wegrändern, im Kies. Bis 2400 m. April—Juli. Verbreitet im Gebiet.

V e r b r e i t u n g : Mittel- und Südeuropa. Im Norden bis England und Mittelschweden; im Süden bis Mittelspanien, Süditalien und Südrußland; im Osten bis zum Baikalsee.

Kreuzdorngewächse *Rhamnaceae*

109 Zwerg-Kreuzdorn *Rhamnus pumila Turra*

Ist ein typischer Spalierstrauch der Kalkalpen-Felsspalten. Er schmiegt sich mit seinem kriechenden, knorrigen Stämmchen und reichverzweigtem, dornenlosem Astwerk eng an seine Unterlage. Gehäuft stehen am Ende der Zweige die lineal-verkehrt-eiförmigen, zugespitzten, am Rande gesägten Blätter. Im grünen vier-zipfeligen Kelch sitzt der Achsenbecher mit vier schmalen unscheinbaren Kronblättchen, die bei weiblichen Blüten manchmal fehlen. Die Frucht ist eine kugelige, schwarzviolette Steinbeere.

Felsspalten, an steilen Felswänden, auf Felsblöcken. Bis 3050 m. Juni—Juli.

V e r b r e i t u n g : Von den Pyrenäen über die Alpen bis zur Steiermark. In Italien südwärts bis zum Apennin.

Doldengewächse *Apiaceae*

110 Große Sterndolde *Astrantia major L.*

Auffallende Staudenpflanze mit 30—100 cm langem, entfernt beblättertem Stengel und langgestielten, drei- bis siebenteiligen Grundblättern. Die Stengelblätter sind mit scheidigem Grund sitzend. Weißliche bis grün-liche oder rötliche, am Grund verwachsene, oben zugespitzte, drei- bis fünfnervige Hüllblätter umgeben die dichte Dolde aus kürzeren, zahlreichen Blütchen. Ihre Kronblätter, ca. 1 mm lang, haben gefranste Läppchen.

Bergwiesen und Matten, Hochstaudenfluren. Bis 2300 m. Juni—August. Häufig.

V e r b r e i t u n g : Von Nordwestspanien über Süd- und Mitteleuropa bis zum Kaukasus.

111 Kleine Sterndolde *Astrantia minor L.*

Zierliche, schlanke, 15—40 cm hohe Pflanze mit langgestielten, fast bis zum Grund fingerförmig fünf- bis neunteiligen, abstehend gezähnten Grundblättern. Stengel- und Hochblätter sind meist dreiteilig mit schmalen Abschnitten. 10—20 fast weißliche, spitze Hüllblättchen sind etwa so lang wie die gelblichweißen, 20—30 kleinen Blütchen.

Steinige Weiden, Felsgesimse, auf meist sauren Böden. 1300—2700 m. Juli—August. Bad Ratzes, Schlern, Langkofel, Sellajoch.

V e r b r e i t u n g : Pyrenäen, Alpen (Zentralkette und südliche Massive; von den Seealpen bis Südtirol), Apennin.

112 Alpen-Mutterwurz, Muttern, Madaun *Ligusticum mutellina (L.) Crantz*

„Muttern, Romeye und Adelgras, das Beste ist, was Kühli fraß“, so lautet ein Schweizer Sennerspruch. Aromatisch duftende, 10—40 cm hohe, wenig verzweigte Pflanze. Die gestielten Grundblätter sind zwei- bis dreifach fiederteilig, mit schmalen Zipfeln und häutiger Scheide. An Stengel und Ästen stehen end-ständig ein bis drei Dolden, die sieben- bis zehnstrahlig sind. Reichblütig sind die einzelnen Döldchen mit weißen, rosa oder purpurnen Blütenkronen.

Auf Kalk- und Urgestein. Feuchte Standorte auf Weiden und Bergmähwiesen, Schneeböden und Hoch-staudenfluren. 1500—2900 m. Juni—August. Häufig.

V e r b r e i t u n g : Gebirge von Mittel- und Südeuropa (Alpen: von den Seealpen bis zur Steiermark; Ungarn, Siebenbürgen; Karpaten; Balkan.

113 Zwerg-Mutterwurz *Ligusticum mutellinoides (Crantz) Vill.*

Sie ist wohl die kältehärteste der Doldenpflanzen. Aufrecht steht der 3—15 cm hohe Stengel, meist ist er blattlos und kantig gerillt. Grasgrün sind die grundständigen Blätter, im Umriß länglich dreieckig und zwei- bis dreifach fiederschnittig. Ein Hauptkennzeichen ist das Vorhandensein von fünf bis zehn meist fiederspaltigen Hüllblättern unterhalb der zehn- bis zwanzigstrahligen Dolde. Im Knospenzustand sind die Blütchen rötlich, aufgeblüht werden sie grünlichweiß.

Liebt windumtoste Grate, auf Felsen, in Schuttfluren. 1800—2970 m. Juli—August. Dolomiten auf kalk-armem Gestein. Sehr zerstreut.

V e r b r e i t u n g : Vom Dauphiné bis Österreich, Kroatien, Karpaten.

114 Hirschwurz, Heilwurz *Libanotis sibirica (L.) C. A. Meyer*

Bis 1 m hoch wird der kräftige, kantig-gefurchte Stengel. Die unteren, gestielten Laubblätter sind zwei- bis dreifach fiederschnittig mit zwei- bis dreispaltigen Zipfeln; die oberen, mit öhrchenförmiger Scheide meist sitzend und kleiner, haben grobgezähnte Abschnitte und zugespitzte Zipfel. Mehrere Hüllblättchen umgeben die großen, 20- bis 40strahligen Dolden. Die kleinen Blütchen haben rundlich-eiförmige Kronblätter, sie sind weiß oder rötlich.
Felsspalten, Kalkschutt, Trockenbusch, Weiden. Bis 2000 m. Juli—September. Am Schlern bis 2500 m aufsteigend, Grödner Joch bis 2150 m.
V e r b r e i t u n g : Fast ganz Europa; Syrien, Kaukasus, Armenien, Persien; Sibirien, Japan und China.

115 Wiesen-Bärenklau *Heracleum sphondylium L.*

Diese stattliche Pflanze hat einen aufrechten, kräftigen, 50—150 cm hohen, kantig gefurchten, röhrigen, steifbehaarten und oben verzweigten Stengel. Die großen Blätter (die unteren oft bis 60 cm lang) sind unpaarig gefiedert mit ein bis drei Blattpaaren oder tief fiederschnittig; das Endblättchen ist groß und dreilappig. Unterseits sind die Blätter auf den Nerven borstig behaart, oberseits meist weichhaarig. Die Dolden sind groß, stehen endständig an Stengel und Ästen, sind 12- bis 30strahlig mit vielblütigen Döldchen. Ihre Blüten sind weiß und die Randblüten stark vergrößert.
Auf Tal- und Bergwiesen, im Legföhrenkrummholz. Bis 2500 m. Mai—Oktober.
V e r b r e i t u n g : Fast ganz Europa (Skandinavien); West- und Nordasien; westliches Nordafrika; Nordamerika.

Weidengewächse *Salicaceae*

116 Mattenweide *Salix breviserrata Floderus*

Niederliegendes, bis 30 cm hohes sparrig-ästiges, verzweigtes Spaliersträuchlein mit zuerst grau behaarten, später verkahlenden rötlichbraunen Ästchen. Die frischgrünen 1—3 cm langen, glänzenden Blätter sind elliptisch oder verkehrt-eiförmig, am Rande kurz-drüsig gezähnt, manchmal mit langen Haaren besetzt, seidig-zottig oder verkahlend. Die 2—3 cm langen Kätzchen sind eiförmig stumpf (die weiblichen kurzgestielt), rötlichpurpurn bis violett und meist zottig behaart.
Ruhende Kalkschutthalden, an Felsblöcken. 1700—3040 m. Juni—Juli. Z. B. am Fuß der Roßzähne, Schlern, Sellajoch, Fedaja, Pordoijoch. Monte Serva bei Belluno.
V e r b r e i t u n g : Von den Hautes-Alpes bis zu den Niederen Tauern (besonders in den zentralen Ketten).

117 Spießweide *Salix hastata L.*

Niederliegender oder aufsteigender, bis 1 m hoher Strauch mit dichtstehenden Ästchen und behaarten jungen Trieben. Die gestielten, breit-elliptischen oder länglichen Blätter sind oberseits glänzend grün, unterseits meist kahl und seegrün mit rötlichem Mittelnerv. Mit langen, silberweißen, zuletzt kraus zusammengezogenen Haaren sind die Schuppen der Kätzchen bedeckt.
Feuchte Stellen, kalkhaltige Lehmböden, felsige Hänge. 850—2500 m. Juni—August. Z. B. Pordoijoch, Seiser Alm, Schlern, Fassatal.
V e r b r e i t u n g : Sierra Nevada, Pyrenäen, Alpen, Sudeten, Karpaten, nördl. Europa, Nordasien.

118 Stumpfblättrige Weide *Salix retusa L*

Spalierstrauch mit kriechenden, nur wenig aufstrebenden, braunen, kahlen Ästchen. Die kurzgestielten, kleinen, meist kahlen Blätter sind rundlich bis verkehrt-eiförmig, vorn abgerundet, ganzrandig und beiderseits dunkelgrün. Eiförmig und lockerblütig mit kahlen Staubfäden und gelben Staubbeu'eln sind die männlichen Kätzchen; die weiblichen dagegen sind schmal-elliptisch mit Fruchtknoten, Griffel und abstehender Narbe. Alle Kätzchen sind wenigblütig.
Häufig auf kalkreichem Boden, durchfeuchtete Ruhschutthalden, Magerweiden, Gletschervorfelder, Schneeböden. 1400—3180 m. Juni—August. Verbreitet.
V e r b r e i t u n g : Von den Pyrenäen über den Jura bis zum Apennin und den Alpen.

119 Netz-Weide *Salix reticulata L.*

Zwergstrauch mit am Boden anliegenden Stämmchen und knorrigen, verzweigten Ästchen. Besonders auffallend sind die gestielten Blätter mit dem deutlich sichtbaren Adernetz. Sie sind elliptisch bis kreisförmig und oberseits glänzend dunkelgrün. Hell- bis rötlichbraun sind die endständigen, gestielten, besonders schlanken Kätzchen.
Kalkliebend. Feuchte Felshänge, Geröll, Schneetälchen. 1300—3150 m. Juli—August. Häufig.
V e r b r e i t u n g : Pyrenäen, Jura, Alpen (Seealpen bis Niederösterreich), Apennin, Karpaten; arktisches Amerika und Asien.

150

Sandelholzgewächse *Santalaceae*

120 Alpen-Leinblatt *Thesium alpinum L.*

Mehrere aufsteigende bis aufrechte, kahle, 10—30 cm hohe Stengel entspringen aus einem Grundstock. Die gelbgrünen, kahlen, schmal-linealen, einnervigen Blättchen sind zugespitzt. In einseitswendiger, schlanker, lockerer Traube stehen die kleinen, schneeweißen Blüten und jede Blüte wird durch drei kleine Hochblättchen gestützt. Die Blütenhüllen sind meist vierspaltig und trichterförmig. Halbschmarotzer.
Magerwiesen, Weiden, lichte Wälder. Bis 2800 m. Juni—Juli. Im Gebiet häufig.
V e r b r e i t u n g : Süd- und Mitteleuropa (im Süden bis zu den Abruzzen/Monte Vettore); Kaukasus.

Knöterichgewächse *Polygonaceae*

121 u. 121a Knöllchen-Knöterich *Polygonum viviparum L.*
Lebendgebärender Knöterich

Nur wenige lanzettliche, am Rande umgerollte und etwas knorpelige Blättchen trägt der 5—20 cm hohe Stengel. Die grundständigen Blätter sind länglich-eiförmig und gestielt. In länglicher, lockerer Scheinähre stehen die kleinen weißen bis hellrosa Blüten. Im unteren Teil des Blütenstandes treten an Stelle der Blüten kleine, eiförmige Knöllchen (Bulbillen), die oft schon am Stengel zu keimen beginnen. Sie fallen bald ab, um neue Pflänzchen zu bilden — wenn sie nicht vorher vom Schneehuhn entdeckt werden, das diese Knöllchen zu seiner Lieblingsspeise erwählt hat. Im Magen von Schneehühnern findet man stets diese Bulbillen.
Beraste Hänge, steinige Matten, Schneetälchen, Blaukressen- und Krautweidenböden. 1000—3000 m. Mai bis August. Im Gebiet häufig.
V e r b r e i t u n g : Pyrenäen, Alpen, Jura, Karpaten; Apennin, Illyrien, Balkan, Kaukasus, Zentralasien; nördl. und arkt. Eurasien und Nordamerika.

122 Schlangen-Knöterich *Polygonum bistorta L.*

Schlangenartig gekrümmt ist der Wurzelstock. Ihm entspringen zahlreiche Ausläufer mit mehreren 30 bis 120 cm hohen Stengeln. Die unteren Stengelblätter sind langgestielt, eirund bis länglich, spitz mit herzförmigem Grund; die oberen sind kleiner, sitzend und lanzettlich. In dichter, walzenförmiger Scheinähre sitzen die kleinen, hellrosa Blütchen, aus denen acht Staubblätter herausbaumeln.
Lichte Auwälder, buschige Hänge, fette Bergwiesen, Lägerstellen. Bis 2300 m. Mai—August. Häufig.
V e r b r e i t u n g : Europa (fehlt im Süden), Kaukasus, Nordasien, Himalaja, arktisches Nordamerika.

123 Alpen-Sauerampfer *Rumex alpinus L.*

Aus einem horizontal kriechenden, dicken Erdstock entspringen die großen Grundblätter und die bis zu 2 m hohen Stengel. Langgestielt sind die rundlichen bis herzförmigen Grundblätter, die stengelständigen sind lanzettlich, alle haben eine große, weiße Scheide. Die Blüten stehen in einem zusammengesetzten, stark rispig verzweigten Blütenstand. Herzförmig und häutig sind die Blütenblättchen, auch sind sie schwielenlos, grünlich und werden später rötlich.
Viehläger, Umgebung von Sennhütten, auf überdüngten Wiesen. 1200—2640 m. Juni—August. Häufig.
V e r b r e i t u n g : Pyrenäen, Alpen, Vogesen, Schwarzwald, Sudeten, Karpaten; Apennin, Balkanhalbinsel, Kaukasus.

124 Alpen-Säuerling *Oxyria digyna (L.) Hill.*

Fünf bis 15 cm hoch wird der Stengel, er hat nur an der Basis langgestielte, nierenförmige, vorn etwas ausgerandete Blätter. Sie schmecken säuerlich wie unser Sauerampfer. In sehr lockerer, endständiger Traube hängen die zwittrigen Blüten. Ihre kelchartige Blütenhülle ist krautig und vierblättrig. Die breitgeflügelte Frucht ist linsenförmig und ihre häutigen Flügel sind zuerst hellgrün und färben sich später blutrot. Fehlt auf Kalk. Feuchte Schutthalden, Morenenhänge, Schneeböden. Charakterpflanze der „Säuerlingsflur". 1700—3400 m. Juni—Juli.
V e r b r e i t u n g : Pyrenäen, Korsika, Alpen (fehlt in den Kalkgebieten), Karpaten, Balkanhalbinsel; Asien, (Kaukasus bis Himalaja), arkt. Eurasien und Nordamerika.

Nelkengewächse *Caryophyllaceae*

125 u. 125a Stengelloses Leimkraut, Kalk-Leimkraut *Silene acaulis (L.) Jacq.*

Als rote blütenstrotzende Kissen leuchten uns zwischen grauem Fels die Polster des Leimkrautes entgegen. Die linealen, einnervigen Blättchen stehen dicht und sind stachelig gewimpert. Die einzelstehenden Blüten sind endständig und ragen nur wenig aus dem Polster. Verkehrt-eiförmig und leuchtend rosarot bis rot sind die schwach ausgerandeten Kronblätter. Die Blüten sind dreihäusig, es gibt also Zwitter, männliche und weibliche Blüten.
Steinige Weiden, felsige Hänge, Felsspalten, Geröll. Meist auf Kalk. 1550—3600 m. Juni—Sept. Häufig.
V e r b r e i t u n g : Pyrenäen, Alpen, Karpaten; Apennin, Illyrien. Balkanhalbinsel; Nordural, arkt. Asien und Amerika.

126 Rotes Seifenkraut *Saponaria ocymoides L.*

Charakterpflanze der wärmeren Alpentäler.

Aus der Grundachse treiben zahlreiche, gabelig verzweigte, niederliegende bis aufsteigende, 10—30 cm hohe Stengel, sie sind drüsig-klebrig behaart. Die verkehrt-eiförmigen, zugespitzten Blätter sind in den Blattstiel verschmälert. In vielblütiger Rispe stehen die dunkelrosaroten Blüten mit fünf stumpfen, verkehrt-eiförmigen Kronblättern und einem zweizähnigen, kleinen Nebenkrönchen.

Auf felsigen Hängen, Schutthalden, an Erdabrissen und Straßenböschungen. Bis 2000 m. Mai—Oktober. Im Gebiet häufig.

V e r b r e i t u n g : Pyrenäen, Zentralmassiv, Jura, Apennin, Alpen (Südalpen und in wärmeren Tälern der nördlichen Kalkalpen).

127 Kriechendes Gipskraut *Gypsophila repens L.*

Charakterpflanze der Grobschutthalden der subalpinen und alpinen Region. Von einer Pfahlwurzel gehen viele kriechende, rasenbildende Sprosse aus. Ihre aufsteigenden, kahlen, oben ästigen Stengel haben eigenartige blaugrüne, sichelförmige Blättchen. Die weißlichen, meist zartrosa Blüten haben fünf ausgebreitete Kronblätter.

Sonnige, steinige Schutthalden, Grobschutthalden, Matten, im Schutt der Flüsse. Erikaheiden und Legföhrengebüsch. 1300—2700 m. Mai—August. Im Gebiet häufig. Falzaregopaß, Sextner Dolomiten, Pala, Puez, Schlern.

V e r b r e i t u n g : Pyrenäen, Apennin, Alpen (fehlt meist in den Silikatmassiven), Jura, Mitteldeutschland, Polen, Karpaten.

128 Frühlings-Miere *Minuartia verna (L.) Hiern.*

5 bis 15 cm hohes Pflänzchen mit blühenden und nichtblühenden Sprossen, das kleine Rasen bildet. Die dichtbeblätterten Sprosse haben lineal-pfriemliche, stumpfe Blättchen. In mehrblütiger Trugdolde stehen die weißen Blütchen mit fünf eiförmigen, flach ausgebreiteten Kronblättern, die kaum länger sind als die Kelchblätter.

Trockene, offene Weiden und Matten, aber auch im Schutt und Kies. 1500—3200 m. Mai—August. Häufig.

V e r b r e i t u n g : In den Gebirgen von Europa; südlich bis in die iberischen und balkanischen Gebirge; nördlich bis Island und Finnland. Nordafrika, Kaukasus, nördliches und arktisches Asien und Nordamerika.

129 Zwerg-Miere *Minuartia sedoides (L.) Hiern.*

Dieses Pflänzchen bildet dichte, moosähnliche „Grün in Grün"-Polster. Ihre Grundachse hat viele, kurze, dichtbeblätterte Stengel mit sehr kleinen, lanzettlichen und derben Blättchen. Einzeln sitzen die hellgrünen bis gelblichgrünen Blüten im Grün ihrer dichten Polsterblättchen. Meist fehlen die Kronblätter und es sind nur die fünf Kelchblätter mit den Staubblättern sichtbar.

Felsritzen, Grate, im Grus der Schutthalden. Saure bis basische Böden. 1800—3800 m. Juli—August. Auf Kalk und Dolomit.

V e r b r e i t u n g : Schottland, Pyrenäen, Alpen, Illyrien, Karpaten.

130 Einblütiges Hornkraut *Cerastium uniflorum Clairv.*

Meist dichtrasige Pflanze mit vielen sterilen Trieben und 3—8 cm hohen, kurzzottigen Stengeln. Auch die eilanzettlichen, stumpfen, grasgrünen Blättchen sind dicht zottig behaart; die Tragblätter sind laubblattartig. Meist eine, aber auch bis drei, 1,5 cm große, beckenförmige, weiße Blüten haben abstehend behaarte Blütenstiele. Tief eingeschnitten sind die Kronblätter und doppelt so lang wie die hautrandigen Kelchblätter.

Feuchte Moränen, Gesteinsschutt. 1900—3000 m. Auf kalkarmem Gestein.

V e r b r e i t u n g : Savoyen bis Oberösterreich und Steiermark.

131 Breitblättriges Hornkraut *Cerastium latifolium L.*

Lockere Rasen bildende Pflanze mit kriechenden Sprossen und 3—8 cm hohen aufrechten ein- bis dreiblütigen Stengeln. Die gegenständigen Blättchen sind eiförmig, zugespitzt und mit breitem Grund sitzend, meist mit kurzen Borsten- und Drüsenhaaren besetzt. Die ganze Pflanze ist kurzdrüsig behaart. Ihre endständigen, weißen Blüten sind beckenförmig mit zweispaltigen Kronblättern, die doppelt so lang wie der Kelch sind.

Nur auf Kalk und Hauptdolomit. Beweglicher Grobschutt und Täschelkrauthalden. 1600—3500 m. Juli bis August.

In den Sextner Dolomiten beginnt das Areal des verwandten Kärntner Hornkrautes „Cerastium carinthiacum ssp. austroalpinum", mit breiten trockenhäutigen Tragblättern.

V e r b r e i t u n g : Alpen.

132 Bewimpertes Sandkraut *Arenaria ciliata L.*

Kriechendes, ästig ausgebreitetes, rasenbildendes Pflänzchen mit kleinen, gegenständigen, oval-lanzettlichen, am Grund fransig-gewimperten Blättchen. Die meist einzelstehenden end- oder seitenständigen Blütchen sind fünfzählig. Ihre weißen, eiförmigen, ungeteilten Kronblätter sind doppelt so lang wie der Kelch mit seinen lanzettlich spitzen Kelchblättern. Staubblätter zehn, kugeliger Fruchtknoten mit drei Griffeln.

Steinige Matten und Triften, auf Graten, im Feinschutt von Moränen. 1800—3200 m. Juli—August. Auf Kalk- und Silikatgestein.

V e r b r e i t u n g : Pyrenäen, Alpen (meist in den zentralen Massiven), Karpaten; gemäßigte arkt. Gebiete der nördlichen Halbkugel.

152

133 Bewimperte Nabelmiere   *Moehringia ciliata (Scop.) DT.*

Kleines, locker- bis dichtrasiges, kahles Pflänzchen mit kriechenden 5—20 cm langen, zarten Stengeln. Die gegenständigen Blättchen sind schmal-lanzettlich und am Grund bewimpert. In lockerer Trugdolde stehen ein bis drei weiße, fünfzählige Blüten. Ihre Kronblätter sind ganzrandig und etwas länger wie der Kelch mit seinen zugespitzten Kelchzähnen. Staubblätter zehn, Fruchtknoten kugelig mit drei auseinandergespreizten Narben.
Im Kalkschutt und Bachgeröll, steinige Weiden und Felsbänder. 1600—3100 m. Juni—August. Nur auf Kalk!

134 Gletscher-Nelke   *Dianthus glacialis Haenke*

Niedriges, dichtrasiges Pflänzchen mit 1—4 cm hohem, kahlem Stengel, der nur wenige Blattpaare hat. Lang und schmal sind die Laubblätter, sie stehen aufrecht ab und sind oft länger wie der Stengel. Die schmäleren Stengelblätter überragen meist die bis 2 cm großen, rosaroten bis purpurroten Blüten. Ihre breiten Kronblätter sind vorn unregelmäßig gezähnt. Die zylindrische Kelchröhre ist grün oder purpurn und hat eilanzettliche, an der Spitze trockenhäutige Kelchzähne.
Auf schwach sauren, bis neutralen Böden. Grasige Triften der Hochalpen. 1900—2800 m. Juli—August. Brennergruppe ziemlich häufig. Hühnerspiel, Schlern, Rodella-Alm.
V e r b r e i t u n g : Östliche Alpen (vom Oberengadin, Veltlin bis Salzburg und Steiermark); Karpaten.

135 Vernachlässigte Nelke   *Dianthus pavonius Tausch (= D. neglectus Loisel.)*

Aus der kurzen Grundachse treiben mehrere Blattbüschel. Die 4—10 cm hohen Stengel mit nur wenig Blattpaaren sind ein- bis dreiblütig. Lineal, lang, dünn, steif und blaugrün sind die grundständigen Blätter. Der meist dunkelpurpurne Kelch hat bleiche, trockenhäutige Zähne. Ziemlich groß sind die Blüten. Ihre purpurrot leuchtenden Kronblätter sind unterseits grünlichgelb. Nachts schließen sich ihre Blüten.
Feinschutt, steinige Rasen. Auch auf Eruptivgestein. Bis 2500 m. In den Dolomiten selten. Z. B. Pordoijoch, Toveltal/Brenta.
V e r b r e i t u n g : Östliche Pyrenäen, Seealpen, Dauphiné bis Nonsberg.

136 Stein-Nelke   *Dianthus sylvestris Wulf.*

Dichtrasige, 5—30 cm hohe Felsenpflanze mit aufsteigenden bis überhängenden ein- bis vierblütigen Stengeln, die gegenständige, sitzende Blätter haben. Die rosettig gehäuften Grundblätter sind schmal-lineal, rinnig und am Rande rauh. Rosarot bis zartpurpurn sind die nicht duftenden Blüten. Ihre Kronblätter sind am Rande leicht gefranst.
Auf Kalk- und Urgestein. Felsgesimse, Felsspalten, Magermatten. Bis 2800 m. Juni—August. In den Dolomiten häufig. Puflatsch, Gröden, Fassatal, Pustertal.
V e r b r e i t u n g : Südeuropa (Spanien bis Thessalien, Alpen, Schweizer Jura, Südtirol).

137 u. 137a Elisabeth-Nelke   *Silene elisabethae Jan (= Melandrium elisabethae [Jan] Rohrb.)*

Von Jan benannt zu Ehren der zweiten Gemahlin des Erzherzogs Rainer (1783—1853), Vizekönig des lombardisch-venezianischen Königreiches.
Aus einer holzigen Grundachse treiben mehrere 5—15 cm hohe, oberwärts dichtdrüsige Stengel mit kleinen, lanzettlichen, spitzen Blättern und meist einer endständigen Blüte. Bis zu 7 cm lang werden die rauhen, lanzettlichen Rosenblätter. Die rosarot bis purpurn leuchtenden Blüten werden bis 4,5 cm groß. Ihre Kronblätter sind breit verkehrt-herzförmig, zweilappig mit ringsum gezähnten Lappen. Das kurze Krönchen ist borstig zerschlitzt.
Felsspalten und Felsbänder. 1400—2000 m. August. Auf Kalk und Dolomit. Gardaseegebiet (Monte Tremalzo, Monte Tombéa, Corna Blacca usw.).
V e r b r e i t u n g : Südalpen von der Lombardei bis Südtirol.

Heidekrautgewächse *Ericaceae*

138 Rostblättrige Alpenrose   *Rhododendron ferrugineum L.*

Wie schutzbedürftig die Alpenrose ist, geht daraus hervor, daß sie zu ihrer vollen Entwicklung ein ganzes Menschenalter benötigt. Viele Stämmchen haben über 100 Jahresringe. Sie ist wohl schon vor der Eiszeit bei uns eingewandert.
Über 1 m hoher, buschiger Strauch mit wintergrünen, ledrigen, elliptisch-lanzettlichen, oberseits glänzend dunkelgrünen Blättern, die unterseits mit rostbraunen Drüsenschuppen vollkommen bedeckt sind. In üppiger Traubendolde stehen die glühend roten Blüten mit trichterförmig-glockigen Kronen, die in fünf stumpfen Zipfeln enden.
Auf humusreichen Böden, in Schluchten, an Abhängen auf Weiden. 1500—3000 m. Mai—Juli.
V e r b r e i t u n g : Gebirge Süd- und Mitteleuropa (Pyrenäen, Apennin bis Jugoslawien und über die Alpen bis in den Südjura).

Der Rostblättrigen Alpenrose ähnlich ist die **Behaarte Alpenrose, Rhododendron hirsutum L.** Dieser Strauch ist kurzästiger, sehr stark verzweigt und hat frischgrüne, am Rand lang gewimperte Blätter, die unterseits nur wenige grüne Schuppen tragen. Die Blüten sind heller, und meist blüht sie etwas später wie die vorhergehende Art.
Nur auf Kalk- und Dolomitschutt; Felsblöcke, Felsbänder. Juni—August. 1400—2500 m.

139 Zwerg-Alpenrose   *Rhodothamnus chamaecistus (L.) Rchb.*

Die Widerstandskraft dieses zierlichen, 10—30 cm hohen Sträuchleins mit verzweigtem Stämmchen und dichtbeblätterten Ästchen ist zu bewundern. Es blüht schon früh im Jahr, Schnee liegt noch in nächster Nähe, da entfaltet die Zwerg-Alpenrose schon ihre zartrosa bis rosaroten Blüten. Sie stehen zu zweien an langen Stielen und breiten ihre Kronen radförmig aus. Zehn Staubblätter mit dunkelpurpurnen Staubbeuteln ragen weit aus der Blüte. Die myrtenähnlichen Blättchen sind eilanzettlich spitz und am Rande bewimpert. Auf flachgründigen Dolomitböden, in Felsspalten, auf Felsbändern, in schattigen Geröllhalden, im Legföhrengebüsch. 1000—2600 m. Mai—Juni. Lago Federa, Gröden, Falzaregopaß, Sexten, Palagruppe, Paneveggio, Peitlerkofel usw.
V e r b r e i t u n g : Diese Gattung ist nur auf die Ostalpen, beschränkt (vom Allgäu bis Niederösterreich; vom Comersee bis Kroatien).

140 u. 140a Alpen-Azalee   *Loiseleuria procumbens (L.) Desv.*

Wurde nach dem Arzt Jean-Louis-Auguste Loiseleur-Deslongchamps (1774—1849) benannt, dem Verfasser einer „Flora gallica“.
Wo der Sturm am ärgsten tost, da hält die Azalee noch aus. Niederliegender, teppichbildender, reichverzweigter Zwergstrauch mit dichtbeblätterten Ästen. Die gegenständigen, kleinen, wintergrünen, ganzrandigen Blättchen sind am Rande umgerollt. Wie leuchtende Rubine sitzen die Blütenknospen im dunkelgrünen, beblätterten Astwerk, um später ihre rosaroten, fünfspaltigen, glockigen Kronen zu öffnen. Fruchtkapsel eiförmig-kugelig und rötlich.
Kalkfreie, windgefegte Böden, schneefreie Grate, Moränenhänge. 1600—3000 m. Juni—August. Z. B. Pordoijoch, Rodella, Sellajoch, Raschötz, Puflatsch.
V e r b r e i t u n g : Mitteleuropäische Hochgebirge; nördliches und arktisches Eurasien und Amerika.

141 Schneeheide, Frühlingsheide   *Erica carnea L.*

„Frühlingshonig“, mancherorts ist er der Sammelertrag der fleißigen Bienen, die Blüte für Blüte der Schneeheide absuchen.
Dieses stark verästelte Sträuchlein mit aufsteigenden dünnen Ästchen hat spitze, nadelförmige, immergrüne Blättchen. In einseitswendiger Traube stehen die kurzgestielten, rosaroten, krugförmigen Blüten. Ihre dunkelbraun-schwärzlichen Staubbeutel ragen aus den Kronen. Der honigabsondernde Drüsenring ist tief versteckt unter dem Fruchtknoten.
Warme, lichte Wälder, sonnige Fels- und Geröllhalden. Auf kalkreichen Böden. Bis 2730 m. März—Juni. Eisack- und Etschtal. Bei Kastelruth und Kampenn, bei Bozen auch die weiße Farbenspielart.
V e r b r e i t u n g : Alpen und Vorland (bis Böhmen), Tatra; Illyrien; Serbien; Apennin, in der Toskana bis ans Meer herabsteigend.

142 Immergrüne Bärentraube   *Arctostaphylos uva-ursi (L.) Spreng.*

Niedriger, dem Boden teppichartig anliegender Spalierstrauch mit verzweigten Ästen und dichtbeblätterten, aufsteigenden Zweigen. Die wintergrünen Blätter sind lederig, vorn abgerundet, verkehrt-eiförmig, unterseits nicht punktiert (Preiselbeerblatt gepunktet). In nickender Traube stehen mehrere weiße bis rosa Blüten. Die Kronen sind krugförmig mit fünf zurückgeschlagenen Zähnchen. Die Frucht ist eine scharlachrote, mehlige Steinbeere.
Lichte Wälder, magere Weiden, Schutthalden, Schwemmböden. Bis 2700 m. März—April. Häufig.
V e r b r e i t u n g : Ganz Europa, nördliches und gemäßigtes Asien und Amerika.

143 Alpen-Bärentraube   *Arctostaphylos alpina (L.) Spreng.*

Das Schönste an dieser Pflanze ist ihre Herbstfärbung. Kaum ein anderes Laub färbt sich derart intensiv Rubinrot um!
Kriechender Zwergstrauch mit sehr kurzen, aufsteigenden Endtrieben. Die sommergrünen, netzadrigen Blätter sind fein gesägt und schwach bewimpert. Zwei bis fünf Blüten stehen in kurzer Traube. Die Kronen sind grünlichweiß bis rötlich, krugförmig und haben fünf zurückgeschlagene Zipfel. Die Frucht ist eine zuerst rötliche, später blauschwarze, kugelige Steinbeere.
Auf lang schneebedeckten Hängen, in Zwergstrauchheiden, Felsabsätzen, im lichten Föhrenwald. 1800 bis 2650 m. Mai—Juni. Am Padonkamm bis 2500 m.
V e r b r e i t u n g : Pyrenäen, Jura, Alpen, Karpaten; Apennin, Illyrien; nördliches und arktisches Eurasien und Amerika.

Wintergrüngewächse *Pyrolaceae*

144 Einblütiges Wintergrün   *Moneses uniflora (L.) A. Gray (= Pyrola uniflora L.)*

Zwischen hohen Stämmen, vom schrägen Sonnenstrahl gestreift, ist dies zarte Pflänzchen so zauberhaft, man möchte es „Elfchen des Mooswaldes“ nennen.
Meist sind die rundlichen, immergrünen, leicht zugespitzten Laubblätter grundständig. Im zweiten Jahr sprießt der helle, zarte Blütenstengel empor mit der 2,5 cm großen porzellanartigen, nickenden Blüte. Ihre weißlichen Kronblätter sind eiförmig und radartig ausgebreitet; darunter liegen in kleinen Gruppen die Staubgefäße und heraus ragt der gerade Griffel.
Moospolster, humose Laub- und Nadelwälder. Bis 2000 m. Mai—August. Häufig in den Dolomiten.
V e r b r e i t u n g : Europa (südl. bis Korsika, Abruzzen und Sizilien); Kaukasus, Kleinasien bis Japan. Nordamerika.

145 Rundblättriges Wintergrün   *Pyrola rotundifolia L.*

Die immergrünen, grundständigen Laubblätter sind lederig, meist kreisrund und am Rand fein gekerbt. 6—30 cm hoch wird der Stengel, er hat schuppenartige, lanzettliche Blättchen. In reichblütiger, all seitswendiger Traube stehen die weißen, oft zartrosa überlaufenen, nickenden, weitglockigen Blüten. Bis 6 mm lang und verkehrt-eiförmig sind die Kronblätter. Der leicht gebogene, an der Spitze verdickte Griffel ragt aus der Blüte.
Schattige Laub- und Nadelwälder, Gebüsche, bis in die Krummholzregion. Bis 2200 m (in Friaul bis 1600 m).
V e r b r e i t u n g : Mitteleuropa.

Primelgewächse   *Primulaceae*

146 Südtiroler Primel   *Primula tyrolensis H. W. Schott*

Eine sehr kleine Pflanze mit abgestorbenen Blattresten und dichtdrüsigen, rundlich oder verkehrt-eiförmigen Blättern, am vorderen Rand fein gezähnelt. Der kurze, nur bis 2 cm lange Stengel hat nur ein bis zwei rosa bis rotviolette Blüten mit weit trichterförmigen, verkehrt-herzförmigen, ausgerandeten Zipfeln. Die Kronröhre ist länger wie der glockenförmige Kelch. Der Schlund der Blütenkrone ist weißlich und drüsenhaarig.
Feuchte, humusreiche Felsspalten, steinige, offene Hänge. Auf Kalk und Dolomit. 1000—2600 m. Mai—Juni. Palagruppe, Val Cimoliana, Val Canali, Fleimstal, Sorapis.
V e r b r e i t u n g : Endemische Art der südöstlichen Dolomiten; vom Fleimstal östlich bis Belluno.

147 Pracht-Primel   *Primula spectabilis Tratt.*

Die grundständigen, länglich-ovalen, 3—9 cm langen Blätter sind drüsig-klebrig, grasgrün und haben einen weißknorpeligen Rand, auch sind sie auf der Fläche durchscheinend gepunktet. Zwei bis 15 cm hoch wird der Blütenschaft mit einer kurzgestielten, bis siebenblütigen Dolde. Groß und prächtig rosarot bis rotviolett sind die Blütenkronen, ihr Rand mit ausgerandeten Lappen, ist fast flach ausgebreitet. Im Schlund sind kurze Drüsenhärchen. Kelch röhrig, oft rot überlaufen.
Auf kalkreicher Unterlage. Humose Felsbänke, alpine Rasen. 620—2500 m. Mai—Juni. Brentagruppe; Gebirge von Ala; Monte Scanuppia, Monte Baldo, Monte Grappa, Lavarone, Borgo di Valsugana. Judikarien.
V e r b r e i t u n g : Endemit der Brescianer und Bassaner Alpen; Brenta.

148 Klebrige Primel, Blauer Speik   *Primula glutinosa Wulf.*

Dichtrasig wachsende, kurzdrüsig behaarte Pflanze mit etwas steifen, mattglänzenden, sehr klebrigen, lanzettlich-keilförmigen, vorn gezähnten Laubblättern. Der 2—7 cm hohe Schaft trägt die ein- bis siebenblütige Dolde. Fast sitzend sind die blauen, später violetten Kronen mit dunklerem Ring um den weißlichen, drüsenhaarigen Schlundeingang. Die Blüten duften wunderbar aromatisch. Ihr Kronsaum hat tief eingeschnittene Lappen.
Weiden; feuchter, toniger Felsgrus; kalkarme neutrale bis saure Böden. 1800—3100 m. Juli—August. Auf Porphyr und Syenit bei Monzoni; Latemar; Colbricon; Cavalazza; Valsugana. Sexten, Kreuzkofelgruppe.
V e r b r e i t u n g : Endemit der zentralen Massive der Ostalpen (Unterengadin, Kärnten und Steiermark).

149 Zwerg-Primel, Habmichlieb   *Primula minima L.*

Schon Hoffmann von Fallersleben wurde durch die Lieblichkeit dieser kleinen Primel zu einem hübschen Gedicht angeregt.
Klein sind ihre Blattrosettchen mit den breit-keilförmigen, vorne scharf gezackten Blättchen. Meist werden sie von ihrer leuchtend roten Blüte ganz verdeckt. Nur ein ganz kurzer Blütenschaft trägt die bis 3 cm große Blüte mit ausgebreitetem Kronsaum und tief eingeschnittenen Kronzipfeln. Der weißliche Schlund ist drüsenhaarig.
Auf humosen Matten, in Schneetälchen, zwischen Alpen-Azaleen; auf kalkarmen, lange durchfeuchteten Böden. 1600—3000 m. Juni—Juli. Dolomiten verbreitet, südlich bis Rollepaß und Belluno.
V e r b r e i t u n g : Ostalpen (westl. bis Inn, Ortler und Adda); Riesengebirge, Karpaten, Balkanhalbinsel

150 Frühlingsschlüsselblume und Mehlprimel   *Primula veris L.* und *Primula farinosa L.*

Die Rosettenblätter der Frühlingsschlüsselblume sind runzelig mit zurückgerolltem Rand und beiderseits behaart. Ein 2—20 cm hoher, schlanker Schaft trägt die vielblütige Dolde mit wohlriechenden, dottergelben Blütenkronen. Sie haben einen glockigen Kronsaum mit verkehrt-herzförmigen Lappen und einen orange gepunkteten Schlundeingang. Der weißliche Kelch ist kürzer wie die Kronröhre und aufgeblasen.
V e r b r e i t u n g : Europa (ohne den hohen Norden), Vorder- und Zentralasien bis östl. Asien.
Die Blätter der rosaroten Mehlprimel sind länglich-verkehrt-eiförmig und unterseits dicht weiß-mehlig bestäubt. In reichblütiger Dolde stehen die rosaroten Blüten mit flachem Kronsaum und goldgelbem Schlundeingang.
V e r b r e i t u n g : Europa (Skandinavien bis Spanien und Karpaten); Ostasien bis Japan, Nordamerika bis Colorado; Feuerland, Falklandinseln.

151 Fels-Aurikel, Platenigl   *Primula auricula L.*

Meist mit Mehlstaub bepuderte, 5—25 cm hohe Pflanze mit fleischiger Blattrosette. Die verkehrt-eiförmigen, ganzrandigen Blätter mit Knorpelrand sind in den Blattstiel verschmälert. Ein kräftiger Schaft trägt die vielblütige Dolde mit aromatisch duftenden Blüten. Ihre trichterförmigen Kronen mit ausgerandeten Lappen sind goldgelb mit weißem Innensaum. Die Kronröhre ist viel länger wie der Kelch.
V e r b r e i t u n g : Alpen (nördl. und südl. Kalkalpen), Nordjura, Schwarzwald; Apennin; Illyrien, Karpaten.
Felsspalten, Felsbänder, steinige Matten. Auf Kalk. 1600—2500 m. April—Mai.
In den **Dolomiten** „subsp. ciliata (Moretti) Lüdi", mit meist gezähnten, stark drüsenhaarigen Laubblättern und sattgelben geruchlosen Blüten.
In höheren Lagen „var. Obristii (Stein)Beck": Kelch und Blütenstiel mehlig, sonst kahl. Pordoijoch.

152 Langblütige Primel   *Primula halleri J. F. Gmel. (= P. longiflora Jacq.)*

Sie ist eine Verwandte der Mehlprimel. Die etwas runzeligen, länglich-verkehrt-eiförmigen Rosettenblätter sind oberseits kahl und nur auf der Unterseite mehlbestäubt. Der Schaft wird 10—25 cm hoch und hat eine mehrblütige Dolde mit dunkelrosaroten bis trübvioletten Blüten. Ihr flach ausgebreiteter Kronsaum mit eingeschnittenen Kronzipfeln hat einen gelben Schlundeingang. Ein besonderes Merkmal ist die Kronröhre, sie ist dreimal so lang wie der Kelch.
Liebt alkalische Böden. Felsspalten, trockene Horst- und Blaugrasmatten. 1800—2500 m. Juni—Juli. Verbreitet z. B. Schlern, Langkofel, Grödner Joch, Villnöß, Punta und Passo le Selle, Pordoi, Palagruppe, Sextner Dolomiten.
V e r b r e i t u n g : Seealpen, Gebirgsketten südlich des Inns bis zu den Sanntaler Alpen; Karpaten; nördl. Balkanhalbinsel, Kaukasus und Armenien.

153 Behaarte Primel   *Primula hirsuta All.*

Alle grünen Teile dieser Pflanze sind mit langen Drüsenhaaren besetzt und klebrig. Die verkehrt-eiförmigen Blätter sind in den Stiel verschmälert, vorn abgerundet und gezähnt. Bis 7 cm hoch wird die Blütenschaft mit ein- bis fünfblütiger Dolde. Die leuchtend rosaroten Blüten mit ausgebreitetem Kronsaum und weißem Schlund haben verkehrt-herzfömige, ausgerandete Lappen. Der glockenförmige bis zur Mitte eingeschnittene Kelch hat abstehende Zipfel.
Auf kalkarmem Gestein. Felsspalten und Felsgesimse, offene Gratfluren. 1200—3600 m. April—Juli. Schlern, Puflatsch, Rosengartengruppe auf Schiefer. Bei Brixen von 600—2740 m. Bei Meran bis 400 m absteigend.
V e r b r e i t u n g : Endemische Art der mittleren Alpenkette: von den Grajischen Alpen bis zu den Hohen Tauern. Zentral- und Ostpyrenäen.

154 Dolomiten-Mannsschild   *Androsace hausmannii Leybold*

Seinen lateinischen Namen trägt es nach dem in Bozen (1810) geborenen Freiherrn v. Hausmann, dem Verfasser einer „Flora Tirols".
Ein Kleinod der Schutt- und Felsregion der Dolomitberge. Rührend anzusehen in seiner Bescheidenheit. Ohne Pomp und großen Farbaufwand, ist es doch so lieblich.
Mehrere Rosettchen bilden ein meist halbkugeliges, kleines Polster. Dicht dachziegelig stehen die Rosettenblättchen übereinander, die obersten sternförmig ausgebreitet. Diese Blättchen sind schmal-lanzettlich, bis 1 cm lang und dreigabelige Härchen besetzt. Kaum die Blätter überragend, stehen viele Blüten (3 bis 5 mm groß), einzeln in den Blattachseln. Weißlich bis zartrötlich sind die ausgebreiteten Kronen mit rundlich-verkehrt-eiförmigen, leicht ausgerandeten Lappen und goldgelbem Schlundeingang. Der bis zur Mitte geteilte Kelch hat dreieckige, spitze Zipfel.
Auf Fels und Schutt der alpinen Stufe. 1900—3170 m. Juli—August. Schlern bis Plattkofel, Langkofel, Pordoi, Boé, Marmolata, Rosengarten, Latemar, Peitlerkofel, Dürrenstein, Sextner Dolomiten (Paternkofel, Drei Zinnen, Kreuzkofel); bei Predazzo bis 1500 m absteigend.
V e r b r e i t u n g : Endemische Art der Dolomiten von der Cima di Brenta bis nach Lienz und Obersteiermark.

155 Schweizer Mannsschild   *Androsace helvetica (L.) All.*

Bildet dichte, silbergraue, halbkugelige Polster mit dicht dachziegelig beblätterten Ästchen. Die sehr kleinen, spateligen Rosettenblättchen sind dicht abstehend behaart. Nur sehr kurzgestielt sind die endständigen Blüten, die kaum ihre Rosettenblättchen überragen. Ihre weißen, ausgebreiteten Kronen mit gelbem Schlundring haben rundlich-verkehrt-eiförmige Lappen. Nicht selten erreichen diese Polster das ansehnliche Alter von 60 Jahren. Nur auf Kalk.
In Felsspalten. 2000—3700 m. Mai—Juli. Schlern, Rosengartengruppe, Rodella, Puezgruppe, Geislergruppe; Valsugana. Monte Bondone, Brentagruppe.
V e r b r e i t u n g : Vom Dauphiné über die Nordwest- und Nordalpen bis in die Steiermark. In den Südalpen hauptsächlich in den Dolomiten.

156 Alpen-Mannsschild, Gletscher-Mannsschild   *Androsace alpina (L.) Lamk.*

Ist ein lockerrasiges Pflänzchen mit genäherten, lanzettlichen, nach oben zu rosettig gehäuften Blättchen. Sie sind mit gabeligen-sternförmigen Haaren besetzt. Die endständigen, einzelnen Blüten sind rosarot bis weiß. Ihr Kronsaum ist ausgebreitet, leicht trichterförmig mit verkehrt-eiförmigen, gestutzten Lappen und gelbem Schlund.
Auf saurem, kalkarmem Grund. Feuchter Feinschutt, Moränen, Felsspalten. 1950—4200 m. Juli—August. Im Gebiet stellenweise auf Porphyr, Gneis und Granit.
V e r b r e i t u n g : In den Zentralalpen vom Dauphiné bis Kärnten und Steiermark.

157 Vielblütiger Mannsschild   *Androsace vandellii (Turra) Chiov. (= A. multiflora Moretti)*

Bildet niedrige, dichte, silbrig-weißfilzige Polster mit säulenförmigen, zum Grunde beblätterten Sprossen. Lineal bis schmal-spatelförmig sind die Blättchen und reichlich mit Sternhaaren besetzt. Die achselständigen, fast sitzenden, weißen Blüten mit rundlich-verkehrt-herzförmigem, ausgebreitetem Kronsaum haben einen rötlichen Schlundring mit gelben Schlundschuppen.
Auf kalkarmen Felsen der alpinen Stufe. 2000—3100 m. Juli. Fleimstal; bei Primiero auf Porphyr; Valsugana, (Tesino, Montalone), Tonale.
V e r b r e i t u n g : Südtiroler Eruptivgestein, nördliche Bergamasker Alpen, Zentralalpen vom Puschlav bis Unterwallis; Westalpen (sehr lückenhaft); Pyrenäen, Sierra Nevada.

156

158 Stumpfblättriger Mannsschild   *Androsace obtusifolia All.*

Stumpf, am Grund verschmälert sind die lanzettlichen Blätter der ausgebreiteten Rosetten. Bis auf die Laubblattoberseite ist die Pflanze mit Stern- oder Gabelhaaren besetzt. Der bis 10 cm hohe Stengel trägt die Dolde mit weißen, kurzgestielten Blüten. Ihr Kronsaum ist ausgebreitet mit verkehrt-eiförmigen, rundlichen, kaum ausgerandeten Lappen und gelbem Schlundring.
Trockene Weiden. Auf sauren bis neutralen Böden. 1800—3400 m. Juni—August. Pustertal, Schlerngebiet, Langkofel, Cislesalm, Puezgruppe, Pordoi, Sella, Fleimstal, Sextner Dolomiten bis zum Kreuzkofel.
V e r b r e i t e t : Alpen, Gesenke, Karpaten; Apennin.

159 Behaarter Mannsschild, Zwerg-Mannsschild   *Androsace chamaejasme Wulf.*

In flach ausgebreiteter Rosette stehen die lanzettlichen Blättchen. Sie haben am Rande wie auch am ganzen Blütenschaft zottig abstehende gegliederte Haare und kurze Drüsenhaare. Der 3—8 cm hohe Blütenschaft endet in einer zwei- bis achtblütigen Dolde. Weiß bis zartrosa sind die Blütenkronen. Ausgebreitet ist ihr Kronsaum mit verkehrt-herzförmigen Lappen und gelbem Schlundeingang.
Trockene, magere Weiden, in Dryas-Spalieren. Auf neutralen bis basischen Böden. 1600—3000 m. Juni bis August. Fehlt in den Dolomiten.
V e r b r e i t u n g : Pyrenäen bis zu den Karpaten; vom Kaukasus bis zum Himalaja und Sibirien. Östliche Arktis. Rocky Mountains.

160 Goldprimel   *Androsace vitaliana (L.) Lapeyr. (= Douglasia vitaliana [L.] Pax)*

Glücklich ist wohl jeder, der diesem Pflänzchen einmal begegnet, es sieht zwar immer etwas verzoppelt aus — aber das ist eben seine Eigenart. Seine Bezeichnung war bis jetzt „Gregoria vitaliana" nach dem französischen Botaniker Jacques Gregoire und dem italienischen Botaniker Anton Vitalianus benannt; beide lebten im 17. Jahrhundert. Neuerdings wurde diese Pflanze der Gattung „Androsace" beigeordnet.
Rasenbildendes Pflänzchen mit niederliegenden, ästigen Zweigen. Schmallineal, bis 5 mm lang sind die rosettig gehäuften Laubblätter. Aus den Achseln dieser Rosettenblättchen treiben die kurzgestielten Blüten mit röhriger Krone und tellerförmig ausgebreitetem Kronsaum mit eiförmig-lanzettlichen Kronzipfeln. Sie sind intensiv goldgelb.
Auf hochgelegenen Weiden, steinigen Abhängen wie auch im Fels. 1700—3100 m. Mai—Juli. Seceda, Schlerngebiet, Fassatal auf Porphyr, Pordoi, Campolongopaß, im Buchenstein und bei Ampezzo (selten!). Valsugana.
V e r b r e i t u n g : Spanische Gebirge, Pyrenäen, Alpen (Seealpen bis ins Tessin und Südtirol), Abruzzen.

161 Alpen-Soldanelle, Alpenglöckchen   *Soldanella alpina L.*

Zur Zeit der Schneeschmelze bohrt sich die Soldanelle durch die letzten Schneereste. Dieses Durchschmelzen beruht auf der Absorption der in den Schnee eindringenden Sonnenwärme, wozu die rötlichen Stengel und Knospen der Soldanelle beitragen. Bei diesem Vorgang muß tagsüber der Schnee aufgefrieren.
Die grundständigen, ledrigen, rundlich-nierenförmigen Blätter sind oberseits meist deutlich hervortretend geadert. 5—15 cm hoch wird der drüsige, leicht rötliche Blütenschaft mit meist zwei bis drei nickenden Blüten. Ihre trichterförmigen, blauvioletten Kronen sind mindestens bis zur Mitte zerschlitzt in viele lineale Zipfelchen.
Feuchte Weiden und Matten. Meist auf Kalk, seltener im Urgestein. 650—2730 m. April—Juli. Häufig.
V e r b r e i t u n g : Pyrenäen, Alpen, Jura, Schwarzwald, bis zum Apennin und Balkanländer.

162 Kleine Soldanelle, Kleines Alpenglöckchen   *Soldanella pusilla Baumg.*

Ihre Blätter sind kleiner, auch ledrig und rundlich-nierenförmig, aber unterseits punktiert. Der 5—9 cm hohe Blütenschaft ist meist einblütig mit nickender, zartrosa röhrig-glockenförmiger Krone, die nur ein Viertel ihrer Länge zerschlitzt ist. Auf der Innenseite ist sie zart gestreift.
Auf humosen, kalkarmen, vom Schneewasser durchfeuchteten Böden. 1500—3100 m. Mai—August. Sexten, Villnöß, Schlern, Fassatal, Pordoi, Monzoni, Marmolata, Pala, Monte Baldo.
V e r b r e i t u n g : Alpen (vom Wallis östlich), Ostkarpaten, Balkanhalbinsel, Apennin.

163 Kleinste Soldanelle   *Soldanella minima Hoppe*

Fast kreisrund und sehr klein (höchstens 1 cm) sind die gestielten Blättchen. Der 4—9 cm hohe Stengel ist drüsig-flaumig und meist einblütig. Rosaweiß bis weiß ist die nickende Blütenkrone, innen ist sie gestreift. Ihre glockig-röhrige Krone wird 10—15 mm lang, am unteren Rand ist sie nur kurz, aber gleichmäßig zerschlitzt.
Auf ruhendem Kalkschutt, humosen, feuchten Stellen, Schneeböden, aber auch im Fels. 1500—2500 m. Sellajoch, Pordoi, Schlern, Sexten, Villnöß, Rosengarten, Latemar, Nuvolau. In Friaul bei Moggio bis 300 m absteigend.
V e r b r e i t u n g : Südliche Kalkalpen, selten in den Nordalpen.

164 Alpenveilchen, Erdscheibe   *Cyclamen purpurascens Mill.*

Es hat mit den Veilchen nichts zu tun, vielleicht ist es der veilchenähnliche Duft, vielleicht auch eine Ähnlichkeit in der Blattform, die der Cyclame den Veilchennamen gaben.
Einer kugeligen bis scheibenförmigen (Erdscheibe!), von Würzelchen umgebenen Knolle entspringen Sprosse mit Blattrosetten. Nierenförmig bis herzförmig sind die dunkelgrünen Blätter, oberseits haben sie eine silberige Zeichnung, unterseits sind sie karminrot. Einzeln stehen die hellrosa bis karminroten Blüten mit fünf länglich-eiförmigen aufwärtsgebogenen Kronlappen.

164a Die kugelige Fruchtkapsel wird vom Stengel spiralig in den Boden gezogen. Ameisen verschleppen mit besonderer Vorliebe die Samen.
Gebüsche, lichte Laubwälder, steinige Kalkböden. Bis 2000 m. Juni—September. Bei Primiero. Nonsberg, Lana. Kreuzkofelgruppe.
V e r b r e i t u n g : Nördlich und südlich der Alpen. Von der Krovence und dem Jura bis Niederösterreich und Untersteiermark; Illyrien, Mittelungarn, Karpaten, Transkaukasien.

165 Heilglöckchen, Alpen-Glöckel　　　　　　　*Cortusa matthioli L.*

Den lateinischen Namen „Cortusa" verlieh dieser Pflanze der kaiserliche Leibarzt Pietro Andrea Mattioli (1500—1577), weil ihm der italienische Botaniker Giovanni Andrea Cortuso (1513—1603) „das Kreutlin mitgetheilt hat", das er nördlich von Vicenza gefunden hatte.

10 bis 50 cm hohe Staude mit langgestielten, fast kreisrunden, viellappigen, behaarten Blättern. Zottig behaart und drüsenhaarig ist auch der Stengel, der in einer fünf- bis zwölfblütigen Dolde endet. Die gestielten, nickenden Blüten haben dunkelrote bis purpurne, trichterförmige Kronen mit fünf eiförmigen, stumpfen Lappen. Die schmal-eiförmige Fruchtkapsel richtet sich aufwärts.

Feuchte Gebüsche, quellige Stellen, schattige Schluchten. 1100—1900 m. Juni—August. Pustertal. Feltre. Primiero.

V e r b r e i t u n g : Von den Alpen bis zum Himalaja, Nordchina und Japan.

Grasnelkengewächse　*Plumbaginaceae*

166 u. 166a Alpen-Grasnelke, Schlernhexe　　　*Armeria alpina (DC.) Willd.*

Sie kommt in den Dolomiten häufig vor und wird wohl wegen ihrer im Bergwind sich wiegenden und leicht klappernden Fruchtköpfchen als „Schlernhexe" bezeichnet.

Ihre Rosettenblätter sind grasartig, bis 8 cm lang, ein- bis dreinervig und am Grunde leicht gewimpert. Bis 30 cm hoch wird der kahle, aufrechte, blattlose Stengel, der in einem kugeligen Blütenköpfchen endet. Unter dem Köpfchen trägt sie ein trockenhäutiges Krägelchen. Die Hüllblättchen sind lebhaft braun und meist rot berandet. Rosarot bis karminrot sind die Blütchen mit fünf Kronblättchen, die am Grunde verwachsen sind.

Auf kalkarmen, sandigen Böden, aber auch auf humusbedecktem Dolomitgeröll. 2000—2700 m. Juli—Oktober. In fast allen Gruppen der Dolomiten wiegen ihre roten Köpfe hin und her.

V e r b r e i t u n g : Alpen (von den Seealpen bis zu den Julischen Alpen, fehlt in den nördlichen Kalkalpen), Pyrenäen und Ostkarpaten.

Enziangewächse　*Gentianaceae*

167 Schwalbenwurz-Enzian　　　　　　　　*Gentiana asclepiadea L.*

Aus einer Grundachse wachsen mehrere einfache, bis 60 cm hohe Stengel. Sie sind dichtbeblättert und reichblütig. Die 5—8 cm langen Blätter sind eilanzettlich, netzaderig, zugespitzt und sitzend. In den oberen Blattachseln stehen meist zwei bis drei Blüten gebüschelt. Keulenförmig-glockig sind die azurblauen Blüten, auf der Innenseite dunkler gepunktet und mit helleren Längsstreifen. Ihre Kronzipfel sind fünflappig und zugespitzt.

Kalkliebend. Auf Sumpfwiesen, in Bergwäldern und Hochstaudenfluren. Vom Vorland bis zur Waldgrenze, in den Alpen bis 2200 m. Juni—September. Verbreitet; z. B. Seiser Alm.

V e r b r e i t u n g : Gebirge von Süd- und Mitteleuropa, im Norden bis Jura, Sudeten und Karpaten.

168 Kreuz-Enzian　　　　　　　　　　　*Gentiana cruciata L.*

Seinen Namen hat er nach den deutlich kreuzweise gegenständigen Blättern.

Aus den Achseln einer Blattrosette treiben mehrere dicke, 10—40 cm hohe, dichtbeblätterte Stengel. Die kreuzweise übereinander stehenden Blätter sind derb, fünfmal so lang wie breit, zugespitzt und am Grund scheidig verwachsen. Die blattachselständigen Blüten sind an der Spitze des Stengels quirlig gehäuft. Ihre blauen, außen grünlichen, keulenförmigen Kronen stehen aufrecht und haben vier Kronzipfel mit Zwischenzähnchen.

Nicht häufig auf trockenen, kurzrasigen Weiden, buschigen, sonnigen Abhängen, in Kastanienwäldern. Bis 1600 m. Juli—Oktober. Hauenstein/Seiser Alm, Fassatal, Kerschbaum/Salurn, Monto Bondone.

V e r b r e i t u n g : Süd- und Mitteleuropa; Kleinasien, Kaukasus, Turkestan, Westsibirien.

169 Schnee-Enzian　　　　　　　　　　　*Gentiana nivalis L.*

Zierliches, 1—15 cm hohes Pflänzchen mit aufrechten vom Grund aus ästig verzweigten Stengelchen. Die rosettig gehäuften Grundblätter sind klein und stumpf, die Stengelblätter eiförmig, spitz und drei- bis fünfnervig. An allen Ästchen sind endständige, strahlend azurblaue Blüten mit fünf zugespitzten, abstehenden Zipfeln. Nur bei Sonne öffnen sich die Blüten.

Weiden und Matten, Schwemmböden und Felsbänder. 1700—3000 m. Juni—August. Häufig in den Dolomiten. Schlern, Antermoja, Larsec, Drei-Zinnen-Gruppe, Seekofel, Geislergruppe, Sella.

V e r b r e i t u n g : Pyrenäen, Jura, Alpen, Karpaten; Apennin, Balkanhalbinsel, Kleinasien, arktisches Europa und Nordamerika.

170 Schlauch-Enzian　　　　　　　　　　*Gentiana utriculosa L.*

Etwas kräftiger als vorhergehende Art, sonst im Habitus ähnlich. Rosettig gehäuft und verkehrt-eiförmig stumpf sind die Grundblätter, die sehr bald verwelken. Der 8—25 cm hohe, aufrechte, etwas kantige Stengel ist meist ästig verzweigt hat kleine, länglich-eiförmige, drei- bis fünfnervige Blättchen. Die mittelgroßen end- oder seitenständigen Blüten sind tiefazurblau und haben einen ausgebreiteten Kronsaum mit fünf spitzen Zipfeln. Der Kelch ist länglich, aufgeblasen und die Kelchröhre an den Kanten auffallend breit geflügelt.

Feuchte Wiesen, Flachmoore, Heidewiesen, Geröllhalden. Kalkliebend. Bis 2440 m. Mai—August. Häufig.
V e r b r e i t u n g : Alpen (von Savoyen bis Niederösterreich), Mittelgebirge; Apennin; Kroatien, Balkan. Siebenbürgen.

171 Zarter Enzian *Gentianella tenella (Rottb.) C. Boern.*
Bei der Untergattung „Gentianella" wird der Nektar nicht vom Fruchtknoten, sondern von der Basis der Kronblätter abgeschieden.
Sehr schlankes, zartes, von Grund aus verzweigtes Pflänzchen mit 4—8 cm hohen, fast fadenförmigen Blütenstielen. Rosettig gehäuft und spatelig sind die grundständigen Blätter, aber sie verwelken rasch. Die Stengelblättchen sind elliptisch, spitz. Endständig sind die röhrig-glockigen, zartvioletten Blütenkronen mit kurzen, bärtigen Schlundschuppen. Ihre vier Kronzipfel sind nur wenig auseinandergebogen.
Auf Magermatten, Schuttböden, Schafläger, in der Krummholzregion. Auf Kalk und Urgestein. 1700 bis 3100 m. Juli—September. Z. B. Schlern, Plattkofel, Latemar, Villnöß, Puezgruppe.
V e r b r e i t u n g : Spanien, Pyrenäen, Alpen (vor allem in den Zentralmassiven); Karpaten, nördl. und arkt. Eurasien, Westsibirien.

172 Fransen-Enzian *Gentianella ciliata (L.) Borkh.*
Der 7—25 cm hohe, manchmal verzweigte, aufsteigende bis aufrechte Stengel hat gegenständige, lineal-lanzettliche Blättchen und eine endständige, große, kornblumenblaue Blüte. Die vierzählige Blütenkrone ist trichterförmig-glockig und tief vierspaltig mit eiförmigen, abstehenden Zipfeln, die am Rand lang gefranst sind.
Trockene Wiesen und Weiden, im Gebüsch und Krummholz, in Auen. Bis 2500 m. August—November. Häufig.
V e r b r e i t u n g : Mittel- und Südeuropa (fehlt stellenweise im Süden). Kaukasus, Orient.

173 Frühlings-Enzian, Schusternagerl *Gentiana verna L.*
Die rosettig gehäuften, grundständigen Blätter sind stets größer als die Stengelblätter, sie sind elliptisch-lanzettlich und spitz, mit sichtbarem Mittelnerv. 3—12 cm hoch wird der aufrechte, kahle Stengel, er hat nur eine endständige Blüte. Der röhrige Kelch ist schmal geflügelt und hat lanzettliche, spitze Zähne. Tiefblau leuchten die stieltellerförmigen Blütenkronen mit fünf eirunden Zipfeln, zwischen diesen sind zweispitzige Anhängsel mit weißer Linie.
Gesellig auf ungedüngten Matten und Weiden, Heiden, auf Felsen und Schutthalden. Bis 2900 m. März—Juli. Häufig.
V e r b r e i t u n g : Von Westeuropa — nördlich bis Irland, England, Polen — bis Vorder-, Mittel- und Nordasien.

174 Bayerischer Enzian *Gentiana bavarica L.*
Bildet oft dichtbeblätterte Rasen mit blütenlosen, kurzen Trieben und 4—20 cm hohen Stengeln. Diese sind aufrecht und haben zwei bis vier Paar kleine, gleichgroße Blättchen — manchmal werden sie nach unten zu kleiner. Die endständige Blüte hat einen röhrigen, meist violett überlaufenen Kelch. Tiefblau und stieltellerförmig ist die Krone mit hellerer Röhre und fünf ausgebreiteten stumpfen Zipfeln.
Feuchte Weiden und Matten, Feinschutthalden, auf feuchten humosen Böden. 1800—2500 m. Juli—September. In den Dolomiten nicht häufig. Fassatal, Villnöß bis Reiterjoch; Brenta.
V e r b r e i t u n g : Alpen, Apennin, Abruzzen.

175 Kurzstengeliger Enzian *Gentiana bavarica L. var. subacaulis Cust.*
Dieser Enzian ist eine Hochalpenform (Nivalform) des Bayerischen Enzians. Der Stengel ist stark verkürzt, und die fast runden Blättchen stehen in vier Reihen dachziegelig übereinander.
Schneetälchen und Grus- und Schlickböden der Hochalpen. 2400—3600 m. Juli—September.

175a Dachziegeliger Enzian *Gentiana terglouiensis Hacq.*
Meist dichtrasige, aber auch einzelstehende Pflanze mit 3—6 cm langen Stengeln. Die Blätter sind klein, meist gleichlang, lanzettlich-elliptisch, spitz, am Ende häutig. Sie stehen immer dachziegelig gedrängt. Die tiefblauen Kronen sind tellerförmig ausgebreitet. Der Kelch ist röhrig, oft etwas kantig, manchmal sogar leicht geflügelt.
Auf Weiden, im Geröll, aber auch im Fels. Juli—August. 1900—2700 m. In den Dolomiten nicht selten.
V e r b r e i t u n g : Südliche und östliche Alpen.

176 Deutscher Enzian *Gentianella germanica C. Boern.*
Aufrechte, ästig verzweigte Pflanze, deren Grundblätter zur Blütezeit abgestorben sind. Ihr 5—35 cm hoher Stengel ist in aufstrebende Ästchen verzweigt, ist kahl und trägt eiförmig-lanzettliche, sitzende Blätter. Meist in Traube stehen die fünfzähligen, violetten, seltener weißen Blüten. Ihre Kronen sind trichterförmig-röhrig und ziemlich groß. Im Schlund sind sie bärtig. Die Kelchzähne sind gleich groß und am Rande von kurzen, spitzen Papillen rauh. Häufig.
Magere Weiden, frische, kalkreiche Böden. Bis 2700 m. Mai—Oktober. Diese Art wird in viele Unterarten gegliedert.
V e r b r e i t u n g : Mitteleuropa, Schweden.

159

177 Feld-Enzian   *Gentianella campestris (L.) D. Boern.*

Aufrechte Pflanze mit 3—30 cm hohem, oft rot überlaufenem Stengel, der von der Basis oder Mitte an verzweigt ist. Ausnahme bilden die Zwergformen mit meist einfachem Stengel. Die grundständigen Blätter und mittleren Stengelblätter sind stumpf-spatelig und die oberen eiförmig bis lanzettlich. Meist violett, seltener weißlich sind die Blüten mit vierteiligen Kronen und bärtigem Schlund. Der fast bis zum Grund geteilte Kelch hat vier ungleiche Kelchzipfel, die beiden äußeren sind viel breiter als die fast verdeckten inneren.
Auf Kalk, seltener auf Urgestein. Trockene Magerwiesen. Häufig. Diese Art wird in viele Unterarten gegliedert. 800—2800 m. Juli—Oktober.
V e r b r e i t u n g : Von den Pyrenäen und Alpen ostwärts bis Kärnten, Steiermark und Mazedonien; nördlicher Apennin; Island bis Westfinnland.

178 Breitblättriger Enzian   *Gentiana kochiana Perr. et Song.*

Dem Boden liegt die Blattrosette mit mattgrünen, weichen Blättern an. Sie sind zwei- bis dreimal so lang wie breit, eiförmig bis elliptisch-oval und stumpf. Nur 5—10 cm hoch wird der einblütige Stengel, der ein bis zwei Paar kleine eiförmige Blättchen hat. Dunkelazurblau, immer grün gefleckt und trichterförmig-glockig sind die großen Kronen, ihre fünf Zipfel sind auswärtsgebreitet. Aus dem Dunkel der Blütenkronen leuchten die goldgelben Staubbeutel und der Griffel mit den gefransten Narbenlappen. Von der Krone abstehend sind die fünf kurzen Kelchzähne.
Auf Weiden und trockenen Matten, Geröll und Schutt, auch im lichten Nadelwald. 1700—3000 m. Juni bis August. Häufig im Gebiet.
V e r b r e i t u n g : Pyrenäen, Alpen (von der Dauphiné bis Kärnten), Jura, Karpaten, Balkan.

179 Großblütiger Enzian   *Gentiana clusii Perr. et Song.*

Auch hier liegt die Blattrosette mit glänzenden, ledrigen, steifen Blättern nahe am Boden. Sie sind lanzettlich zugespitzt und ihre größte Breite liegt unterhalb der Mitte. Der 2—8 cm hohe Stengel hat ein bis zwei Paar kleine eilanzettliche Blättchen und eine 5—6 cm große, tief azurblaue glockig-trichterförmige Krone. Sie ist auf der Außenseite oft leicht grünlich, hat aber innen keine grünen Flecken. Die ziemlich langen Kelchzähne (meist so lang wie der Kelch) sind scharf zugespitzt, papillös rauh und der Krone fast angedrückt.
Magerwiesen, Weiden, auf Felsen, im Geröll. Kalkliebend. 1200—2760 m. April—August. Häufig im Gebiet.
V e r b r e i t u n g : Von Hochsavoyen bis Niederösterreich, vom Comersee bis Kroatien; Jura, Schwarzwald, Nord- und Ostkarpaten.

180 u. 180a Gelber Enzian   *Gentiana lutea L.*

Stattliche, 45—140 cm hohe Pflanze mit rübenartiger, mehrköpfiger Pfahlwurzel, die bis zu 10 kg Gewicht erreichen kann. Aus dieser Wurzel wird der Enzianschnaps hergestellt. Leider ist dadurch diese Pflanze sehr selten geworden — teilweise sogar ausgerottet. Die großen bläulichgrünen, längs bogennervigen Blätter sind elliptisch, kahl und gegenständig. Die Blüten sitzen in den oberen Blattachseln und am Stengelende zu drei bis zehn in Scheinquirlen.
180a Fünf bis neun goldgelbe, schmal-lanzettliche Kronzipfel der Blüte breiten sich radförmig aus; ihre Staubblätter sind fast so lang wie die Krone und nicht verwachsen.
Meist auf Kalk. Weiden, ungedüngte Wiesen, Karfluren, Schutthalden. 1000—2500 m. Juni bis August. Pustertal, sonst nur vereinzelt in den Dolomiten. Giaupaß, Nuvolau-Plateau, Falzaregopaß, Seiser Alm, Schlern, Latemar, Karerpaß, Fassa- und Fleimstal. Nonsberg, Mendel.
V e r b r e i t u n g : Gebirge der Pyrenäenhalbinsel, französ. Gebirge, Jura, Vogesen, Schwarzwald, Alpen ostwärts bis Inn und Eisack, Sardinien, Korsika, Apennin, Karpaten, Balkan und Kleinasien.

181 Punktierter Enzian   *Gentiana punctata L.*

Kahle, kräftige, 20—60 cm hohe, aufrechte Pflanze mit gegenständigen, glänzenden, eiförmig-elliptischen, zugespitzten, fünfnervigen Blättern. In den oberen Blattwinkeln und an der Stengelspitze sitzen meist kopfig gehäuft die Blüten. Ihre aufrecht weisenden Blütenkronen sind glockig, nach oben etwas erweitert, haben fünf bis acht kurze, stumpfe Zipfel, sind blaßgelb und dunkler punktiert. Auch der Kelch ist glockig und ein Drittel so lang wie die Krone.
Lägerwiesen, Weiden, Karfluren, Moränen, steinige Matten. Auf Kalk und Urgestein. 1400—3050 m. Juli bis September. Verbreitet in den Dolomiten, z. B. Sellajoch, Pordoijoch, Grödner Joch, Seiser Alm, Puflatsch, Falzaregopaß, Pustertal, Fassa- und Fleimstal.
V e r b r e i t u n g : Westalpen bis Salzburg, Tennengebirge und Kärnten; Hochgesenke, Karpaten, Balkan.

182 u. 182a Purpur-Enzian   *Gentiana purpurea L.*

Aufrechte, 20—60 cm hohe Pflanze mit hohlem Stengel und gegenständigen, eilanzettlichen, fünfnervigen Blättern. Am Ende trägt er fünf- bis zehnköpfig gehäufte, aufrechtstehende Blüten, auch in den oberen Blattwinkeln sitzen einige Blüten. Ihre glockigen, nach oben erweiterten Kronen haben fünf bis acht stumpfe Zipfel; sie sind außen purpurrot, innen gelblich und purpurn gepunktet. Der Kelch ist einseitig aufgeschlitzt und scheidenähnlich.
Auf Wiesen und Weiden, Karfluren, in Mulden, in Hochstaudenfluren. 1600—2750 m. Juli—September.
V e r b r e i t u n g : Alpen und Voralpen (von Hochsavoyen über die Schweiz nach Oberitalien), Apennin, Apuanische Alpen; Südnorwegen und Kamtschatka.

160

183 u. 183a Ungarischer Enzian *Gentiana pannonica Scop.*

15—60 cm hohe, kräftige Pflanze mit aufrechtem, hohlem Stengel und gegenständigen, eiförmigen bis länglich-lanzettlichen, fünf- bis siebennervigen Blättern. Auch hier sitzen die unteren Blüten in den Blattachseln, die oberen sind am Stengelende kopfig gehäuft. Die ziemlich großen, glockigen Blütenkronen mit fünf bis acht auswärtsgebogenen Zipfeln sind trübpurpurn bis bläulichpurpurn, nach dem Grunde zu gelblich und dunkler gepunktet. Ihr Kelch ist glockig, fünf- bis achtzipfelig und meist dunkel schwarzrot überlaufen. Im Latschenkrummholz, auf Geröllhalden, in Karen, Mulden. 1600—2300 m. Kalkliebend. Juli—September. Fleims- und Fassatal, Schlern. Berge zwischen Garda- und Iseosee.
Verbreitungsgebiet: Alpen (Bergamasker Alpen, Schweiz, Tirol, Bayern, Krain und Niederösterreich); Böhmerwald, Karpaten.

Rauhblattgewächse *Boraginaceae*

184 Alpen-Wachsblume *Cerinthe glabra Mill.*

Eine mehrjährige Halbrosettenstaude mit 30—50 cm hohen, gelblich- bis blaugrünen, oft verzweigten, reichbeblätterten Stengeln. Die Blätter sind länglich, vorn abgerundet und mit herzförmigem Grund halbstengelumfassend; nach oben zu werden sie kleiner und die Blüten sitzen in ihren Winkeln. Meist sind die Blütenkronen abwärts gerichtet. Ihre schlanke, blaßgelbe Krone mit dunklerem Kronsaum und orange Punkten hat fünf zurückgebogene Zipfelchen.
Lägerfluren, Karfluren, Krummholz, Flußauen. Auf nährstoffreichen Kalkböden. Bis 2650 m. Mai—Juli. Fassatal, Durontal, Udaital, Fedaja, Schlern, Rosengarten, Eggental, Latemar, Fleimstal.
Verbreitung: Alpen (vom Durancegebiet bis Tirol), Apennin, Karpaten, Illyrische Gebirge, Südrußland und nördliches Kleinasien.

185 Alpen-Vergißmeinnicht *Myosotis alpestris F. W. Schmidt*

Die beblätterten Sprosse der 5—10 cm hohen Halbrosettenpflanze sind rauhhaarig, wie auch ihre lanzettlich-elliptischen Blätter. In ziemlich dichten, kurzen Wickeln stehen die himmel- bis tiefblauen Blüten. Ihre ausgebreiteten, meist fünflappigen Kronen haben goldgelbe Schlundschuppen. Früchtchen mit glattem Hautrand.
Feuchte Matten, Schuttfluren, Blockhalden. Auf basischen bis sauren, lang vom Schnee bedeckten Böden. 1600—3000 m. Juni—Juli.
Verbreitung: Gebirge von Eurasien und Nordamerika.

186 Himmelsherold *Eritrichum nanum (Amann) Schrad.*

Ein einzigartiger Zauber liegt über dieser Blume. Es ist nicht allein ihre Seltenheit; es ist das tiefe Blau des südlichen Himmels mit dem goldenen Kringelchen, das die Blüte aufleuchten läßt; es ist die Härte seiner Umgebung, das Grau vom Fels neben starrem, zerklüftetem Gletschereis oder an steilaufstrebendem Gipfelgrat; es ist der herbe Duft, der ihm entströmt.
Seidig-silberglänzende Zwerg-Polsterstaude mit dichtbeblätterten Sprossen. Die spateligen, rosettig gehäuften Blättchen sind beiderseits locker abstehend behaart. In drei bis sechs sehr kurzgestielten Wickeln stehen die leuchtend blauen, vergißmeinnichtartigen Blüten mit ausgebreitetem, fünflappigem Kronsaum und goldgelben Schuppen am Schlundeingang. Früchtchen mit geflügeltem fransig-gezähntem Rand.
Auf Gipfeln, Graten und Kämmen, in Felsspalten und Abwitterungshalden. Auf Dolomit und Kalk der Südostalpen. Im Westen ausschließlich auf kristallinem Gestein. 2500—3620 m. Juli—August. Fleimstaler Berge, Palagruppe, Monzonigruppe, Larsec, Seiser Alm, Rosengarten, Fedaja, Marmolata, Buchenstein, Kreuzkofel.
Verbreitung: Alpen (zentr. und südl. Ketten), Karpaten, Kaukasus.

Lippenblütler *Labiatae*

187 Kriechender Günsel *Ajuga reptans L.*

Rosettenstaude mit wurzelschlagenden Ausläufern und 10—20 cm hohen, aufrechten, vierkantigen Stengeln. Die spateligen, vorn abgerundeten Laubblätter sind am Rande wellig bis gekerbt. Oval sind die gekreuzt-gegenständigen Stengelblätter, nach oben zu werden sie kleiner und gehen in Hochblättchen über. Bis weit nach unten stehen die Blüten zu mehreren in den Blattachseln. Sie sind blau bis blauviolett, aber auch rosa und weiß. Ihre Kronen haben eine lange, gerade Kronröhre mit dreilappiger Unterlippe und kürzerer zweispitziger Oberlippe.
Auf Schlagflächen, in Hecken, im Gebüsch, auf Magerwiesen. Bis 2000 m. Mai—August. Häufig.
Verbreitung: Fast ganz Europa (bis Dänemark und Südwestnorwegen); Vorderasien bis Persien und Tunesien.

188 Pyramiden-Günsel *Ajuga pyramidalis L.*

Gedrungene, meist rotviolett überlaufene Pflanze mit vielblättriger Rosette und einem 5—20 cm hohem, steif aufrechtem Stengel. Seine Blätter stehen dicht kreuzweise gegenständig, nach oben zu verkleinern sie sich pyramidenartig. Am größten sind die verkehrt-eiförmigen, ganzrandigen, schwach welligen Rosettenblätter. Die Scheinähre mit hellblauen bis violetten Blüten beginnt oft schon bei den untersten Blättern. Alpenmatten, Weiden, Karfluren. Auf humosen Böden. 1300—2700 m. Juli—August. Ziemlich häufig.
V e r b r e i t u n g : Spanien, Gebirge von Frankreich; Alpen; Mittel- und Norddeutschland; Böhmen und Polen; Kaukasus; Balkanhalbinsel; Großbritannien, Skandinavien, Finnland.

189 u. 189a Alpen-Bergminze *Calamintha alpina (L.) Lamk.*

Halbstrauchige Pflanze mit niederliegenden und aufsteigenden, 10—20 cm hohen Stengeln. Die gekreuztgegenständigen Blättchen sind eiförmig und am Rande gesägt. Lebhaft violette Blüten sitzen in drei bis sechs Scheinquirlen übereinander. Wesentlich länger wie der Kelch ist die ausgebauchte Kronröhre.
Magerwiesen, Felsen, Schutt. Auf kalkreichen und kalkarmen Böden. Bis 2300 m. Juli—September. Häufig in den Dolomiten.
V e r b r e i t u n g : Atlas, Iberische Halbinsel, Pyrenäen, Alpen, Apennin, Illyrien, Südkarpaten, Balkanhalbinsel, Ägäis, Kleinasien.

190 u. 190a Pyrenäen-Drachenmaul *Horminium pyrenaicum L.*

Auffallend an dieser 10—25 cm hohen Pflanze ist die grundständige Blattrosette. Ihre ziemlich großen, gestielten, breit-eiförmigen, durch auf der Unterseite stark vortretende Nerven runzeligen Blätter sind am Rande grob gekerbt und liegen dem Boden an. Nur ein bis zwei Paar kleine Blätter sitzen am kurz flaumig behaarten, oben übergeneigten Stengel. Die Hochblättchen sind krautig, spitz und abwärtsgeschlagen. In zwei- bis sechsblütigen Scheinquirlen stehen einseitswendig die Blüten. Ihre Kronen sind lebhaft violett, die Kronröhre überragt den Kelch, erweitert sich und endet in einer schwach gekerbten Ober- und dreilappigen Unterlippe.
Auf basischen und kalkreichen Böden. Trockene, sonnige Weidewiesen, geröllreiche Halden, lichte Zirbenwälder. 1400—2450 m. Juni—August. Sehr verbreitet: von der Kreuzkofelgruppe über Sexten und Innichen nach Westen und Süden. Um Lüsen und Bozen. Von Villnöß bis Latemar und Welschnofen. Fassatal. Monte Bondone. Brenta.
V e r b r e i t u n g : Pyrenäen, Südalpen von den Seealpen bis in die Karnischen Alpen. Nordalpen: Steinernes Meer, Hochkönig; Kitzbühler Alpen

Rachenblütler *Scrophulariaceae*

191 Alpen-Braunwurz *Scrophularia juratensis Schleicher*

Einer ästigen Wurzel entsprießen mehrere, derbe, aufsteigende, 20—50 cm hohe Stengel. Die unteren Blätter sind länger gestielt als die oberen. Sie sind kahl, fiederschnittig mit fiederspaltigen bis lanzettlichen Abschnitten. In zweigabeligen Trugdolden, zu einer lockeren Rispe vereint, stehen die ca. 5 mm großen Blüten. Ihre Kronen sind purpurbraun mit weißlichen Seitenzipfeln an der Unterlippe und hellerem Grund. Die gerade vorgestreckte Oberlippe überragt ihre Unterlippe.
Im Felsschutt, steinige Stellen, Krummholzregion. Oft bis in die Täler herabgeschwemmt. Bis 1800 m. Juni—August. In den Dolomiten ziemlich häufig.
V e r b r e i t u n g : Schweiz, Österreich, Oberitalien.

192 Gelber Fingerhut, Kleinblütiger Fingerhut *Digitalis lutea L.*

Unverzweigt und aufrecht ist der bis zu 80 cm hohe, kahle Stengel. Während die unteren länglichen Blätter in einen kurzen Stiel sich verschmälern, sind die mittleren und oberen eilanzettlich spitz und mit abgerundetem Grund sitzend. Drüsig gewimpert sind die lanzettlichen Tragblättchen. Die in einseitswendiger Traube stehenden blaßgelben, bis 2 cm langen Blüten sind innen bärtig und nach abwärts gerichtet. Ihre Krone ist röhrig-glockig und hat eine zweispaltige Oberlippe mit spitzen Zähnen und eine dreilappige Unterlippe mit vorgezogenem Mittelzipfel.
Kalkliebend. Lichte, warme, trockene Wälder und Waldränder, buschige Hänge und auf Schutt. Bis zu 1800 m. Juni—August. Blumau-Völs. Umgebung von Bozen, Fleimstal.
V e r b r e i t u n g : Nördl. Spanien, Frankreich, Belgien, Deutschland, Schweiz, Italien, Österreich bis Galizien.

193 Alpen-Leinkraut *Linaria alpina (L.) Mill.*

Der Wurzelstock treibt im Geröll kriechende, beblätterte Ausläufer und 5—10 cm lange kriechende bis aufsteigende Blütenstengel. Zu drei oder vier im Quirl stehen die ganzrandigen, blaugrün bereiften Blättchen am Stengel. Sie sind länglich-lineal und fleischig. Nur wenigblütig ist die endständige Traube. Dafür sind diese Blüten aber von bezaubernder Farbe und Form. Leuchtend violett ist die Krone mit zweispaltiger zurückgeschlagener Oberlippe; orangegelb glüht der Gaumen, violett und schlank ist der Sporn.
Auf basischen bis sauren Böden. Auf bewegten Schutt- und Geröllhalden; in der Täschelkrautflur. 1200 bis 3400 m. Juni—September. Sehr verbreitet in den Dolomiten. Eggen-, Fassa- und Fleimstal; Primiero, Schlern, Seiser Alm.
V e r b r e i t u n g : Gebirge der Pyrenäenhalbinsel, Jura, Alpen, Apennin, Karpaten, Illyrische Gebirge, westliche Balkan.

194 Blaues Mänderle *Paederota bonarota L. (= Veronica bonarota L.)*
In Kalk- und Dolomitfelsspalten hängendes, 8—15 cm langes, beblättertes Pflänzchen. Seine gegenständigen, kurzgestielten Blättchen sind eiförmig-rundlich, zugespitzt, grob gesägt und nur spärlich behaart. Fast eiförmig ist die endständige Blütentraube. Ihre blauen Kronen sind trichterförmig mit langer, schmaler Röhre, vorgestreckten Zipfeln und herausragenden Staubblättern.
Auf Kalk und Dolomit in Spalten und Rissen. Felsblöcke. Bis 2500 m. Juni—August. Verbreitet in den ganzen Dolomiten.
V e r b r e i t u n g : Südliche Kalkalpen vom Gardasee über Dolomiten bis in die Julischen Alpen. In den Nordalpen: Leoganger Steinberge und Kitzbühel.

195 Gelbes Mänderle *Paederota lutea Scop. (= Veronica lutea [Scop.] Wettst.)*
Ein Pflänzchen, das wie das Blaue Mänderle in Kalk- und Dolomitfelsspalten hängt. Der 10—25 cm lange Stengel ist spärlich behaart und hat gegenständige, hellgrüne, am Grund abgerundete, fast sitzende Blätter; die unteren eiförmig, die oberen lanzettlich spitz; alle sind am Rande tief gesägt. In endständiger, eiförmiger Traube stehen die zitronengelben Blüten. Ihre lange, schmale Kronröhre hat auch lang vorgestreckte Zipfel. Die Staubblätter sind kürzer als die Krone.
In Kalk- und Dolomitfelsspalten und an Blöcken. 1000—2500 m. Juni—August. Primiero-Dolomiten; Cima d'Asta.
V e r b r e i t u n g : Von der Valsugana bis Krain. Nördl. Kalkalpen: Hochkönig.

196 Strauchiger Ehrenpreis *Veronica fruticulosa L.*
Halbsträuchlein mit aufsteigenden bis aufrechten, am Grunde holzigen, 10—20 cm hohen Stengeln. Länglich bis elliptisch und wie der Stengel drüsig-flaumig behaart sind die gegenständigen Blättchen. In lockerer, wenigblütiger Traube stehen die kurzgestielten Blüten. Ihre Kronen sind hellrosarot und dunkler geadert; der Kronsaum ist radförmig ausgebreitet.
Im Felsschutt, an steinigen Hängen, an alten Mäuerchen. Bis 2750 m. Juni—Juli. Plose, Gröden, Langental. Häufig im Gebiet.
V e r b r e i t u n g : Pyrenäen, Jura, Alpen, Korsika.

197 Felsen-Ehrenpreis *Veronica fruticans Jacq.*
Reich verzweigtes, am Grunde leicht verholztes Pflänzchen mit aufsteigenden, 5—10 cm hohen Stengeln. Die unteren Blättchen sind klein und kurzgestielt, die oberen länglich-elliptisch, dicklich, glänzend und sitzend. In armblütiger, endständiger, lockerer Traube stehen die Blüten. Ihre Kronen sind so lieblich, daß man sich die Mühe machen soll, sie ganz in der Nähe zu betrachten. Sie sind leuchtend azurblau mit einem purpurroten Schlundeingang. Radförmig ist der Kronsaum ausgebreitet und tief in vier Zipfel geteilt, wovon der nach oben stehende am breitesten ist.
Kalkliebend. Sonnige Felsen, steinige Trockenhänge. 1200—2800 m. Juni—August. In den Dolomiten häufig.
V e r b r e i t u n g : Pyrenäen, Alpen, Vogesen, Schwarzwald, Apennin, Korsika, Karpaten, Illyrien, arktisches Europa, Grönland, Schottland.

198 Buntes Läusekraut *Pedicularis oederi Vahl.*
Welch häßlicher Name! Gehören doch die Läusekräuter zu den schönsten alpinen Wiesenpflanzen mit ihren stattlichen Blütenähren und fein zerschlitzten, farnähnlichen Blättern.
Aufrecht, blattlos oder nur wenigblättrig, ist der 5—15 cm hohe Stengel, nach oben zu ist er zerstreut behaart. Die bläulichgrünen Grundblätter sind fiederschnittig mit eingeschnittenen Abschnitten. Ähnlich, aber viel kleiner sind die lanzettlichen Tragblättchen. In gedrungener, später etwas verlängerter Ähre stehen die Blüten. Ihre bis 2 cm großen, schwefelgelben Kronen sind an der Spitze der Oberlippe purpurn und zahnlos.
Auf Kalk und Dolomit. Fette humusreiche Weiden, Quellfluren, Zwergstrauchheiden. 1600—2400 m. Juni bis August. Z. B. Fedaja; Hühnerspiel.
V e r b r e i t u n g : Arkt. Europa, Skandinavien, Alpen, Karpaten, Ural, Sibirien, arkt. Asien, zentral- und nordasiatische Gebirge.

199 Reichblättriges Läusekraut *Pedicularis foliosa L.*
Stattliche Pflanze mit 20—50 cm hohem, zartflaumigem, nach oben zu dichtbeblättertem Stengel. Auffallend schlaff sind die gefiederten Grundblätter mit doppelt gefiederten Abschnitten. Ähnlich sind auch die unteren Stengelblätter. In gedrungener, stark durchblätterter Ähre stehen die bleich-schwefelgelben Kronen. Ihre Oberlippe ist gerade, zahnlos und filzig-zottig.
Nährstoffreiche, basische Lehm- und Tonböden, Lawinenrunsen, Hochstaudenfluren. 1400—2400 m. Juni bis August. Brennergebiet. In den Dolomiten nicht häufig.
V e r b r e i t u n g : West- und Nordalpen, östliche Zentralalpen, Jura, Vogesen, Pyrenäen, Apennin.

200 Knollen-Läusekraut *Pedicularis tuberosa L.*
Alle Läusekräuter sind Halbschmarotzer, sie sind an ihren Wurzeln mit Saugorganen ausgestattet, die sich an Wurzeln anderer Pflanzen festsaugen.
Verdickt, fast knollig, ist sein Wurzelstock. Die 10—25 cm hohen Stengel sind unten gebogen und dann aufsteigend. Langgestielt sind die gefiederten grundständigen Blätter mit fiederspaltigen Abschnitten; sitzend und kleiner die Stengelblätter. In sehr kurzer, kopfiger Traube, mit Tragblättern durchsetzt, stehen die blaßgelben Blüten. Ihre Oberlippe ist plötzlich in einen abwärts gerichteten, ausgerandeten Schnabel vorgezogen; ihre dreilappige Unterlippe ist nicht gewimpert.
Liebt Urgestein. Auf Weiden, Moorwiesen und Schutt. 1200—2600 m. Juni—August. In den Dolomiten häufig.
V e r b r e i t u n g : Katalonische Gebirge, Pyrenäen, Alpen (fehlt in den nördl. Kalkalpen), Apennin.

201 Gestutztes Läusekraut *Pedicularis recutita L.*

Steif und aufrecht ist der 20—60 cm hohe, hohle Stengel. Alle Blätter sind fiederspaltig mit lanzettlich gesägten Zipfeln; die grundständigen, bis 30 cm lang, sind gestielt; die oberen werden allmählich kleiner und sind sitzend. Endständig und gedrungen, später walzenförmig ist die Blütentraube. Ihre gelbgrünen Blüten sind dunkelpurpurn überlaufen. Sie haben eine gerade, stumpfe, zahnlose Oberlippe.
Feuchte Weiden, Gebüsch, Hochstaudenfluren. 1500—2500 m. Juli—August. Nicht häufig im Gebiet; zum Beispiel Monzonital, Buchenstein, Kreuzkofel, Villnöß, Schlern, Fassa- und Fleimstal.
V e r b r e i t u n g : Von Savoyen bis Niederösterreich, Krain und Siebenbürgen.

202 Quirlblättriges Läusekraut *Pedicularis verticillata L.*

Dieses Läusekraut hat meist mehrere aber unverzweigte, 5—30 cm hohe Stengel. Alle Laubblätter sind gestielt, kammähnlich fiederspaltig mit gezähnten Abschnitten. Die Stengelblätter sind kürzer gestielt und stehen zu drei oder vier im Quirl. Kopfig und gedrungen ist die Blütentraube und durchsetzt von kleinen, purpurn überlaufenen Tragblättchen. Frisch purpurrot sind die Kronen mit langer Röhre und gerader, ungeschnäbelter, abgestutzter Oberlippe.
Steinige Weiden, feuchte Rasenhänge. Auf kalkhaltigen Böden. 1800—2800 m. Juni—August. Häufig in den Dolomiten.
V e r b r e i t u n g : Span. und franz. Gebirge, Alpen, Karpaten, Apennin, nördl. Balkanhalbinsel, Zentralasien, arkt. Eurasien und Nordwestamerika.

203 Rosarotes Läusekraut *Pedicularis rosea Wulf.*

Höchstens 15 cm hoch wird der unten kahle, nach oben zu weißhaarige Stengel; meist ist er blattlos oder hat ein bis drei Blättchen. Die grundständigen Blätter sind fiederteilig mit scharf eingeschnittenen, gezähnten Zipfeln. In fast kopfiger Traube stehen wenige, rosarote Blüten. Die bis 18 mm langen Kronen haben eine gerade, zuletzt gebogene, abgerundete, stumpfe Oberlippe. Dicht wollig-zottig und fünfspaltig ist der glockige Kelch.
Nur auf Kalk. In steinigen Rasen und im Schutt. 1900—2600 m. In den Dolomiten nicht selten; z. B. Schlern, Sellajoch, Pordoi, Prags, Peitlerkofel, Villnöß, Fassa- und Fleimstal.
V e r b r e i t u n g : Dauphiné, Piemont, Dolomiten, Ostalpen, Karpaten, Illyrische Gebirge. Fehlt in der Schweiz und in Deutschland.

204 Fleischrotes Läusekraut *Pedicularis rostrato-spicata Crantz*

Meist aufrecht ist der reichbeblätterte, 15—45 cm hohe, unten kahle, nach oben zu flaumig-wollige Stengel. Langgestielt sind die grundständigen Blätter mit lanzettlich fiederlappigen Abschnitten. Ähnlich sind die Stengelblätter, die nach oben zu immer kleiner werden; die Tragblättchen sind tief dreilappig mit flaumig-wolligen Abschnitten. In verlängerter Traube stehen die fleischfarbenen bis rosaroten Blüten. Ihre Oberlippe läuft in einen ca. 4 mm langen, nach abwärts gerichteten, ausgerandeten Schnabel aus.
Kalkliebend. Trockene Bergwiesen und Weiden, humose Triften. 2000—2600 m. Juli—August.
V e r b r e i t u n g : Pyrenäen, Westalpen, Ostalpen, Ostkarpaten.

205 Geschnäbeltes Läusekraut *Pedicularis rostrato-capitata Crantz*

5—20 cm hoch werden die aufsteigenden, ein- bis zweizeilig behaarten, wenig beblätterten Stengel. Die grundständigen Blätter sind gestielt und doppelt fiederteilig mit kleingesägten Abschnitten. Sehr ähnlich, nur kleiner sind die Stengelblätter und Tragblättchen. In kurzer Traube stehen drei bis zwölf Blüten. Ihre Kronen sind hellpurpurn. Die Oberlippe ist in einen abwärts gerichteten, ausgerandeten Schnabel vorgezogen und die Unterlippe ist ringsum dicht gewimpert. Röhrig-glockig ist der Kelch mit gekerbten Zipfeln.
Auf Kalk- und Dolomitböden, Felsbänder, steinige Hänge, Geröllhalden. Verbreitet in den Dolomiten.
V e r b r e i t u n g : Östliche Alpen, Illyrische Gebirge, Karpaten.

206 Bündner Läusekraut *Pedicularis kerneri DT*

Meist niederliegende Pflanze mit wenig beblätterten, purpurrot überlaufenen, 5—10 cm langen Stengeln. Die kurzgestielten Blätter sind lineal-lanzettlich und einfach gefiedert. Nur wenige, bis 20 mm lange Blüten stehen in lockerer Traube. Die purpurroten Blütenkronen haben eine dunklere Oberlippe, die in einen abwärts gerichteten, abgeschnittenen und ausgerandeten Schnabel ausläuft. Die Unterlippe ist am Rande kahl. Der röhrig-glockige Kelch ist fünfspaltig und flaumig behaart.
Auf Urgestein. Grasige Schuttfluren, Moränengrus, Trockenrasen. 1200—3260 m. Juli—August.
V e r b r e i t u n g : Pyrenäen, West- und Zentralalpen (östlich bis Kärnten).

207 Schuppenwurz *Lathraea squamaria L.*

Eine vollständig chlorophyllfreie Pflanze, die als „Ganz-Schmarotzer" zu bezeichnen ist. Sie entnimmt ihrer Wirtpflanze nicht nur Wasser und Nährsalze, sondern auch organische Stoffe.
Diese eigenartige, blattgrünlose Pflanze hat einen 10—20 cm hohen, dicken, saftigen, kahlen und rosaroten Stengel, der mit abwechselnden, flachen, bleichen Schuppen besetzt ist. In dichter einseitswendiger, oben etwas geneigter Traube stehen die rosenroten, bis 17 mm langen Kronen mit ungeteilter Oberlippe und dreilappiger Unterlippe.
Auf Laubhölzern schmarotzend. Feuchte Wälder und Auen. Von der Ebene bis 1600 m. April—Oktober.
V e r b r e i t u n g : Europa (nördl. bis Bergen); gemäßigtes Asien bis Himalaja.

208 Alpenhelm, Trauerblume *Bartsia alpina L.*

Carl von Linné hat 1737 diese düstere Pflanze nach seinem Freund Joh. Bartsch benannt, der im Alter von 28 Jahren als Kolonialarzt in Südamerika starb.

Trübviolett, düster ist die ganze Pflanze, sie ist ein Halbschmarotzer und greift gern mit ihren Saugwurzeln nach den Wurzeln von benachbarten Gräsern. Der 5—15 cm hohe, drüsig-haarige Stengel hat, mit herzförmigem Grund sitzende, eiförmige, gekerbte Blättchen. In den Achseln laubartiger Tragblätter sitzen in kurzer Ähre die dunkelvioletten Blüten mit helmförmiger Oberlippe und dreilappiger, flacher Unterlippe.

Auf Quellgründen und Flachmooren, Rasen und Weiden der montanen und alpinen Stufe. 930—2950 m. Mai—August. Häufig in den Dolomiten.

V e r b r e i t u n g : Pyrenäen, Jura, Alpen, Vogesen, Schwarzwald, Sudeten, Karpaten; Altai; arkt. Eurasien und Nordamerika.

209 Alpenrachen, Tozzie *Tozzia alpina L.*

Nach dem Botaniker Lucas Tozzi, Professor in Rom, benannt. Er gab 1703 ein Verzeichnis der Pflanzen der Toskana heraus.

Sie schmarotzt meist auf Wurzeln großblättriger Stauden. Der 10—40 cm hohe Stengel ist saftig und reichverzweigt. Kreuzweise gegenständig stehen die hellgrünen Blätter mit herzförmigem Grund. In end- und seitenständigen Trauben sitzen die Blüten blattachselständig. Die goldgelben Kronen sind undeutlich zweilippig gespalten. Die schwach dreispaltige Unterlippe ist dunkler gefleckt.

Auf Hochstaudenfluren, Blockhalden, schattige Stellen. 900—2400 m. Juli—August. Schlern, Durontal, Alpe Lagorai.

V e r b r e i t u n g : In den Gebirgen Südeuropas von den Pyrenäen bis nach Bulgarien.

210 Zwerg-Augentrost *Euphrasia minima Jacq.*

Dieses zierliche, oft nur 1—5 cm hohe Pflänzchen ist nur wenig verzweigt. Der Stengel ist von krausen Härchen flaumig, seine sitzenden Blättchen sind eiförmig bis verkehrt-eiförmig und haben auf jeder Seite zwei bis vier spitze Zähnchen. Die bis 6 mm großen Kronen sind gelb, können aber auch weißlich, bläulich oder blau-gelb sein.

Auf trockenen humosen Rasen, auf sauren, torfigen Sandböden. 1200—3300 m. Juli—September. Schlern, Marmolata, Pragser Wildsee, Alba/Fassatal.

V e r b r e i t u n g : Pyrenäen, Alpen, Vogesen, Thüringen, Sudeten, Karpaten; Apennin, Balkanhalbinsel, Kleinasien, Nordeuropa.

Geißblattgewächse *Caprifoliaceae*

211 Erdglöckchen, Nordisches Moosglöckchen *Linnaea borealis L.*

Eines der Lieblingspflänzchen von Carl von Linné (1707—1778), das nach ihm benannt wurde. Als erster brachte Linné Ordnung in die Tier- und Pflanzenwelt; seine binäre Nomenklatur hat heute noch Gültigkeit. Das Erdglöckchen ist ein zierliches Halbsträuchlein mit Kriechsprossen. Kurzgestielt und gegenständig sind die Blättchen, fast kreisrund und leicht gesägt. Die zarten, aufrechten Blütensprosse haben zwei gestielte, nickende glockenförmige Blütchen. Ihre Kronen sind hellrosa, leicht schief fünflappig mit ungleich abgerundeten Zipfeln.

Umwebt mit besonderer Liebe Bergsturzblöcke. In Fichten-, Lärchen- und Zirbenwäldern. 1400—2000 m. Juli—August. Villanderer Alm, Ahrntal, Tauferer Tal/Rain, Brenta.

V e r b r e i t u n g : Von der Arktis bis zu den Gebirgen Europas und Asiens; Amerika (Rocky Mountains).

Wasserschlauchgewächse *Lentibulariaceae*

212 Dünnsporniges Fettkraut *Pinguicula leptoceras Rchb.*

Alle Fettkräuter gehören zu den „fleischfressenden" Pflanzen. Die ungeteilten Blätter stehen in grundständiger, dem Boden anliegender Rosette. Die Blattoberseite ist mit klebrigen Fanghaaren und Verdauungsdrüsen besetzt, die ein labähnliches Ferment ausscheiden, welches das Eiweiß der Insekten löst. Das anfliegende Tierchen wird vom klebrigen Sekret festgehalten, durch den Reiz, den das zappelnde Insekt auslöst, rollt sich das Blatt zusammen — übrig bleiben nur Chitinreste.

Der bis 15 cm hohe drüsige Stengel trägt eine große, blauviolette Blüte mit 2—3 cm langem Sporn. Die dreilappige Unterlippe hat ein bis zwei weiße Schlundflecken.

Flach- und Zwischenmoore. 1000—2200 m. Mai—Juli. Nicht selten.

V e r b r e i t u n g : Pyrenäen, West- und Südalpen, Tirol, Illyrische Gebirge, Montenegro.

213 Alpen-Fettkraut *Pinguicula alpina L.*

Die drüsig-klebrigen, länglich-verkehrt-eiförmigen, hellgrünen bis bräunlichen Rosettenblätter liegen dem Boden an. Am Rande sind sie nach oben leicht eingerollt. 5—15 cm hoch wird der einblütige, drüsig behaarte Stengel. Weiß bis cremefarben ist die Blüte. Ihre Krone hat auf der dreilappigen Unterlippe zwei gelbe, behaarte Flecken. Die Oberlippe ist kürzer und zweispaltig. Fast kegelig ist der nach vorn gebogene Sporn.

Kalkliebend. Berieselte Felsspalten, quellige Stellen, aber auch auf Trockenrasen. Bis 2600 m. In den Dolomiten häufig.

V e r b r e i t u n g : Pyrenäen, Jura, Alpen, Island, Schottland, Skandinavien, Gotland, Liv- und Kurland. Baikalgebiet.

Baldriangewächse *Valerianaceae*

214 Zwerg-Baldrian *Valeriana supina Ard.*

Dieses unscheinbare Pflänzchen macht von weitem durch seinen Duft auf sich aufmerksam. Es hat viele im Schutt kriechende und schopfig beblätterte Triebe. Die dicklichen, am Rande gewimperten Laubblättchen sind spatelig bis kreisrund; nur das oberste Blattpaar ist lanzettlich und sitzend. Ein kurzer Stengel trägt den von Hochblättchen gestützten, dichten, kopfigen Blütenstand mit blaßrotvioletten, trichterförmigen und fünflappigen Kronen. Der Fruchtstand ist eine gefiederte Haarkrone mit kahlen Früchtchen.

Auf Schutt- und Geröllhalden, Schneeböden und Felsabsätzen. Ausschließlich auf Kalk- und Dolomitböden. 1800—3030 m. Juli—August; z. B. Cislesalm, Schlern, Boéhochfläche, Puezgruppe, Sextner Dolomiten. Häufig im Gebiet.

V e r b r e i t u n g : Vom Puschlav bis Krain, in den mittleren Nord- und Südalpen; Lombardei, Venetien.

215 Berg-Baldrian *Valeriana montana L.*

Die basal flaumig behaarte, oberseits kahle Pflanze hat blühende und nichtblühende Sprosse. 10—60 cm hoch wird der aufrechte Stengel mit drei bis sechs Blattpaaren. Diese Blätter sind eiförmig bis lanzettlich, ungeteilt, meist gesägt und fast sitzend; die der nichtblühenden Sprosse sind langgestielt und eiförmig spitz. In dichtgedrängter, schirmförmiger Trugdolde sitzen die 4—5 mm großen, zartrosavioletten Blütchen.

Auf basischen, kalkreichen Böden. In Karfluren, Geröllhalden, an Straßenrändern der Paßstraßen. 650 bis 2780 m. April—Juli. Sehr häufig im Gebiet. Z. B. Sellajoch, Grödner Joch, Pordoijoch, Falzaregopaß, Rollepaß, Auronzohütte.

V e r b r e i t u n g : Von den nordspanischen Gebirgen und den Pyrenäen bis zu den Karpaten; Korsika, Apennin, Gebirge der nördl. Balkanhalbinsel.

216 Felsen-Baldrian *Valeriana saxatilis L.*

Die gestielten, grundständigen, dunkelgrünen Laubblätter sind drei- bis fünfnervig, länglich-eiförmig, breit zugespitzt und bewimpert. 5—30 cm hoch wird der dünne, kahle Stengel; meist hat er nur ein kleines, lineales Blattpaar. In wenigblütiger Trugdolde stehen die langgestielten, weißen Blüten mit ihren fünfzipfeligen Kronen.

In den kalkreichen Zügen der Alpen eine häufige Pflanze der Felsspalten und des Felsschuttes. Bis 2500 m. Juni—August. Bei Salurn bis 300 m absteigend. Häufig.

V e r b r e i t u n g : Alpen (vom Tessin an ostwärts in kalkreichen Gebieten); Illyrische Gebirge; Ostkarpaten.

217 Verlängerter Baldrian, Ostalpen-Baldrian *Valeriana elongata Jacq.*

Ist eine unscheinbare Felsspaltenpflanze mit langgestielten, ganzrandigen, eiförmigen, kahlen und glänzenden grundständigen Blättern. Der 5—25 cm hohe Stengel ist gefurcht, kahl und hat ein bis zwei Blattpaare. Diese sind eiförmig bis dreieckig, grobgezähnt und mit breit-herzförmigem Grund sitzend. Die kleinen, trichterförmigen, bräunlichgrünen bis violetten Blütchen stehen in wenigblütiger traubenähnlicher Trugdolde.

Felsspalten und Felsschutt. Nur auf Kalk. 1700—2200 m. Juli—August. Z. B. Steinerne Stadt/Sellajoch, Cislesalm/Wassertal, Rosengarten, Schlerngebiet, Peitlerkofel, Sexten.

V e r b r e i t u n g : Endemisch in den Ostalpen (von den Dolomiten durch Tirol, Kärnten, Krain und Südsteiermark bis in die Sanntaler Alpen).

Kugelblumengewächse *Globulariaceae*

218 Herzblättrige Kugelblume *Globularia cordifolia L.*

Ästig verzweigter, rasenbildender Halbstrauch mit verholzten, kriechenden Sprossen. Langgestielt, spatelig und lederig sind die Rosettenblätter, am Grund in einen Stiel zugeschweift. Aufrecht und bis 8 cm hoch wird der Stengel mit dem endständigen, kugeligen, hellvioletten und dichtblütigen Köpfchen, das umgeben von mehreren kurzen Hochblättchen ist. Die kleinen Blütenkronen haben eine zweispaltige Oberlippe mit fädeligen Abschnitten und eine dreispaltige Unterlippe mit linealen Zipfeln.

Auf Dolomit, Kalk, Mergel, Nagelfluh und Tuff. Sonnige Felsstufen, trockene Schutthalden und Matten. Bis 2800 m. Mai—August. Sehr häufig.

V e r b r e i t u n g : Pyrenäen, Jura, Alpen, Apennin, Balkanhalbinsel, Karpaten.

Glockenblumengewächse *Campanulaceae*

219 Acker-Glockenblume, Rotzglocke *Campanula rapunculoides L.*
Eine besonders stattliche Pflanze mit bis 1 m hohem, aufrechtem Stengel, er ist stumpfkantig und meist kurz behaart. Sehr bald verwelken die herzförmigen, spitzen und gekerbten grundständigen Blätter; die stengelständigen sind nur ganz kurzgestielt, eilanzettlich, spitz und gesägt. In den Achseln der oberen Blätter, die allmählich an Größe abnehmen, sitzen die bis 3 cm großen Blütenglocken in einfacher, einseits-wendiger, verlängerter Traube. Ihre Kronen sind leuchtend blauviolett, trichterförmig-glockig und fast bis zur Mitte fünfspaltig.
Sie ist nicht wählerisch, wächst auf kalkhaltigen Lehmböden, auf Schuttplätzen, an Straßen, im Gebüsch. Bis 2020 m. Juni—September. Häufig in den Tälern der Dolomiten.
V e r b r e i t u n g : Ganz Europa (fehlt in den arktischen Gebieten und im südlichsten Süden); Kaukasien; Kleinasien.

220 Knäuel-Glockenblume *Campanula glomerata L.*
Aufrechte, 15—60 cm hohe, meist wenig behaarte Pflanze mit gestielten grundständigen, am Grunde herzförmigen Laubblättern. Die Stengelblätter sind länglich oder lanzettlich, gekerbt und meist mit ver-schmälertem Grund sitzend. Von Hochblättern gestützt stehen die Blüten knäuelartig gehäuft in endstän-digen Köpfchen. Manchmal sind auch noch Blüten in den Blattachseln der oberen Blätter. Leuchtend blauviolett sind die trichterförmig-glockigen Kronen. Sie weisen aufwärts und werden bis 3 cm groß.
Häufig in Wiesen, Weiden, an Rainen, im Gebüsch, an Weg- und Waldrändern. Bis 1700 m (im Vinsch-gau sogar bis 2000 m). Juni—Juli. Häufig in den Dolomiten.
V e r b r e i t u n g : Europa bis nach Südskandinavien, durch die Kaukasusländer bis nach Persien.

221 Straußblütige Glockenblume *Campanula thyrsoidea L.*
Protzig wirkt diese üppige, kräftige bis 50 cm hohe Pflanze. Sie hat noch manch Besonderes an sich, nicht nur, weil sie eine gelbe Glockenblume ist; sie braucht auch zwei Jahre zu ihrer vollen Entwick-lung. Im ersten Jahr bildet sich eine dem Boden anliegende Rosette aus etwas welligen, steifhaarigen, länglich-linealen Blättern. Im zweiten Jahr schießt der beblätterte Stengel empor, der einen Kolben von dichtgedrängten, blaßgelben, etwas wolligen, aufrechtstehenden Blüten trägt.
Auf Wildheumähder und ungedüngten Wiesen, die nur alle zwei Jahre gemäht werden. 1400—2700 m. Juni—August. Lessinische Berge und Brescianer Alpen.
V e r b r e i t u n g : Jura, Alpen, Karst, Kroatien, Krain, Rila-Planina.

222 u. 222a Ährige Glockenblume *Campanula spicata L.*
Auch sie ist eine zweijährige Pflanze mit 15—100 cm hohen, steif-behaarten, beblätterten Stengeln. Zu einer Rosette vereinigt sind die länglich bis lanzettlichen, am Rande wellig-krausen, am Grunde verschmälerten Grundblätter; die Stengelblätter sind eilanzettlich und sitzend mit verbreitertem Grund. In verlängerter Ähre stehen die Blüten einzeln oder zu mehreren in den Blattachseln. Fünfzipfelig ist der Kelch und rauh-haarig. Die aufrecht stehenden Blüten sind blauviolett, trichterförmig-glockig und auf der Außenseite kraus behaart.
An sonnigen Abhängen, auf steinigen Böden und an Felsen, im Geröll der südlichen Alpentäler. Vom Tal bis über 2000 m. Juni—Juli. Langental, Straße Wolkenstein—St. Christina, Seiser-Alm-Straße, Fassa-tal. Eisackgebiet bis in die alpine Region.
V e r b r e i t u n g : Hauptsächlich in den Südalpen (von der Provence bis Illyrien).

223 u. 223a u. b Dolomiten-Glockenblume *Campanula morettiana Rchb.*
Im Jahre 1818 wurde sie im Fassatal entdeckt und später nach Giuseppe Moretti (1782—1855) benannt, Professor der Botanik an der Universität Pavia.
Fast stengellos sitzen die Blütenbouquets dieser wunderbaren Glockenblume im steilsten, oft überhängen-den Fels. Sie zu schauen ist ein unvergeßliches Erlebnis.
Abstehend behaart ist das kurze Stengelchen. Die rundlichen Blättchen sind derb, in den Stiel zugeschweift, eckig gezähnt und steif behaart. Blau- bis rotviolett, selten weiß, leuchten die Blütenglocken aus grauem oder goldenem Dolomitfels. Sie werden bis 3,5 cm groß, sind trichterförmig-glockig und bis ein Drittel in dreieckige Zipfelchen gespalten.
Spalten kahler Felswände. 1500—2300 m. August—September. Schlern, Rosengarten/Tschamintal, Larsec, Sella, Tofana, Croda da Lago, Nuvolau, Rocchetta, Cismonetal, Monte Castelazzo, Val-di-Roda-Kamm, Primiero-Dolomiten, Fleimstal, Civetta: Coldai-Vazzolerhütte.
V e r b r e i t u n g : Dolomiten von Südtirol und dem angrenzenden Venetien.

224 Insubrische Glockenblume *Campanula raineri Perpenti*
Ist das Kleinod der insubrischen Berge; auch sie liebt Kalk- und Dolomitfels. Benannt wurde sie nach dem Vizekönig der Lombardei, Erzherzog Rainer, der sie als erster entdeckte. Ihre Blättchen sind elliptisch, stumpf gekerbt und am Rande behaart. Endständig und fast sitzend ist die hellblaulila, aufrechte Blüten-krone. Sie ist weitbauchig-trichterförmig, fast breiter wie lang, bis zu einem Drittel in breit-dreieckige, zugespitzte Lappen gespalten.
An Felsen und im Felsschutt der südlichen Kalkalpen. 1300—2200 m. August—September. Val Daone/ Cima del Frate, Monte Bondol; Monte Summano bei Vicenza, Presolana, Monte Arera, Val Brembana usw.
V e r b r e i t u n g : Alpen zwischen dem Luganer- und Gardasee.

225 Kleine Glockenblume *Campanula cochleariifolia Lamk.*

Bildet mit kriechenden, rosettentragenden Ausläufern meist dichte Rasen. Rundlich-eiförmig und grob gesägt sind die langgestielten Rosettenblättchen; die Stengelblättchen dagegen lanzettlich und zugespitzt, kurzgestielt, die obersten sitzend. Der 3—15 cm hohe Stengel hat zwei bis sechs Blüten in lockerer Traube. Langgestielt sind die nickenden Blüten mit bauchig-glockigen hellblaulila Kronen, die in fünf breite, zugespitzte Zipfel geteilt sind.
Mauerspalten, Felsen, Schuttfluren, steinige Matten, an Straßenrändern. Bis 3000 m. Juli—September. Sehr häufig — an den Paßstraßen der Dolomiten oft zu Tausenden.
V e r b r e i t u n g : Pyrenäen, Zentralfranzösische Gebirge, Jura, Vogesen, Schwarzwald, Alpen, Karpaten, Karst.

226 Bart-Glockenblume *Campanula barbata L.*

Die grundständigen Rosettenblätter, auf beiden Seiten behaart, sind länglich-lanzettlich. Aufrecht, oben etwas nickend ist der 10—40 cm hohe, steif behaarte Stengel mit nur wenigen, länglich-spitzen, sitzenden Blättern. In einseitswendiger, lockerer Traube stehen die hellblauen, hellvioletten, oft auch weißen Blüten. Ihre glockigen Kronen haben breit zugespitzte Zipfel, die am inneren Rand langhaarig-bärtig sind. Man begegnet ihr häufig in Wiesen mit Arnika und Alpenklee zusammen; aber auch in lichten Wäldern und Zwergstrauchheiden. Auf sauer-humosen, kalkarmen Böden. 1500—2800 m. Juni—August.
V e r b r e i t u n g : Alpen (von der Provence bis Krain und ins Küstenland, Italien).

227 Dolomiten-Teufelskralle, Dolomiten-Rapunzel *Phyteuma sieberi Spreng.*

Benannt nach F. W. Sieber (1785—1844 in Prag), bekannt durch die Erforschung der Flora der Alpen und des Orients (Verfasser von „Reise nach Kreta").
Der meist in Felsspalten hängende Stengel ist gekrümmt und bis zur Blüte beblättert. Diese Blätter sind kurzgestielt, breit-lanzettlich und entfernt schief gezähnt, nur die oberen sind mit abgerundetem Grund halbstengelumfassend. Das kugelige, blauviolette, 5—15blütige Köpfchen ist von dreieckig-eiförmigen, bewimperten Hüllblättern umgeben. Im Knospenzustand sind die Blütchen stark gekrümmt.
In Felsspalten der Kalk- und Dolomitfelsen, auf steinigen Triften. 1600—2600 m. Juli—September. Ziemlich häufig in den Dolomiten. Z. B. Felsblöcke am Sellajoch, Grödner Joch, Pordoijoch, Durontal, Villnöß; Brenta, Monte Baldo und Lessinische Berge.
V e r b r e i t u n g : Endemische Charakterpflanze der südlichen Kalkalpen von den Bergamasker bis zu den Julischen Alpen.

228 Kugelige Teufelskralle, Kugelige Rapunzel *Phyteuma orbiculare L.*

Ist eine formenreiche, 10—50 cm hohe Pflanze mit länglichen, am Rande gekerbten, grundständigen Blättern. Die Stengelblätter sind lanzettlich spitz, gesägt, die oberen sitzend. 15—30blütig ist das kugelige, tiefblauviolette Köpfchen, das umrahmt ist von spitzen Hüllblättern mit breitem Grund. Die zuerst gekrümmten Blüten sind röhrig und fünfspaltig.
Häufig in Wiesen, Torfmooren, auf steinigen Matten und Felsen. 200—2580 m. Sterzing, bei Bozen, Cavalese/Fleimstal, Salurn. Sehr häufig.
V e r b r e i t u n g : Westfrankreich, Belgien, Schweiz, Mittel- und Süddeutschland, Alpen mit den südlichen Tälern, Apennin, Illyrische Gebirge, Karpaten, Rumänien, westliches Polen.

229 Hallers Teufelskralle *Phyteuma ovatum Honck*

Durch ihre beachtliche Höhe, bis zu einem Meter, und mit ihren großen, eigenartig schwarzvioletten Blütenkolben, fällt sie im Grün einer Bergwiese sofort auf. Die grundständigen, gestielten Blätter sind herzförmig-spitz, die Stengelblätter eilanzettlich-spitz mit rundem Grunde sitzend. Groß ei- bis zylinderförmig ist die dichte Blütenähre, sie wird bis 6 cm lang. In der Knospe sind die schwarzvioletten Blütchen stark gekrümmt.
Feuchte Wiesen, im Gebüsch, auf Karfluren und Schutthalden, in lichten Wäldern. 1200—2400 m. Juli bis August. Zerstreut im Gebiet. Z. B. Grödner Joch, Cristallo-Tal, um Bozen.
V e r b r e i t u n g : Pyrenäen, Alpen (an der Südseite oft bis 600 m absteigend), Apennin, Illyrische Gebirge.

230 u. 230a Schopfige Teufelskralle *Physoplexis comosa (L.) Schur. (= Phyteuma comosum L.)*
Großköpfige Rapunzel

Als alte Reliktpflanze hat sie in den Südalpen wohl alle Eiszeiten überdauert.
In Gröden wird sie „ciofes del malan", Kralle des Bösen genannt. Der Italiener sagt „fiore del diavolo", Teufelsblume zu ihr. All diese Namen beziehen sich auf die krallenähnliche Blütenform.
Die gestielten, grundständigen Blätter sind nierenförmig und grob gesägt. Bei den Stengelblättern sind die unteren verkehrt-eirundlich bis elliptisch, die oberen länglich, und alle sind gezähnt. Endständig stehen acht bis zwanzig Blütchen in einer halbkugeligen Scheindolde, die umgeben ist von wenigen Hüllblättern. Bis 3 cm lang wird ein einzelnes Blütchen, mit hellrosa bis hellviolettem, aufgeblasenem Grund, der sich nach oben zu in einem dunkelvioletten, röhrenartigen Schnabel verengt, aus dem der Griffel mit zwei gebogenen Narben weit herausragt.
In Felsritzen von senkrechten Kalk- und Dolomitfelsen. Bis 2700 m. Juli—August. Pragser Dolomiten, Höhlensteintal/Dürrensee, Drei Zinnen, Monte Popena, Nuvolau, Passo di Giau, Falzarego, Croda da Lago, Civetta: Coldai-Vazzolerhütte, Palagruppe, Gröden, Schlern, Rosengarten, Larsec, Puezgruppe, aber auch Brenta, Monte Baldo usw.
V e r b r e i t u n g : Südliche Kalkalpen, Kärnten und Oberitalien bis zur Grigna am Comersee.

Kardengewächse   *Dipsacaceae*

231 Glänzende Skabiose   *Scabiosa lucida Vill.*

Aufrecht bis aufsteigend und 10—60 cm hoch ist der einfache oder oben in einige Äste geteilte Stengel mit drei bis sieben Blattpaaren. Die grundständigen Laubblätter sind glänzend, kahl und eiförmig; dagegen sind die Stengelblätter leierförmig eingeschnitten mit vorgezogenem, gesägtem Endabschnitt und scharf gesägten Seitenlappen. Von lanzettlichen Hüllblättchen gestützt sind die zartrosavioletten Blütenköpfe. Ihre Kronen sind fünfzipfelig; die Randblüten sind vergrößert und strahlig.
Allgemein geschätzte Futterpflanze. Auf kalkreichen bis neutralen Lehmböden, Almwiesen, aber auch auf Geröllhalden und Felsbändern. 1000—2800 m. Juli—September. Häufig im Gebiet.
V e r b r e i t u n g : Pyrenäen, Jura, Vogesen, Alpen, Illyrische Gebirge, Karpaten.

232 Langblättrige Witwenblume   *Knautia longifolia (W. et K.) Koch*

Der bis 80 cm hohe Stengel ist unten kahl und glänzend, oben etwas flaumig. Die ganzrandigen, lanzettlichen Stengelblätter, am Rande etwas umgerollt, sind oben glänzend und unterseits kahl, die oberen sind mit breitem Grund sitzend, die unteren in den Stiel verschmälert. Die bis 6 cm großen Blütenköpfe sind von eilanzettlichen, dicht zottig-gewimperten Hüllblättchen umgeben. Rosaviolett sind die vierzipfeligen Kronen. Die randständigen Blüten sind strahlend.
Auf Bergwiesen und Matten, an Waldrändern. 1400—2100 m. Juli—August. Verbreitet; z. B. Prags, Ampezzo, Kreuzkofelgebiet; Fassa- und Fleimstal, Primiero. Grödner Joch, Seiser Alm, Mendel (Lessinische Berge, Monte Baldo, Val Vestino).
V e r b r e i t u n g : Zerstreut durch die Zentralalpen. Vom Ortler über die Dolomiten bis zu den Hohen Tauern; Karnische Alpen; Ostkarpaten.

Korbblütler   *Asteraceae, Asteroideae*

233 u. 233a Grauer Alpendost   *Adenostyles alliariae (Gouan) Kern.*

Mit unglaublicher Kraft bahnt sich der rosarote Trieb dieser stattlichen Pflanze seinen Weg durch Schnee und Eis zum Licht. Aufrecht und kräftig, meist flockig behaart ist der 60 bis über 150 cm hohe, gefurchte Stengel. Meist hat er nur drei stengelumfassende, sitzende oder kurzgestielte Blätter mit zwei Öhrchen am Grunde. Herz- bis nierenförmig, oft 50 cm breit, sind die grundständigen, gestielten Blätter; oberseits sind sie mattgrün, unterseits graufilzig behaart. Viele blaßrosa bis rötliche Blüten sind zu Köpfchen vereint und stehen in Doldentraube.
In Schluchten, an Bächen, auf Moränen, in Hochstaudenfluren. 800—2500 m. Juli—August. Sehr häufig.
V e r b r e i t u n g : Pyrenäen, Jura, Vogesen, Schwarzwald, Alpen, Sudeten, Karpaten, Illyrische Gebirge.

234 Alpen-Aster   *Aster alpinus L.*

Meist aufrecht ist der 5—20 cm hohe, kurzbehaarte bis zottige Stengel, er hat nur wenige, sitzende, lanzettliche Blättchen. Die gestielten, grundständigen Laubblätter sind dreinervig, spatelig und stumpf. Bis 4,5 cm groß wird das endständige Blütenköpfchen. 24—40 blaurote bis rosarote Zungenblüten umstehen einreihig die Scheibe aus vielen goldgelben Röhrenblütchen.
Oft mit dem Edelweiß vergesellschaftet. Auf trockenen, sonnigen Weiden, steinigen Matten, auf Wildheumähder und Felsbändern. 1400—3100 m. Juli—August. Sehr häufig im Gebiet.
V e r b r e i t u n g : Von den Pyrenäen über fast alle Gebirge Mittel- und Südeuropas bis Westsibirien.

235 Alpen-Maßliebchen, Sternlieb   *Aster bellidiastrum (L.) Scop. (= Bellidiastrum micheli Cass.)*

Erinnert uns sehr an ein kräftig entwickeltes Gänseblümchen, unterscheidet sich davon hauptsächlich durch die behaarten Früchtchen.
Die elliptischen Rosettenblätter sind an der Spitze stumpf gezähnt und am Grunde in ihren Stiel zugeschweift. 10—35 cm hoch wird der dicht flaumige, blattlose Stengel. Er hat nur ein 2—4 cm großes Blütenköpfchen mit 40—50 weißen, später rötlichen, linealen Zungenblütchen, die bis 100 goldgelbe Scheibenblütchen umrahmen. Die Früchtchen sind zusammengedrückt und behaart.
Auf steinigen Matten, in feuchten Schluchten, lichten Wäldern, bis in die Krummholzregion. 400—2600 m. Mai—September. Sehr häufig.
V e r b r e i t u n g : Alpen, Jura, Gebirge von Südostfrankreich, Karpaten, Siebenbürgen, Apennin, Illyrische Gebirge.

236 Einblütiges Berufskraut *Erigeron uniflorus L.*

Der kurze (2—8 cm), einblütige Stengel ist oberwärts langhaarig-zottig. Etwas dicklich sind die grundständigen, kurzgestielten Laubblätter, sie sind verkehrt-eilänglich, sehr stumpf und in ihr Stielchen verschmälert; die kleineren lanzettlichen Stengelblätter sind sitzend. Fast halbkugelig ist das endständige Köpfchen. Die Hüllschuppen, oft etwas abstehend und an der Spitze violett sind rauh bis wollig zottig behaart. Viele schmal-lineale, weiße bis blaßlila Zungenblütchen umstehen die zwittrigen, gelben, an der Spitze oft rötlichen Scheibenblütchen.
Kurzgrasige, steinige Matten und Felsen. Meist auf kalkfreiem Boden; liebt Eruptivgestein. 2000—3600 m. Juli—September.
V e r b r e i t u n g : Arkt. Europa, Pyrenäen, Auvergne, Alpen, Apennin, Korsika, Karpaten, arkt. Asien, Tibet, Kaukasus, Olymp; Grönland und arkt. Nordamerika.

237 Alpen-Berufskraut *Erigeron alpinus L.*

Die 2—20 cm hohe, wenig verzweigte Pflanze hat längliche bis lanzettliche Blätter; ihre grundständigen Blätter sind verkehrt-eilänglich bis spatelig, beiderseits angedrückt behaart und gewimpert. Die halbkugeligen Blütenköpfchen haben unterseits lineal-lanzettliche, rauhhaarige und drüsige Hüllblätter. Rosa bis purpurn sind ihre schmal-linealen Zungenblüten, meist sind sie doppelt so lang wie die gelben, an der Spitze oft auch rötlichen Scheibenblütchen. Zwischen Zungenblüten und den zwittrigen Scheibenblütchen sind dünnröhrige, fädelige weibliche Blütchen.
Auf trockenen Magerwiesen und Weiden, an steinigen Stellen und Felsen. Auf Kalk und Silikat. 1500 bis 2900 m. Juli—September.
V e r b r e i t u n g : Pyrenäen, Auvergne, Jura, Alpen (Seealpen bis Kärnten), Apennin, Ostkarpaten, Kaukasus, Gebirge von Turkestan und Afghanistan.

238 Katzenpfötchen *Antennaria dioica (L.) Gaertn.*

Manches Wegkreuz ist mit einem Sträußlein Katzenpfötchen geschmückt. Es bleibt — wie ein Strohblümchen — lang frisch, sieht lieblich aus und entzückt alle. Am Meeresstrand wird es auch „Edelweiß der Dünen" genannt.
Der 6—20 cm hohe Stengel ist bis zu den Blüten hinauf weißseidig-wollig behaart, wie auch die Unterseite der mattgrünen, spateligen bis lanzettlichen Blättchen. Mehrere (3—12) Blütenköpfchen stehen doldig dicht am Stengelende. Dachziegelartig angeordnet und wollig weiß sind die Hüllschuppen, ihre obere Hälfte ist trockenhäutig und bei den weiblichen Blüten purpurn bis rosa. Auch die Kronen der weiblichen Blüten sind purpurn bis weiß. Die Zwitterblüten dagegen sind weißlichgelb.
Häufig auf Magermatten, sonnigen Abhängen, trockenen Flachmooren, auf grauen Dünen. Bis 2849 m. Mai bis Juli.
V e r b r e i t u n g : Nord- und Mitteleuropa (nördl. bis Nordkap, südl. bis zu den Apenninen und zur Balkanhalbinsel), Sibirien, Kaukasien, Nordamerika.

239 u. 239a Edelweiß *Leontopodium alpinum Cass.*

Wohl die Fremdartigkeit dieser schneeweißen, wolligen Sterne macht sie so begehrenswert. Vielerorts sind sie sogar in den Dolomiten schon ausgerottet. Vor nicht allzu langer Zeit wuchsen die Sterne noch in nächster Nähe der Kirche von Colfuschg.
Ein 5—15 cm hoher, wollig behaarter Stengel mit weißfilzigen, zungenförmigen Blättern trägt den „Stern" — eine Scheinblüte. Viele winzige Blütchen sind von braunhäutigen Hüllschuppen umgeben und bilden ein kleines Köpfchen. Meist stehen fünf bis sechs dieser Köpfchen eng zusammen und werden von den wunderschönen, oberseits schneeweißen, dicht wollig-filzigen, sternförmig ausgebreiteten Hochblättern umrahmt.
Aus den Steppen Asiens ist das Edelweiß im Lauf der Eiszeiten zu uns gewandert. Merkwürdigerweise fehlt es im Ural und Kaukasus.
Sonnige, steinige Hänge, Wildheumähder, Grasbänder, Felsspalten. 1700—3400 m. Juli—September. In den südlichen Kalkalpen besonders häufig.
V e r b r e i t u n g : Pyrenäen, Alpen, Karpaten, Illyrien, nördl. Balkanhalbinsel; Verwandte im Apennin und in Zentralasien.

240 Alpen-Ruhrkraut *Gnaphalium hoppeanum Koch.*

Niedriges, ausdauerndes Pflänzchen, das kleine dichte Rasen bildet. Die kurzen Stengelchen sind weißfilzig und locker beblättert mit lanzettlichen, einnervigen, unterseits weißfilzigen, am Grund verschmälerten Blättchen. Ein bis sieben Blütenköpfchen stehen in endständiger, teilweise durchblätterter Ähre. Ein Köpfchen besteht aus mehreren, winzigen, blaßbräunlichen (die weiblichen fädlich) Blütchen, die umgeben sind von dachziegelig stehenden, breit-schwarzbraun berandeten Hüllschuppen. Die Hülle ist zur Fruchtzeit breitglockig (nicht sternförmig ausgebreitet!).
Ziemlich selten auf Schutthalden und Triften. 1500—2650 m. Juli—August. Nur auf Kalk!
V e r b r e i t u n g : Alpen, Riesengebirge. Karpaten?

241 Norwegisches Ruhrkraut *Gnaphalium norvegicum Gunn.*

10—30 cm hoch wird der aufrechte, grauseidig-filzige und beblätterte Stengel. Die unteren Blätter sind gestielt, lanzettlich spitz und dreinervig; die obersten sind kürzer und am Grunde verschmälert. In endständiger Ähre stehen die Blütenköpfchen; die unteren zu ein bis drei in den Blattachseln, die oberen gehäuft. Ein Köpfchen ist jeweils umrandet von schwarzbraunen, häutigen Hüllschuppen, in deren Mitte die blaßbräunlich und fädlich-weiblichen Blütchen sitzen.
An feuchten, felsigen Plätzen und kräuterreichen Stellen, im lichten Bergwald. 1300—2760 m. Juli—September. Schlern, Puezgruppe.
V e r b r e i t u n g : Pyrenäen, Alpen, Karpaten, Illyrische Gebirge, deutsche Mittelgebirge, Balkan, Kaukasus, Arktische Gebiete, Südfinnland.

170

242 Dolomiten-Schafgarbe   *Achillea oxyloba (DT.) F. W. Schultz*

Eine Charakterpflanze der Südtiroler Dolomiten. Der aufsteigende bis aufrechte Stengel ist meist einblütig (selten zwei bis fünf) und hat dunkelgrüne, sitzende, fiederschnittige Blätter mit schmal-linealen, sehr spitzen Abschnitten. Ähnlich, nur kurzgestielt, sind die grundständigen Blätter. Fast bis 3 cm groß werden die Blütenköpfchen mit zahlreichen breit-linealen Zungenblüten und gelblichweißen Scheibenblütchen. Die Hüllblätter sind länglich-stumpf und schwarz-hautrandig.
Auf steinigen Matten, Felsen und Felsschutt der südlichen Kalkalpen. Verbreitet in allen Gruppen der Südtiroler Dolomiten. Sellajoch/Steinerne Stadt, Puezgruppe, Pala, Sextner Dolomiten usw.
V e r b r e i t u n g : Südliche Kalkalpen, Südtiroler Dolomiten bis Venetien und Kärnten.

243 Weiße Schafgarbe, Weißer Speik   *Achillea clavenae L.*

Carl von Linné benannte diese Pflanze nach dem Apotheker Nikolaus Clavena aus Belluno, der sie schon im Jahre 1610 beschrieben hat.
Weißseidig-filzig ist die ganze Pflanze. Der 10—25 cm hohe Stengel ist beblättert. Langgestielt, verkehrteiförmig und tief fiederspaltig mit breiten Abschnitten sind die unteren Blätter; nach oben zu werden sie kleiner, sind einfach fiederspaltig und sitzend. In einem endständigen Ebenstrauß stehen 3 bis 15 langgestielte Blütenköpfchen. Fünf bis neun breit-elliptische bis eiförmige, an der Spitze dreikerbige Zungenblüten umstehen die schmutzigweißen Scheibenblütchen. Die spitzen Hüllblätter sind schwarz berandet.
Auf Kalkfelsen und steinigen Matten, im Schutt und Geröll. 1500—2500 m. Juli—September. Häufig im Gebiet. Peitlerkofel, Sellajoch, Grödner Joch, Pordoi, Sextner Dolomiten, Fleimstal, Seiser Alm, Civetta.
V e r b r e i t u n g : In den Südalpen vom Luganer See bis Krain und Illyrien. In den Ostalpen vom Achensee bis Niederösterreich.

244 Sägeblättrige Wucherblume   *Leucanthemum atratum (Jacq.) DC.*

Einfach und kahl ist der 10—40 cm hohe, einblütige und beblätterte Stengel. Die dunkelgrünen Laubblätter sind fleischig, die unteren gestielten keilförmig, vorn verbreitert mit drei bis sieben Sägezähnen; die oberen sind schmal-lanzettlich mit nach außen gebogenen, abstehenden Sägezähnen. 3—6 cm groß werden die Blütenköpfe; sie haben lineale, weiße Zungenblüten und goldgelbe Scheibenblütchen. Die Hüllblättchen sind gegen die Spitze zu verbreitert und schwarz berandet.
Auf Kalk. Abwitterungshalden, Geröll, Erdabrisse, beraster Schutt. 1500—2400 m. Juli—September.
V e r b r e i t u n g : Von der Dauphiné bis Niederösterreich und Krain; Illyrische Gebirge.

245 Alpen-Wucherblume   *Tanacetum alpinum (L.) C. H. Schultz*

Ausdauernde, rasenbildende Pflanze. Ihr aufrechter, 5—15 cm hoher, einblütiger Stengel ist unten reich beblättert und oben fast blattlos. Die gestielten Laubblätter sind kammförmig eingeschnitten bis tief fiederspaltig; die unteren Stengelblätter an der Spitze keilförmig und dreizähnig. Bis 4 cm groß werden die Blütenköpfchen. Mit ihren linealen, weißen Zungenblüten umrahmen sie die goldgelben Scheibenblütchen. Die Hülle ist halbkugelig mit dunkelhäutig berandeten Hüllblättchen.
Auf kalkarmem Gestein. Truppweise auf Alpenmatten, im Geröll, im Fels, auf Moränen und feuchtem Grus. 1800—2800 m. Juli—August. Zerstreut in den Dolomiten. Schlerngebiet, Fassa- und Fleimstal, Valsugana, Kreuzkofelgebiet.
V e r b r e i t u n g : Alpen (vom Dauphiné bis Piemont, Venetien und Steiermark).

246 Echte Edelraute   *Artemisia mutellina Vill. (= A. laxa Fritsch)*

Dies edle, aromatisch duftende Pflänzchen ist seidig behaart und silberglänzend. Es treibt zahlreiche Rosetten und Sprossen. Die bogig aufsteigenden, dünnen, 5—15 cm hohen Stengel sind entfernt beblättert. Alle Blättchen sind gestielt und handförmig geteilt; die unteren doppelt dreiteilig mit linealen, spitzen Abschnitten, die oberen meist drei- bis fünfspaltig. In lockerer, oberwärts gedrungener Ähre stehen die eikugeligen Köpfchen (4—6 mm groß). Ein Köpfchen hat ca. 15 goldgelbe Blütchen, die umgeben sind von seidig-filzigen Hüllblättchen.
Auf mehr oder weniger neutralen Böden. In besonnten Felsspalten, Schuttfluren, Moränen. 1600—3700 m. Juli—September. Verbreitet in den Dolomiten; z. B. Fassatal/Palaccia, Molignon, Seiser Alm, Pordoi, Marmolata, Seekofel, Monte Pore, Puezgruppe.
V e r b r e i t u n g : Pyrenäen, Alpen (von den Seealpen bis zur Steiermark), in den Apenninen selten (Toskana, Emilia).

247 Schwarze Edelraute   *Artemisia genipi Weber*

Halbrosettenstaude mit ebenfalls seidig behaarten, aber silbermatten, fast graugrünen Sprossen. Die Rosettenblättchen sind handförmig dreiteilig mit fingerig gespaltenen Abschnitten. Etwas dicklich sind die 5—10 cm hohen Stengel mit kurzgestielten bis sitzenden, fiederteilig bis fiederlappigen Blättchen; nur die obersten sind meist ganzrandig. Viele eikugelige Köpfchen sitzen in beblätterter, dichter, zuerst nickender Ähre. Die gelben Blütchen sind von grauwolligen Hüllblättchen mit schwarzbraun-häutigem Rand umgeben.
Auf Moränenschutt und Gipfelfelsen, in Felsspalten. 2400—3800 m. Juli—September; z. B. Schlern, Fassatal, Pordoi.
V e r b r e i t u n g : Alpen von Steiermark und Venetien bis Piemont zum Dauphiné. Seealpen (sehr selten).

248 Glanz-Raute   *Artemisia nitida Bertol.*

Dichtrasige, verzweigte, aromatisch duftende Rosettenpflanze mit seidig-filzig behaarten, 10—30 cm hohen, aufsteigenden Stengeln. Die gestielten, grauweißen Rosettenblättchen sind fiederteilig mit linealem, langen Zipfeln. Nur die obersten Stengelblättchen sind einfach fiederteilig. In verlängerter, einseitswendiger Traube stehen die kugeligen, 6—8 mm großen, goldgelben, nickenden Blütenköpfchen. Seidig-filzige Hüllblättchen umgeben ca. 15 goldgelbe Blütchen.
Auf Kalk und Dolomit. An felsigen Abhängen, in Felsspalten. 1300—2400 m. August—September. Gröden, Fassatal, Seiser Alm, Schlern, Pordoi, Fedaja, Fleimstal, Enneberg, bei Höhlenstein, Cortina (Tisens/Gall, Gantkofel, Mendel).

249 Arnika, Berg-Wohlverleih   *Arnica montana L.*

Typisch für diese aromatisch duftende Pflanze ist die dem Boden angepreßte, kreuzförmige Blattrosette aus ganzrandigen, verkehrt-eiförmigen, kurz behaarten Blättern. Der 20—60 cm hohe, drüsig-flaumige Stengel hat ein bis drei Blattpaare und meist einen (bis drei) endständigen, großen, leuchtend dottergelben Strahlkopf. Die langen Randblüten umgeben oft zu zu 50 gleichfarbene Scheibenblütchen. Von den lanzettlich-spitzen Hüllblättern sind die äußeren drüsig behaart.
Ein besonderer Schmuck ungedüngter Wiesen; sie ist gern mit der hellblauen Bartglockenblume, dem roten Echten Alpenklee in Gesellschaft. Von der Ebene bis 2830 m. Mai—August. Auf allen Almen und Jöchern der Dolomiten.
V e r b r e i t u n g : Auf den Gebirgen von Süd- und Mitteleuropa bis Südskandinavien.

250 Zottige Gemswurz   *Doronicum clusii (All.) Tausch.*

Sie versteht es wiederum, ödeste Schuttkarwinkel in kleine Gärten zu verwandeln — sie steht nie einzeln — meist zur Gruppe vereint. 8—40 cm hoch wird der aufsteigende, meist hohle, nach oben zu mit einfachen und Drüsenhaaren besetzte Stengel. Die unteren Blätter sind länglich-lanzettlich bis oval, in den Stiel verschmälert; die oberen sind eilänglich mit leicht herzförmigem Grund halbstengelumfassend. Auf der Fläche sind die Blätter wenig behaart bis kahl. Am Rande aber mit Wimperzotten und mehrgliedrigen krausen Wollhaaren besetzt. Auch die Hüllblättchen haben Wimperzotten und Wollhaare. Die Blüten — Zungenblüten wie auch die kleinen Scheibenblütchen — sind leuchtend goldgelb.
Feuchter Felsschutt, Moränen, steinige Matten, Felsspalten und Felsgesimse. Meist auf Urgestein. 1700 bis 3275 m. Juli—September. Zerstreut in den Dolomiten (auch Brenta). Seiser Alm, Schlern Marmolata, Fassa- und Fleimstal.
V e r b r e i t u n g : Spanische Gebirge, Alpen, Karpaten.

251 Großblütige Gemswurz   *Doronicum grandiflorum Lamk.*

Der 6—50 cm hohe, aufrechte Stengel ist nach oben zu drüsig behaart. Die grundständigen Blätter sind eiförmig stumpf, grob gezähnt wie und wie die Stengelblätter behaart und drüsig; am Rande mit Drüsen- und Gliederhaaren besetzt. Weiter oben sind die Blätter mit herzförmigem Grund stengelumfassend. Einzeln stehen die 4—6 cm großen, leuchtend gelben Blütenköpfe, die das Grün ihrer Blätter betonen. Bis 2 cm lange Zungenblüten umgeben die kleinen, gleichfarbenen Scheibenblütchen. Auch die Hüllblätter haben Zotten-, Glieder- und kürzere Drüsenhaare.
Auf Kalk. Felsschutt und Geröll, Felsspalten. 1600—2560 m. Juli—August. Verbreitet im Gebiet.
V e r b r e i t u n g : Pyrenäen, Kalkalpen (von den Seealpen über Südtirol bis Krain und Niederösterreich). Hochgebirge von Korsika.

252 Läger-Kreuzkraut, Läger-Greiskraut   *Senecio gaudinii Gremli*

Aufrecht und unverzweigt ist der spinnwebig-wollige, später verkahlende, 30—80 cm hohe Stengel. Länglich und grob gezähnt sind die grundständigen Blätter, aber zur Blütezeit schon verwelkt. Die unteren Stengelblätter sind länglich-elliptisch, grob und stumpf gezähnelt, nach oben zu werden die Blätter sitzend, lanzettlich und sind zuerst spinnwebig-wollig, später verkahlend. 5—15 goldgelbe Blütenköpfe sind zu einem gedrungenen Ebenstrauß vereint. Zungenblüte und Scheibenblütchen sind gleichfarbig. Die glockige Hülle mit meist 13 lanzettlichen Hüllblättchen ist auch nur in der Jugend spinnwebig-wollig.
Auf Kalk und Silikat. Viehläger, Hochstauden- und Karfluren, Bergwiesen, Bachufer, Südtiroler Dolomiten, z. B. Cortina, Misurinasee (Monte Baldo).
V e r b r e i t e t : Großglockner, Lienzer und Südtiroler Dolomiten, Trentiner Berge, Monte Baldo, Judikarien, Ortler, Engadin, Bernina, Toskanischer Apennin.

253 Tiroler Kreuzkraut, Tiroler Greiskraut   *Senecio abrotanifolius var. tiroliensis (Kern) Gams*

Pflanze mit kriechender, ästig verzweigter Grundachse und 15—40 cm hohen, mehrblütigen Stengeln. Die glänzenden, meist kahlen Blätter sind teils doppelt-, teils einfach-fiederspaltig mit lineal-lanzettlichen Abschnitten. Zwei bis fünf Blütenköpfchen stehen im Ebenstrauß. Zungen- und Scheibenblütchen sind tieforange bis orangerot.
Meist auf Silikat. Steinige Matten, Blockhalden, Legföhrengebüsch. 1000—2600 m. Juli—September. Wächst oft neben dem kalkliebenden, ähnlichen (gelbe Blütenköpfe) „Edelrautenblättrigen Kreuzkraut" zusammen. Verbreitet in den Dolomiten. Cislesalm, Grödner Joch usw.
V e r b r e i t e t : Von den Dolomiten bis ins Säntis- und Gotthardgebiet.

172

254 Krainer Kreuzkraut, Krainer Greiskraut *Senecio incanus L. ssp. carniolicus (Willd.) Br.-Bl.*
Aufsteigend bis aufrecht ist der 5—15 cm hohe, graufilzige Stengel. Er trägt nur wenige, sitzende, einfach fiederteilige Blättchen mit linealen Abschnitten. Die grundständigen und untersten Stengelblätter sind verkehrt-eiförmig, kerbig bis fiederlappig mit zweispaltigen Abschnitten. Alle Blätter sind weißfilzig bis verkahlend. Zu einem kurzen Ebenstrauß vereinigt stehen mehrere goldgelbe, 1—1,5 cm große Blütenköpfchen. Ihre Zungenblüten sind nur wenig länger wie die Scheibenblütchen.
Kalkmeidend. Moränenschutt, Felsspalten, Krummseggengrasen, Zwergstrauchheiden. 1800—3300 m. Juli bis September. Im Raum Dolomiten nur auf Porphyr- und Schieferbergen nicht selten.
V e r b r e i t u n g : Ostalpen, von Graubünden und Allgäu über Dolomiten ostwärts bis Steiermark, Friaul und Krain. Karpaten.

255 Silberdistel, Wetterdistel *Carlina acaulis L.*
Aus manch einem Herrgottswinkel alter Bauernstuben leuchten uns hin und wieder die Silberstrahlensterne der Silberdistel entgegen. Wahrlich ein schöner Schmuck, doch sollten wir auch sie schützen.
Auf einer bodennahen Blattrosette aus stachelbewehrten fiederspaltigen Laubblättern ruht — mit meist nur kurzem Stengel — der 7—10 cm große Blütenkopf. Auch seine äußeren Hüllblätter sind dornig gezähnt; die inneren dagegen sind schmal-lanzettlich, trockenhäutig und silberweiß gleißend. Bei Sonnenschein breiten sie sich aus und bieten ihre Blütenscheibe mit vielen, kleinen, röhrigen, weißlich bis bräunlichen Blütchen den Insekten zum Naschen an. Bei Schlechtwetter schließen sich die Hüllblätter schützend über ihre Honigquelle (Wetterdistel!).
Auf Magerwiesen und Weiden, in trockenen, lichten Nadelwäldern. Bis 2800 m. Juli—September. Häufig.
V e r b r e i t u n g : Von Spanien bis Mittelrußland.

256 Stachelige Kratzdistel *Cirsium spinosissimum (L.) Scop.*
Ein Meisterwerk der Filigranarbeit! Vom Wanderer bewundert, vom Sennen geschmäht, vom Murmeltier geliebt, das mit Wonne den artischockenähnlichen Blütenkern verzehrt.
20—50 cm hoch wird der aufrechte, wenig verzweigte Stengel, er ist stark beblättert und bestachelt. Unterseits sind die Blätter auf den Nerven wollig-filzig; sie sind fiederspaltig mit mehreren dreieckigen, scharf dornig gezähnten Abschnitten. Endständig stehen mehrere gelbliche Blütenköpfe dicht zusammen, umgeben von längeren, wunderbar geformten, zugespitzten und dornig gezähnten, bleichen Hochblättern.
Auf Kalk und Urgestein. Schaf- und Gemsläger, Almwiesen und Weiden, Grob- und Feinschutthalden. Bis 3100 m. Juli—September. Häufig im Gebiet.
V e r b r e i t u n g : Alpenzug von der Rhone ostwärts über Oberitalien, Schweiz, Deutschland bis Niederösterreich, Steiermark und Krain.

257 Woll-Kratzdistel *Cirsium eriophorum (L.) Scop.*
Zweijährige, stattliche, 60—150 cm hohe Pflanze. Reich ästig verzweigt ist der meist wollig-zottige, nicht geflügelte Stengel. Seine Blätter sind lang fiederspaltig, oberseits dornig steifhaarig und unterseits weißwollig. Die gestielten, grundständigen Blätter sind tief buchtig-fiederspaltig, am Grunde gelappt mit in Dornen endigenden Zipfeln. Endständig an den Ästen stehen die 4—7 cm großen Blütenköpfe. Sie sind herrlich purpurn und haben eine abgeplattete-kugelige Hülle, deren spatelige Hüllblättchen in starre Spitzen auslaufen; sie ist dicht weiß-spinnwebig.
Auf Kalk- und Tonmergelböden. Steinige Matten, sonnige Hänge, lichte Wälder, an Paßstraßen. Bis 2000 m. Juli—September. Zerstreut. Seiser Alm, Ferrara-Alpe, Buchenstein, Ampezzo.
V e r b r e i t u n g : Europa, nördlich bis Schottland, westlich bis zum Atlantischen Ozean, südlich bis zu den Pyrenäen und zum südlichen Alpenrand. Süd- und Mittelrußland.

258 Klebrige Kratzdistel *Cirsium erisithales (Jacq.) Scop.*
Der aufrechte, 30—150 cm hohe Stengel ist wenig verzweigt, nach oben zu wird er flaumig-klebrig; bis zur Mitte ist er beblättert. Die grundständigen Blätter sind tief fiederteilig mit acht bis zwölf zugespitzten, fein dornig gewimperten Abschnitten, am Grund sind sie in den Stiel zusammengezogen, während die Stengelblätter mit herzförmigem Grund den Stengel umfassen. Diese Distel ist leicht an ihren langen Ästen mit den nickenden gelben Blütenköpfen zu erkennen. Die Hüllblättchen sind zugespitzt, stachelig und drüsig-klebrig.
Auf Kalk. Bergwiesen und Weiden, Schluchten, Quellfluren, Bachufer, Waldränder. Bis 2000 m. Juli—September. Verbreitet in den Dolomiten bis in die Täler.
V e r b r e i t e t : Französ. Mittelgebirge und Jura; Alpenkette von den Seealpen über Süd- und Ostschweiz, Italien, Dolomiten, Österreich bis zum Karst, Illyrische Gebirge, Karpaten, Galizien; Mittel- und Südrußland.

259 Verschiedenblättrige Kratzdistel *Cirsium heterophyllum (L.) Lill*
30—150 cm hohe, mehrästige, aufrechte Pflanze mit 30 cm langen ganzrandigen, grundständigen Blättern. Der Stengel ist gefurcht und spinnwebig-wollig. Die mittleren fiederschnittigen Blätter sind stengelumfassend, die oberen sitzend und lineal-lanzettlich. Alle Blätter sind unterseits weißfilzig, oberseits grün und kahl. Die endständigen, 4 cm großen, purpurnen Blütenköpfe bestehen nur aus Röhrenblütchen.
Kalkmeidend. In Mähwiesen und Hochstaudenfluren. Bis 2350 m. Juni—August. Häufig.
V e r b r e i t u n g : Von den Pyrenäen bis zur Krim.

260 Gemeiner Alpenlattich *Homogyne alpina (L.) Cass.*

Der einfache, aufrechte, meist rotbraune Stengel wird 10—40 cm hoch. Unterwärts ist er spinnwebig-wollig, nach oben zu drüsig behaart; er hat nur ein bis zwei schuppenartige Blättchen. Die grundständigen, gestielten Blätter sind fast kreisrund oder nierenförmig, am Grund herzförmig und ringsum geschweift gekerbt. 1—2 cm lang ist das endständige Blütenköpfchen mit schmutzigviolett bis purpurnen, trichterförmigen Scheiben- und einreihigen Zungenblütchen. Die Hüllblätter sind braunrot und zugespitzt.
Moosige Bergwälder, humose Weiden, Schneeböden, Zwergstrauchheiden. 500—3250 m. Mai—August. Sehr verbreitet in den Dolomiten.
V e r b r e i t u n g : Pyrenäen, Jura, Alpen, Apennin, nördliche Balkanhalbinsel. Deutsche Mittelgebirge, Sudeten, Karpaten.

261 Alpen-Distel *Carduus defloratus L.*

10—80 cm hohe Staude mit bogig aufsteigenden, wenig verzweigten Ästen. Die Stengel sind nur bis zur Mitte beblättert und herablaufend dornig geflügelt. Gestielt und eiförmig-länglich-lanzettlich sind die unteren Blätter; die oberen sind fiederspaltig, ringsum dornig gewimpert und sitzend. Die eikugeligen, nickenden, leuchtend purpurnen Blütenköpfe gehören in jede bunte Bergwiese.
Bergwiesen, steinige Matten und Hänge, rutschende Halden, Gesteinsschutt. Bis 3000 m. Juni—Oktober. Sehr häufig im Gebiet.
V e r b r e i t u n g : Pyrenäen, französ. und deutsche Mittelgebirge, Alpen, Karpaten, serbisches Bergland bis zum mittleren Balkan. Apennin.

262 Berg-Flockenblume *Centaurea montana L.*

Der meist einfache, 10—80 cm hohe, aufrechte Stengel ist spinnwebig-filzig und reich beblättert. Seine ungeteilten, eiförmigen, zugespitzten Blätter sind unterseits filzig, später verkahlend, die oberen geflügelt herablaufend. Kornblumenähnlich ist der endständige Blütenkopf mit blauen, sehr verlängerten Randblüten und rotvioletten, inneren Röhrenblüten. Die walzenförmige Hülle hat dreieckige Hüllblättchen mit schwarzen, kammartig herablaufenden Anhängseln.
Diese Art wird in den Dolomiten meist durch die sehr ähnliche **Centaurea triumfetti All,** vertreten, mit eiförmig-lanzettlichen Blättern, die oberen nur kurz am Stengel herablaufend. Ihre Hülle ist eiförmig mit an der Spitze purpurnen Hüllblättchen. Ihr dunkler Rand hat meist heller gefranste Anhängsel mit jederseits 8—14 Fransen. Bis 2000 m. Auf Kalk. Heiße Felshänge, trockene Wiesen. Mai—Juli.
V e r b r e i t u n g : Alpensüdrand von Frankreich bis Krain; Iberische Gebirge, Apennin, Balkan; von Bayern ostwärts; Karpaten.

263 Federige Flockenblume *Centaurea nervosa Willd.*

Steif und aufrecht ist der 10—40 cm hohe, dichtbeblätterte Stengel. Er ist kurz-flaumig behaart und einblütig. Die Blätter sind verkehrt-lanzettlich bis länglich und kurz kraushaarig, am Rande grob gezähnt; die unteren gestielt und die oberen sitzend. Leuchtend tiefpurpurrot ist der 4—6 cm große Blütenkopf mit sehr vergrößerten, strahlenden Randblüten. Aber auch die kugelige Hülle ist eine Zierde. Ihre Hüllblättchen sind ganz verdeckt von den zurückgebogenen Anhängseln, die in bis 2 cm lange Spitzen mit vielen federigen, hellbraunen Fransen auslaufen.
Auf grasigen Abhängen, steinigen Matten, im Latschen- und Alpenrosengebüsch. 1100—2600 m. Juli—August. Ein besonderer Schmuck der Dolomiten. Steigt am Schlern bis über 2200 auf.
V e r b r e i t u n g : Südalpen von den Seealpen bis Krain; Zentral- und Nordalpen, in den Schweizer Urkantonen und Graubünden; Ostkarpaten; Balkangebirge.

Korbblütler *Asteraceae/Cichorioideae*

264 Alpen-Milchlattich *Cicerbita alpina (L.) Wallr.*

Bis über 2 m Höhe kann diese stattliche, milchführende Staude erreichen. Der aufrechte Stengel ist hohl, im unteren Teil steif-behaart, im oberen braunrot, drüsenborstig und traubig verästelt. Etwas hinfällig sind die leierförmigen Blätter mit ihren dreieckig-spießförmigen Endabschnitten; die unteren sind gestielt, die nächsten mit herzförmigem Grund stengelumfassend, die obersten kurz und lanzettlich. In einer endständigen oder zusammengesetzten Traube stehen die bis 2 cm großen, blauvioletten Blütenköpfe mit schmalen Zungenblütchen. Die braungrüne Hülle ist lang drüsig behaart.
Gesellig an Gebirgsbächen, in Waldschluchten, im Legföhrengebüsch, in Bergwäldern. Bis 2200 m. Juli bis September. In den südlichen Kalkalpen nicht so häufig wie in den nördlichen. Prags, Buchenstein, Fassatal, Taistner Alm.
V e r b r e i t u n g : Gebirge von Schottland, Finnoskandinavien, Pyrenäen, Jura, mittelfranzösische und mitteldeutsche Gebirge. Alpen, Vogesen, Schwarzwald, Sudeten, Karpaten, nörd. Apennin, nördl. Balkanhalbinsel.

265   Einblütiges Ferkelkraut   *Hypochoeris uniflora Vill.*

Es müßte Fackelkraut heißen, denn es loht wie brennende Fackeln inmitten steilaufstrebender Dolomitwände oder ins Blau des Himmels.
Eine kräftige Halbrosettenstaude mit 5—50 cm hohem Stengel. Er ist steif behaart, fast blattlos und unter dem Blütenkopf auffallend keulig verdickt. Die Rosettenblätter sind ungestielt, keilig-länglich, entfernt gezähnt und beiderseits steifhaarig-rauh. Stattlich sind die goldgelben, bis 4 cm großen Blütenköpfe, auch sind sie doppelt so lang wie die Hülle mit den zerschlitzten und schwärzlich-kraushaarigen Hüllblättchen.
Trockene, sonnige Magerrasen, Erikaheiden und Alpenrosengebüsch. 1500—2600 m. Juli—September. In den Dolomiten sehr häufig. Wunderschön am Grödner Joch.
V e r b r e i t u n g : Von den Westalpen bis in die Karpaten.

266   Österreichische Schwarzwurzel   *Scorzonera austriaca Willd.*

Ausdauernde Pflanze mit braunen, strähnigen Blattresten am Wurzelhals. Der aufrechte, gerillte, 5—35 cm hohe Stengel hat nur ein- bis vierschuppige Blättchen. Länglich-lanzettlich-lineal und zugespitzt sind die grundständigen Blätter, die den Stengel am Grunde scheidig umfassen. Endständig und einzeln steht der hellgelbe Blütenkopf. Die glockenförmige Hülle hat dachig angeordnete, bräunlichgrüne, schmale Hüllblättchen.
Kalkfelsen und Mauern, Karst- und Bergwiesen. Bis 1120 m. April—Mai. Z. B. Zannser Alm bei Villnöß. Eisacktal zwischen Brixen und Bozen.
V e r b r e i t u n g : Süd- und Mittelfrankreich, Schweiz, Norditalien, Südtirol, Steiermark, Karst bis Montenegro, Ober- und Niederösterreich, Siebenbürgen, Südrußland bis Ostchina.

267   Alpen-Löwenzahn   *Leontodon montanus Lamk.*

Der niedrige, einköpfige Stengel ist meist nicht länger als die grundständigen Rosettenblätter. Nach oben zu ist er allmählich verdickt und unter dem Blütenkopf dicht schwarz-zottig. Die Rosettenblätter, meist dem Boden angedrückt, sind länglich-lanzettlich, oft buchtig gezähnt, am Grunde keilig verschmälert und unterseits mit einfachen Haaren besetzt. Mittelgroß sind die aufrechtstehenden Blütenköpfe mit goldgelben Blüten. Die lanzettlichen Hüllblätter sind schmal, weiß berandet und dicht schwarz-zottig behaart.
Auf steinigen Matten, Gehängeschutt. Auf kalkreicher Unterlage. Zerstreut in den Dolomiten, z. B. Sellajoch. 1700—2800 m. Juli—August.
V e r b r e i t u n g : Gesamte Alpenkette, Illyrische Gebirge, Karpaten.

268   Gold-Pippau   *Crepis aurea (L.) Cass.*

Mit seinen einzigartigen orange- bis feuerroten Blütenköpfen ist der Gold-Pippau schon von weitem zu erkennen und kaum zu verwechseln. Der 5—30 cm hohe, aufrechte, einköpfige Stengel ist nach oben zu mit dunklen Zottenhaaren besetzt. Kahl sind die grundständigen Blätter, verkehrt-eiförmig und tief-buchtig gezähnt. Die orangeroten Blütenköpfe haben eine schwärzlichgrüne Hülle mit lanzettlich zugespitzten, abstehend-behaarten Hüllblättchen.
Auf Kalk und Urgestein. Matten und Weiden; steinige, beraste Hänge; Viehläger. Oft herabgeschwemmt. 900—2900 m. Juni—September. Sehr häufig im Gebiet.
V e r b r e i t u n g : Gesamte Alpenkette, Jura, Apennin bis Kalabrien; Illyrische Gebirge bis Serbien.

269   Berg-Pippau   *Crepis pontana (L.) DT.*

Meist einköpfig ist der 20—60 cm hohe und wenigbeblätterte Stengel; unten ist er spärlich kraus behaart, nach oben zu wird er spinnwebig-wollig und unter dem Blütenkopf ist er auffallend verdickt. Die grundständigen Blätter sind länglich, gezähnelt, am Grund verschmälert; die oberen Blätter eiförmig-lanzettlich, zugespitzt und sitzend. Leuchtend gelb sind die bis zu 5 cm großen Blütenköpfe. Die halbkugelige Hülle hat lanzettliche, dicht braungrün-zottige, lanzettliche Hüllblättchen.
Auf tiefgründigen, lockererdigen Matten, an steinigen Hängen, in Hochstaudenfluren. Kalkliebend. 1200 bis 2500 m. Juni—August. Zerstreut nördlich der Linie: Tonale—Bellamonte/Predazzo—Ampezzo—Kreuzberg (Grödner Joch, Seiser Alm, Schlern).
V e r b r e i t u n g : Ganze Alpenkette von Frankreich bis zum Ostabfall, Jura, Balkangebirge bis Montenegro, Rumänien.

270   Alpen-Habichtskraut   *Hieracium alpinum L.*

Meist einköpfig und reich mit ungleich langen Drüsenhaaren besetzt ist der 10—20 cm hohe Stengel. Rosettig gehäuft und zahlreich sind die Grundblätter; sie sind meist lanzettlich-zungenförmig, oft wellig gerandet, weich und sehr lang in den geflügelten Stiel verschmälert. Das Blütenköpfchen ist schwefelgelb. Die eiförmige bis kugelige Hülle hat schmale, spitze, behaarte Schuppen. Früchte schwarzbraun.
Auf Geröllhalden und Felsschutt, trockenen Magermatten und Weiden.
V e r b r e i t u n g : Vereinzelt durch die ganze Alpenkette. West- und Ostkarpaten, Sudeten, Vogesen. Apuanische Alpen, nördlicher und mittlerer Apennin. Nordeuropa bis Grönland und Sibirien.

175

271 Zottiges Habichtskraut   *Hieracium villosum Jacq.*

Die ganze Pflanze ist reichlich in weiße, weiche, wollige Haare gehüllt. Aufrecht ist der 15—30 cm hohe Stengel; oft ist er gabelig in einköpfige Ästchen geteilt. Die grundständigen Blätter sind länglich-lanzettlich, am Rande leicht gewellt; die Stengelblätter werden nach oben hin immer kleiner und sind mit breiterem Grund sitzend. Hellgelb sind die Blütenköpfchen, auch die aus der Blüte ragenden Griffel sind gelb bis dunkler. Ganz kugelig ist die Hülle und ihre äußeren Hüllblattschuppen sind natürlich auch mit reichlich weißen, langen Haaren besetzt.

Felsen, Geröllhalden, steinige, grasige Abhänge, im Knieholz und Silberwurzbeständen. 1300—2700 m. Juli—August. Häufig.

V e r b r e i t u n g : Alpenkette, Jura, Niederösterreich, Karpaten, Tatra, Banat, Illyrien, Albanien, Apennin, Abruzzen.

272 Orangerotes Habichtskraut   *Hieracium aurantiacum L.*

Der aufsteigende, oben rispig verzweigte, hohle Stengel wird 20—70 cm hoch. Anfangs ist der Blütenstand geknäuelt, lockert sich aber später auf. Die rosettig gehäuften grundständigen Blätter sind groß, breitlänglich oder zungenförmig, am Grund verschmälert. Nur wenige Blättchen trägt der Stengel, sie sind klein und werden nach oben hin fast schuppenartig. Der 2—15köpfige Blütenstand hat purpurne bis dunkelorangefarbene Blütchen mit dunklerem Griffel. Die ganze Pflanze ist mit langen, schwärzlichen Haaren besetzt.

Bergwiesen und Weiden. 900—2600 m. Juni—August. Auf Urgestein und tonigem Kalkboden, aber auch auf reinem Kalk und Dolomit. Zerstreut in den Dolomiten. Grödner Joch, Fassatal, Schlerngebiet, Arabba bis Buchenstein.

V e r b r e i t u n g : Auvergne, Jura, Alpen, deutsches Mittelgebirge, Ost- und Westkarpaten, Siebenbürgen, Bosnien, Finnland, Skandinavien, Nordamerika.

Liliengewächse *Liliaceae*

273 Weißer Germer   *Veratrum album L.*

Aus kräftigem Erdstock entspringt der bis 150 cm hohe, behaarte und beblätterte Stengel. Die breitelliptischen bis lanzettlichen, tief längsgefalteten Blätter sind wechselständig. In langen, dichtblütigen, flaumigen Rispenästen stehen die innen weißen, außen grünlichen Blüten. Ihre sechs, meist verkehrt-eiförmigen Perigonblätter sind am Rand oft fransig gesägt, auch breiten sie sich sternförmig aus. Die Staubfäden mit ihren goldgelben, gespaltenen Staubbeuteln fügen sich in ihrem Grunde harmonisch ein.

Auf feuchten, nährstoffreichen Böden, Lägerwiesen, Weiden, Hochstaudenfluren, Flachmoore. Bis 2700 m. Juli—August. Sehr häufig.

Weiter südlich, im Gardaseegebiet kommt ein „Schwarzer Germer" vor mit schwarzpurpurnen Blüten — allerdings sehr selten!

V e r b r e i t u n g : Pyrenäen, Alpen, Vogesen, Jura, Mittelgebirge, Karpaten, Gebirge von Südeuropa, Polen, Finnland, Rußland, Sibirien, Altai, Japan.

274 Dolden-Milchstern   *Ornithogalum umbellatum L.*

Sechs bis neun grundständige, lineale, dickliche, rinnige, meist weiß gestreifte Grundblätter überragen oft den 10—20 cm hohen Stengel. Die Blüten stehen in kurzer Doldentraube eigenartig waagerecht ab. Die sechs weißen, länglich bis verkehrt-eiförmigen Perigonblätter haben einen grünen Rückenstreifen, sie breiten sich sternförmig aus.

Fettwiesen, Weinberge, Wegränder, Gebüsch. Bis 1600 m. April—Mai. In den Tälern häufig um Bozen, Auer, Trient und Meran, Bruneck, Fassa- und Fleimstal.

V e r b r e i t u n g : Süd- und Mitteleuropa, Kaukasus, Vorderasien, Nordafrika.

275 Wohlriechende Weißwurz, Salomonsiegel   *Polygonatum odoratum (Mill.) Druce*

Reichbeblättert ist der bogig aufsteigende 15—50 cm hohe Stengel, auch ist er kahl und kantig. Seine länglich-eiförmigen, halbstengelumfassenden, aufwärts gerichteten Blätter sind längsnervig und hellgrün. In einseitswendiger Traube hängen in den Blattachseln je ein bis zwei röhrig-glockige, gestielte Blüten. Ihr Perigon ist reinweiß mit grünem Saum. Die Frucht ist eine blauschwarze Beere.

Felsige Stellen, steinige, buschige Abhänge, trockene Laubwälder. Bis 2200 m. Mai—Juni. Sehr häufig im ganzen Gebiet.

V e r b r e i t u n g : Fast ganz Europa, Sibirien, westlicher Himalaja.

276 Knotenfuß   *Streptopus amplexifolius (L.) DC.*

Einfacher oder ästiger, 20—80 cm hoher, im oberen Teil zickzackartig hin- und hergebogener Stengel. Die wechselständigen, länglich-eiförmigen, zugespitzten Blätter sind mit herzförmigem Grund stengelumfassend. Eigenartig sind die an der Sproßachse entspringenden Blütenstiele, die um den Stengel bis unter das Blatt herumgebogen sind. Die einzeln stehenden Blüten sind klein und weißlich bis grünlich. Ihr Perigon ist glockig und fast bis zum Grund sechsteilig. Die Frucht ist eine zinnoberrote, elliptische, dickliche Beere.

Schattige, feuchte Wälder, Bachufer, Berg- und Waldwiesen. Bis 2300 m. Sehr zerstreut. Fassa- und Fleimstal, Salurn, Ampezzo.

V e r b r e i t u n g : Pyrenäen, Gebirge von Asturien und Frankreich, Jura, Alpen, Karpaten, Balkan, Apennin, Korsika, östliches Asien, Nordamerika.

176

Nr. 277 Trichterlilie   *Paradisia liliastrum (L.) Bertol.*

Der Botaniker G. Mazzucato fand diese Pflanze als erster in den Julischen Alpen und benannte sie nach seinem Gönner, dem Grafen Giovanni Paradisi (1760—1826 in Modena).

In ihrer zarten Schönheit vermutet man diese weiße Lilienart nicht in so herber Bergnatur, wo kalte Nächte, Sturm und Schnee sich ein Stelldichein geben, und gerade dort verzaubert sie durch ihre Lieblichkeit manch steile Bergwiese.

Büscheln von grasartigen, flachen, linealen Blättern entspringen die schlanken, 30—60 cm hohen, zierlichen Stengel mit den lockeren Blütentrauben. Die großen, gestielten, trichterförmigen, schneeweißen Blüten stehen in den Achseln kleiner, zugespitzter Tragblätter. Der fadenartige Griffel mit kopfartiger Narbe überragt die sechs goldgelben Staubblätter.

Sonnige Abhänge, Fett- und Magerwiesen, Hochstaudenfluren, aber auch in Kastanienwäldern. 1700 bis 2400 m. Juni—Juli. Häufig z. B. oberhalb Cortina, Fedaja, Col di Lana, Kreuzberg, Villnöß, Grödner Joch, Schlerngebiet. (Monte Bondone, Monte Baldo).

V e r b r e i t u n g : Portugal, Pyrenäen; West-, Zentral- und Südalpen; Jura, Apenninen.

---

278 u. 278a Feuerlilie, Stoangilgen   *Lilium bulbiferum L.*

Man darf sie wohl als Königin der Alpen-Lilien bezeichnen. Flammend und majestätisch beherrscht sie noch viele Bergwiesen der Dolomiten. Doch wie oft fällt sie der räuberischen Hand des Menschen zum Opfer, immer seltener begegnet man ihr. Wer sie findet, sollte sie andächtig betrachten, sollte sie mit ihrer Landschaft ringsum bewundern — denn nur dort strahlt sie ihren Zauber aus.

Der aufrechte, 20—90 cm hohe Stengel ist im oberen Teil meist wollig-zottig und wechselständig beblättert. Die unteren Blätter sind größer wie die oberen; sie sind lanzettlich bis lineal und in ihren Achseln tragen sie meist erbsengroße, weißliche bis grünliche Brutzwiebelchen. Endständig in Dolde stehen ein bis fünf große, leuchtend gelbrote bis glühendrote, aufrechte Blüten. Sie öffnen ihre sechs Perigonblätter (bis 6 cm lang) weit trichterförmig. Innen sind sie dunkler gefleckt, warzig-rauh, auch haben sie je eine bewimperte Honigfurche, an der Tag- und Nachtfalter gern naschen.

Bergsturzhalden, Felsen, sonnige Bergwiesen, Waldränder, an Hecken. Bis 2150 m. Mai—Juli. In fast allen Tälern der Dolomiten bis hinauf zu den Pässen.

V e r b r e i t u n g : Italien, Korsika, Alpen (von den Seealpen bis Niederösterreich und Bosnien), mitteleuropäische Mittelgebirge.

---

279 Faltenlilie   *Lloydia serotina (L.) Rchb.*

Sie wurde nach dem englischen Botaniker Edward Lloyd (1660—1709) benannt, er beobachtete diese Art in Wales.

Die Faltenlilie ist so zart und zierlich, und doch steigt sie von allen Lilien am höchsten auf die Berge (Zentralalpen bis 3100 m). Nur 7—10 cm hoch wird das Pflänzchen mit zwei fadenförmigen Grundblättern und grasartigen Stengelblättchen. Die endständige, 10—15 mm große Blüte hat sechs breit-verkehrteiförmige, weißliche Perigonblätter. Diese haben je drei zarte, rote Streifen auf der Innenseite und außen sind sie am Grunde gelblich.

Humose Felsritzen, schattige, grasige Abhänge. Liebt windgefegte, im Winter schneefreie Stellen. 1850 bis 3100 m. Juni—August. Häufig am Pordoijoch.

V e r b r e i t u n g : Von den Gebirgen Wales über die Alpen und Karpaten, den Kaukasus, Himalaja und Tibet bis nach Sibirien und ins arktische Nordamerika.

---

280 Allermannsharnisch, Siegwurz   *Allium victorialis L.*

Aus der unterirdischen Sproßachse dieser Pflanze wurde das berühmte „Alraunmännchen" in der Wiener Hofbibliothek hergestellt.

Der aufrechte und runde Stengel wird 30—60 cm hoch, unter der Mitte trägt er zwei bis drei Laubblätter. Diese sind länglich-elliptisch, in einen kurzen Stiel verschmälert und anfangs längsgefaltet. Endständig am Stengel steht eine vielblütige, kugelige Scheindolde mit häutiger, weißlicher Hülle. Ihre weißlichen bis grünlichen Blüten blühen von innen nach außen auf. Die Staubblätter sind bis um die Hälfte länger wie die Perigonblätter.

Gesellig an felsigen Hängen, in gedüngten Wiesen, Zwergstrauchheiden und im Latschengebüsch. 1700 bis 2600 m. Juli—August. In den Dolomiten nicht selten; z. B. Grödner Joch.

V e r b r e i t u n g : Alle Gebirge Süd- und Mitteleuropas, von der Iberischen Halbinsel bis zum Kaukasus, in den Bergen Chinas und Japans, westliches Nordamerika.

---

281 Türkenbund   *Lilium martagon L.*

Als die Alchimisten ehemals dem Gold nachjagten, spielte die goldgelbe Zwiebel des Türkenbunds eine große Rolle. Aus ihr wurde Goldtinktur gewonnen, die das Blei in pures Gold verwandeln sollte. Den Namen Türkenbund trägt die Pflanze nach ihren turbanartigen Blüten, die Erinnerungen an den Orient wachrufen.

Der 20—90 cm hohe Stengel, oberwärts behaart, hat in der Mitte meist fünf bis sechs quirlartig sitzende, länglich-spatelige Blätter; die unteren und oberen Blätter sind einzeln oder wechselständig. In lockerer Traube, an bogigen Stielchen hängen die zauberhaften Blüten mit den turbanartig nach oben geschlagenen Perigonblättern. Sie sind dunkelrosa bis purpurn und dunkler gefleckt, herausragen in elegantem Schwung die Staubfäden mit mennigroten Staubbeuteln, in ihrer Mitte steht ein Griffel mit kopfiger, purpurroter Narbe. Abends entströmt der Blüte ein betörender Duft und damit wird auch der Hauptbesucher der Blüte angelockt — das Taubenschwänzchen. Frei schwebend vor der Blüte, senkt es seinen langen Rüssel zur Honigquelle am Grunde der Perigonblätter.

Bergwiesen und lichte Wälder. Auf Kalk, seltener auf Urgestein. Bis 2700 m. In den Dolomiten verbreitet.

V e r b r e i t u n g : Von Mitteleuropa durch das gemäßigte Rußland bis Japan (fehlt in West- und Nordeuropa).

282 u. 282a Affodill *Asphodelus albus Mill.*

Ein besonderes Erlebnis ist es wohl, dem weißen Affodill zu begegnen. Im Mittelmeergebiet ist er zuhause; herrlich stehen seine Kerzen neben den Säulen der griechischen Tempel. Vom Mittelmeergebiet reicht sein Areal bis zu den Alpen.

Inmitten schmal-linealer bis 60 cm langer Blätter steht der sehr aufrechte, blattlose, gekielte, 50—120 cm hohe Stengel. In endständiger, ziemlich dichter Traube stehen die Blüten mit kleinen lanzettlichen Tragblättchen. Die sechs weißen Perigonblätter mit grünem Mittelnerv breiten sich fast sternförmig aus; ihre unten verbreiterten Staubblätter sind etwas länger wie die Perigonblätter und stehen mit ihren goldgelben Staubbeuteln schräg nach außen.

Auf Weiden und saftigen Bergwiesen. 1000—1600 m. Mai—August. Die nördliche Verbreitungsgrenze verläuft im Trentino von Bresimo über den Bondone bis Primiero.

V e r b r e i t u n g : Spanien, Pyrenäen, Süd- und Westfrankreich, Südalpen (auch lombardisch-venetianische Alpen), Italien; westl. Balkan.

Schwertliliengewächse *Iridaceae*

283 u. 283a Frühlings-Krokus *Crocus albiflorus Kit.*

Kurz nach der Schneeschmelze überzieht der Krokus mit seinem Blütenmeer ganze Hänge, daß man oft an frischen Neuschnee glaubt. Diese frühe Blüte ist ein Fest des Naschens für Schmetterlinge, Bienen, Hummeln und all die honigsuchenden, hungrigen Insekten.

Die schmal-linealen, gekielten, grasartigen Blättchen erscheinen erst nach der Blüte. Meist einzeln stehen die Blüten. Unten sind sie von einem häutigen Hochblatt umgeben. Ihre Perigonabschnitte sind weiß, violett oder auch gestreift und innen am Grunde behaart. Ein schönes Farbspiel, wenn man ins Innere der Blüte schaut — die linealen, gelben Staubbeutel umstehen die orangefarbene, trichterförmige, dreilappige Narbe des Griffels.

Humusreiche, feuchte Alpenwiesen, Mulden und Gräben. 350—2700 m. Februar—Mai. Sehr häufig.

V e r b r e i t u n g : Pyrenäen, französ. und Schweizer Jura, Alpen, nördl. Apennin; Karpaten; Balkan.

Narzissengewächse *Amaryllidaceae*

284 Weiße Narzisse, Dichter-Narzisse *Narcissus poëticus L.*

Im frühen Altertum war sie schon bekannt, Homer zitierte sie; von Dichtern aller Zeiten wurde sie besungen.

Zusammengedrückt und kantig ist der 20—40 cm hohe Stengel. Fast die gleiche Höhe erreichen die vier linealen Blätter. Nach Nelken duften die Blüten. Sie stehen waagrecht vom Stengel ab. Eine 2—3 cm lange Röhre hat sechs strahlendweiße, verkehrt-eiförmige, am Rand sich deckende Perigonblätter. Diese sind flach ausgebreitet und umgeben die kleinere, kreisförmige, rotorange gerandete Nebenkrone. Ein trockenhäutiges Vorblatt umgibt den unterständigen Fruchtknoten.

Auf feuchten Bergwiesen, an Abhängen, zwischen Geröll, in Kastanienwäldern. Bis 2200 m. April—Juni. Primiero. (Im südlichen Trentino, Monte Baldo, Val di Ledro.)

V e r b r e i t u n g : Ausschließlich im Süden und Westen der Alpen. Von der Provence, der Dauphiné über die Seealpen und vom Tessin über die Südalpen bis in die Venetianer Alpen.

285 Frühlings-Knotenblume, Großes Schneeglöckchen *Leucojum vernum L.*

Frühling — da und dort blaue Leberblümchen, goldenes Scharbockskraut, Buschwindröschen — überweht vom Duft des Seidelbastes, jetzt bohrt sich auch das Große Schneeglöckchen mit den bleichen Spitzen der fest aneinanderliegenden Blätter durch die oft noch recht harte Erde seinen Weg zum Licht.

Die drei bis vier Laubblätter sind saftiggrün und breit-lineal, oft sind sie gleich lang wie der einblütige Stengel mit der nickenden Blüte. Gleich lang und schneeweiß mit einem grünen Fleck vor der Spitze sind die breit-länglichen Perigonblätter.

Meist gesellig auf Bergwiesen, in feuchten Laubwäldern und Sumpfwiesen. Bis 1600 m. Februar—April. Stellenweise in den Dolomiten häufig. Umgebung von Bozen, Kreuzkofelgruppe, Primiero.

V e r b r e i t u n g : Mitteleuropa und Pyrenäen (fehlt in der immergrünen Region des Mittelmeergebietes).

286 Schneeglöckchen, Echtes Schneeglöckchen *Galanthus nivalis L.*

Diese zierliche Pflanze ist eigentlich keine Bergblume, und doch steigt sie im Süden der Alpen bis 2200 m. Fast so lang wie der 15 cm hohe Schaft, sind auch die beiden blaugrünen, 1 cm breiten, stumpfen Laubblätter. Die einzeln stehenden Blüten sind glockenförmig und nickend. Sie haben drei äußere, längliche reinweiße Perigonblätter und drei innere kürzere, die am Rande halbmondförmig, grün gefleckt und auf der Innenseite zartgrün gestrichelt sind.

Laubwälder, Gebüsche, Wiesen, Bergwiesen, Parkanlagen. Bis 1700 m. Häufig. Februar—April. Am Monte Baldo bis 2200 m aufsteigend!

V e r b r e i t u n g : Pyrenäen, Frankreich, Schweizer Jura, Deutschland, Italien, Ungarn, Balkanhalbinsel, Karpaten, südwestliches Rußland, Krimberge, Kaukasus, Kleinasien.

Orchideen *Orchidaceae*

287 Frauenschuh *Cypripedium calceolus L.*

Ist wohl die bekannteste unserer heimischen Orchideen, aber wohl auch die schutzbedürftigste. Nur unter ganz günstigen Verhältnissen kann aus einem Samen erst nach 12 bis 17 Jahren eine blühfähige Pflanze entstehen. Durch unsinniges Abpflücken ist der Frauenschuh leider sehr selten geworden.

Bis 60 cm hoher, rundlicher, kurzhaariger, oben etwas übergeneigter Stengel mit breit-elliptischen, längsnervigen Blättern. Er hat eine bis zwei (bis drei) große, einseitswendige Blüten mit fünf gedrehten, purpurbraunen Perigonblättern, wovon die beiden hinter der Lippe stehenden miteinander verwachsen sind, nur zwei Zipfelchen lassen dies erkennen. Schuh- oder pantoffelähnlich, bauchig aufgeblasen ist die goldgelbe Lippe. Welches Problem für ein Insekt, da einzudringen. Meist purzelt es schon beim Versuch über den glatten, überhängenden Rand in diese Kesselfalle. Doch, o Wonne, hier gibts Nektar genug. Dann aber die Schwierigkeit, hier wieder herauszukommen. Endlich findet es die beiden engen Spalten, beiderseits der Narbe. Hier zwängt es sich durch, wird mit Pollenstaub beschmiert und trägt zur Bestäubung bei. Kalkliebend. Nadel- und Laubwälder, Tobelhänge. Im Gebirge bis zur Latschenregion. Bis 2000 m. Mai bis Juli. Z. B. Seiser Alm, Gröden, Fassatal, Villnöß, Cismone-Tal/Pala; häufiger noch bei Schluderbach.

V e r b r e i t u n g : Mittel- und Nordeuropa, nördlicher Teil von Italien und dem Balkan; Kaukasusländer, Sibirien bis Sachalin, Korea, China.

288 Rotes Waldvögelein *Cephalanthera rubra (L.) L. C. Rich.*

Ein zierlicher, gebogener, 20—50 cm hoher, oben etwas überhängender Stengel hat längliche, abstehende, längsnervige Laubblätter. Die Tragblättchen sind meist länger wie der Fruchtknoten. In lockerer, drei- bis fünfzehnblütiger Ähre stehen die großen rosa bis violetten, ungespornten Blüten. Zur Blütezeit sind die bis 2 cm langen Perigonblätter geöffnet, ihre Spitzen sind dann etwas zurückgeschlagen. Die ungesporrnte Lippe ist tief dreilappig und zweigliedrig, wobei das vordere Glied lang vorgezogen, allmählich zugespitzt, abwärtsgeneigt ist und auf der Oberseite gelblich gekräuselte Längsleisten hat.

Buschige Hügel; Waldwiesen; lichter, trockener Laub- und Nadelwald. Bis 1500 m. Mai—Juli. Umgebung von Bozen, Primiero, häufiger in der Brenta, z. B. Lago di Tovel.

V e r b r e i t u n g : Skandinavien, Südengland, Spanien (nicht in Portugal), Balearen, Frankreich, Belgien, Deutschland (fehlt im Nordwesten), Dänemark, Polen, Mittelrußland, Schweiz, Österreich, Tschechoslowakei, Ungarn, Rumänien, Bulgarien, Griechenland, Türkei, Zypern, Krim, Kaukasus, Persien, Italien, Sizilien, Sardinien, Korsika, Nordafrika.

289 Schwerblättriges Waldvögelein *Cephalanthera longifolia (L.) Fritsch*

Der 15—60 cm hohe, schlanke Stengel ist bis zum Blütenstand beblättert. Die aufrecht abstehenden, zweizeilig angeordneten Laubblätter sind lanzettlich-spitz und überragen nicht selten die 3- bis 20blütige Ähre. Milchweiß und ziemlich groß sind die spornlosen Blüten. Ihre drei äußeren Perigonblätter sind eiförmig-lanzettlich, die beiden inneren sind kürzer, lanzettlich und neigen sich zusammen. Zweigliedrig ist die Lippe und am Grund sackförmig; das vordere Glied ist breiter wie lang, herzförmig und trägt kleine, krause, rötlichgelbe Längsleisten.

Waldlichtungen, Bergwiesen, buschige Berghänge. Bis 1400 m. Ende Mai—Juni. Im Gebiet nicht selten.

V e r b r e i t u n g : Skandinavien, Nordspanien, Frankreich, England, Dänemark, Deutschland, Rußland, Schweiz, Österreich, Ungarn, Balkanländer, Türkei, Zypern, Syrien, Palästina, Krim, Kaukasus, Griechenland, Italien, Sizilien, Sardinien, Korsika, Nordafrika.

290 Weiße Sumpfwurz *Epipactis palustris (Mill.) Crantz*

Der flaumig behaarte, etwas kantige, bis 50 cm hohe Stengel ist bis über die Mitte hinauf beblättert, mit aufrecht-abstehenden, länglich-eiförmigen Laubblättern. Meist einseitswendig und locker ist der Blütenstand. Bei den ziemlich großen, spornlosen Blüten sind die äußeren, zuerst glockig zusammenneigenden, später abstehenden Perigonblätter rötlich bis braungrün; die inneren etwas kürzeren weiß und rot geadert. Das vordere Glied der Lippe, durch einen Abschnitt vom hinteren Glied getrennt, ist abwärts gerichtet, herzförmig zugespitzt, am Rande wellig mit zwei gelben Leistchen.

Nasse Wiesen, Wiesenmoore, feuchte Waldlichtungen, Dünentäler. Bis 1600 m. Juni—August. Im Gebiet sehr zerstreut; z. B. zwischen Seiser Alm und Seis. Gröden, Schlern, Pragser Wildsee, Fassa- und Fleimstal.

V e r b r e i t u n g : Südliches und mittleres Skandinavien, Nordspanien, Frankreich, England, Dänemark, Deutschland, Polen, Rußland, Tschechoslowakei, Ungarn, Rumänien, Bulgarien, Jugoslawien, Schweiz, Österreich, Italien (bis zum südlichen Apennin!), Krim, Kaukasus.

291 Braunrote Stendelwurz *Epipactis atrorubens (Hoffm.) Schult.*

Der rundliche, aufrechte Stengel ist dichtbehaart und meist rötlich überlaufen. Seine steif-abstehenden, vielnervigen Blätter sind länglich-eiförmig, die Tragblättchen zugespitzt und papillös. Der lockere Blütenstand trägt nach Vanille duftende, spornlose Blüten. Dunkelrot bis braunrot und nur leicht ausgebreitet sind die eiförmigen und zugespitzten Perigonblätter. Auch die Lippe ist purpurn und zweigliedrig. Das Vorderglied ist breiter als lang, herzförmig und zugespitzt mit zwei runzeligen Höckerchen. Darüber steht ein kurzes, oft goldgelbes Säulchen.

Nadelwälder, hie und da auch Laubwälder, auch im Kalkgeröll, trockene Abhänge, dürre Hügel. Auf Kalk und Dolomit. Bis 2185 m. Juni—August. Sehr zerstreut. Z. B. Fassatal oberhalb Campitello, Schlern, Gröden, Pragser Wildsee, Brixen, Sterzing, Fassa- und Fleimstal.

Kommt auch auf Dünen und Dünenheiden vor und ist an der Ostseeküste unter dem Namen „Strandvanille" bekannt.

V e r b r e i t u n g : Europa (bis Skandinavien; im nordwestdeutschen Flachland fehlend); Syrien, Kaukasus, Türkei? Fehlt in der immergrünen Zone des Mittelmeergebietes.

292 Nestwurz *Neottia nidus-avis (L.) L. C. Rich.*

Ihr Name bezieht sich auf die zahlreichen, vogelnestartig verflochtenen, fleischigen Wurzeln. Die ganze Pflanze ist umbrafarben; der dicke Stengel und die scheidenartigen Schuppenblätter sind etwas heller wie die Blüten. Viele Blüten bilden den unteren Teil lockeren, nach oben zu dichten Blütenstand. Den bis 15 mm großen Blüten entströmt ein zarter Honigduft. Ihre Perigonblätter sind helmartig zusammengeneigt; die Lippe, am Grunde sackartig ausgehöhlt, ist nach der Spitze zu in zwei auswärts gerichtete Lappen gespalten.

Verbreitet in schattigen Laubwäldern, besonders im Kalk-Buchenwald; hie und da auch im Nadelwald oder Gebüsch. Bis 1700 m. Mai—Juli.

V e r b r e i t u n g : Skandinavien bis 62. Grad. Sonst ganz Europa einschließlich der Mittelmeerinseln (nur in den Gebirgen); Türkei, Krim, Kaukasus; auch Mittel- und Nordasien.

293 u. 293a bis e Schwarzes Kohlröschen *Nigritella nigra (L.) Rchb.*
                       Brändle, Braunelle

Du liebliches, bescheidenes Bergwiesenkind mit deinem schwarzbraunen Köpfchen. Du verzauberst doch all die Almen und Matten der Dolomiten. Dein Duft folgt dem Wanderer von Hang zu Hang — wie kann er dir ein Leid zufügen? Ein Loblied müßte er dir singen, statt dich zu brechen.

Bis zu 15 cm hoch wird der Stengel, der durch die herablaufenden Ränder der Stengelblättchen etwas kantig ist. Er trägt ein kugeliges bis pyramidenförmiges, dichtblütiges Köpfchen, das nach Vanille duftet. Die zahlreichen Laubblätter sind grasartig, dicklich rinnig und am Rande ganz fein gezähnelt. Die oberen Stengelblätter sind sitzend und tragblattartig. Die kleinen Blüten sind schwarzpurpurn — seltener rosarot, orange, gelblich, weißlich oder sogar gescheckt. Die schmalen Perigonblättchen breiten sich aus. Aufwärts weist die Lippe, sie verjüngt sich am Grunde und ist nach oben lang zugespitzt. Sackartig und kurz ist der Sporn.

Auf sonnigen Alpenwiesen und Matten. Besonders auf Kalk. 1000—2000 m. Juni—August.

Nirgendwo sonst finden wir so viele „Nigritella nigra" in allen möglichen Farben auf kleinem Raum beschränkt wie in den Dolomiten! („f. pallida; f. flava; f. rosea; f. sulphurea; f. flava-rosea" usw., usf.).

V e r b r e i t u n g : Nur im Gebirge: Pyrenäen, französ. Zentralmassiv, Jura, Alpen, Apennin, Karpaten; Balkanhalbinsel, nördl. Skandinavien.

294 Rotes Kohlröschen *Nigritella miniata (Crantz) Janchen*

Das Rote Kohlröschen ist der vorhergehenden Art, dem Schwarzen Kohlröschen, sehr ähnlich, unterscheidet sich aber durch:
— den etwas kräftigeren Wuchs,
— den walzenförmigen, etwas verlängerten Blütenstand,
— die hellrosa bis ziegelrote Blütenfarbe,
— die nach oben stehende Lippe ist am Grunde t ü t e n f ö r m i g z u s a m m e n g e z o g e n ,
— die Blütezeit liegt 14 Tage früher — also Beginn Ende Mai.

V e r b r e i t u n g : Östliche und südöstliche Alpen (ab Vorarlberg und Südtirol), Ostkarpaten.

295 Holunder-Knabenkraut *Dactylorhiza sambucina (L.) Soó (= Orchis sambucina L.)*

Die 10—35 cm hohe Pflanze hat keine Rosettenblätter. Ihre 5—10 cm langen Laubblätter sind meist breit-lanzettlich und nicht gefleckt. Sehr dichtblütig und 3—15 cm lang ist der zylindrische Blütenstand. Die gelben oder roten Blüten sind in allen Zwischenfarbnuancen zu finden. Die beiden seitlichen Perigonblätter der Blüten sind abstehend aufwärts gerichtet; die 3 übrigen neigen sich helmartig zusammen. Die bis 12 mm lange Lippe ist flach bis sattelförmig, rundlich, dreiteilig oder nur gezähnt. Der deutlich gebogene Sporn ist kegelförmig und abwärts gerichtet.

Montan und subalpin. Auf trockenen bis frischen Bergwiesen, auf Böden mit saurer Reaktion. In den Dolomiten zerstreut. April—Juni.

V e r b r e i t u n g : Südalpen, Italien, Österreich, Schweiz, Deutschland, Frankreich, Spanien, Polen, Rußland, Schweden, Norwegen, Rumänien, Jugoslawien, Griechenland.

296 Breitblättriges Knabenkraut *Dactylorhiza majalis (Rchb.) Hunt & Summerh.*
                                    (= Orchis latifolia L.)

Der 20—50 cm hohe Stengel ist dünnwandig und hohl. Er hat meist 6 breit-lanzettliche, oberseits meist gefleckte Blätter. Zylindrisch und dichtblütig ist der Blütenstand. Die grünen bis roten Tragblätter überragen die unteren Blüten. Die Blüten sind rot mit dunkleren Flecken und Linien. Aufwärtsgerichtet und abstehend sind die beiden seitlichen Perigonblätter. Die 3 übrigen neigen sich helmartig zusammen. dreiteilig ist die bis 12 mm lange Lippe, ihre Seitenlappen sind breit rundlich, der Mittellappen schmal dreieckig. Der kegelförmige Sporn ist gerade und nach abwärts gerichtet.

Montan und subalpin. Feuchte bis nasse Wiesen und Flachmoore. In den Dolomiten häufig. Mai—Juli.

V e r b r e i t u n g : Vom Atlantischen Ozean bis in den Ural.

297 Männliches Knabenkraut *Orchis mascula (L.) L.*

Der 10—40 cm hohe Stengel hat 5—15 cm lange, oft dunkler gefleckte Blätter (größte Breite in oder über der Mitte). Die oberen Blätter umfassen den Stengel scheidenartig. Der 5—15 cm lange Blütenstand ist meist lockerblütig und zylindrisch. Die Blüten sind purpurrot, selten weiß. Ihre beiden seitlichen Perigonblätter sind abstehend aufwärts gerichtet, die drei übrigen neigen sich zusammen. Die bis 12 mm lange, sattelförmige Lippe ist heller und hat dunklere Flecken. Sie ist meist dreiteilig mit ausgerandetem Mittelabschnitt. Der zylindrische Sporn ist etwa so lang wie der Fruchtknoten und aufwärts gerichtet.

Kollin, montan und subalpin. Auf lockeren, tiefgründigen, feuchten, ungedüngten Wiesen, in lichten Mischwäldern. Häufig in den Dolomiten. April—Juni.

V e r b r e i t u n g : Alpenländer, Italien, Frankreich, Deutschland, England, Rußland, Dänemark, Schweden, Norwegen, Ungarn, Jugoslawien, Rumänien, Griechenland, Türkei, Persien, Korsika, Kreta, Nordafrika.

298 Brand-Knabenkraut   *Orchis ustulata L.*

Der 10—40 cm hohe Stengel trägt unten 3—8 cm lange, breit-lanzettliche Blätter, die nach oben zu schmäler werden und den Stengel scheidenförmig umfassen. Dichtblütig ist der 3—8 cm lange Blüten-stand. Die Blütenknospen sind dunkel purpurn-rotbraun, sehen wie angebrannt aus, daher der Name Brand-Orchis. Alle fünf Perigonblätter bilden einen dunkelpurpurnen Helm, aus diesem ragt die 5 mm lange Lippe heraus. Sie ist weißlich und rot gepunktet. Sehr kurz und abwärts gekrümmt ist der Sporn. Trockene bis feuchte, humose saure, sonnige Böden, Mager-Bergwiesen (bis 2000 m). In den Dolomiten ziemlich häufig. Mai—Juli.
V e r b r e i t u n g : Italien, Österreich, Schweiz, Frankreich, Deutschland (fehlt im Norden), England, Be-nelux, Dänemark, Rußland, Schweden, Norwegen, Balkan-Halbinsel, Tschechoslowakei, Ungarn, Polen.

299 Kugel-Knabenkraut   *Traunsteinera globosa (L.) Rchb. (= Orchis globosa L.)*

Der schlanke Stengel dieser Pflanze wird 20—60 cm hoch. Die unteren Stengelblätter sind oval, stumpf, 5—10 cm lang; die oberen sind lanzettlich. Zuerst ist der Blütenstand kugelig, wird aber später kegel-förmig bis zylindrisch. Hellrosa sind die Blüten und all ihre fünf Perigonblätter neigen sich glockenförmig zusammen und enden in einer stielähnlichen Spitze. Die dreiteilige Lippe hat zugespitzte seitliche Ab-schnitte. Der stumpfe Sporn ist abwärts gebogen.
Subalpin und montan. Kalkhaltige, tiefgründige, oft steinige Böden. In den Dolomiten zerstreut. Juni bis August.
V e r b r e i t u n g : Gesamtes Alpengebiet, Jura, Schwarzwald, Erzgebirge, Sudeten, Karpaten, Pyrenäen, Apennin; von Spanien bis Rußland und Kleinasien.

300 Fliegen-Ragwurz   *Ophrys insectifera L. (= O. muscifera Huds.)*

Alle Ragwurzarten erinnern mit ihren braun-samtenen Lippen, die mit Flecken und Spiegeln geziert sind, an die Körper von Insekten.
10—35 cm hoch wird der Stengel der Fliegen-Ragwurz, er trägt unten oval-lanzettliche, oben lanzett-liche scheidenartige Blätter. Der lockere Blütenstand ist 2—20blütig. Die drei äußeren, ovalen, hellgrünen Perigonblätter werden bis 8 mm lang; die beiden inneren sind schmal bis fadenförmig und braun bis rötlich. Die doppelt so lange wie breite Lippe ist sattelförmig, rotbraun bis braun, samtartig mit großen graublauen Flecken (Spiegeln). Ihre Seitenabschnitte stehen etwas ab, der Mittelabschnitt ist verkehrt-eiförmig.
Kollin, montan, selten subalpin. Auf lehmigen oder tonigen Böden, im lichten Föhrenwald. In den Dolomiten zerstreut. Mai—Juli.
V e r b r e i t u n g : Europäische Pflanze: Mittelitalien bis nördliche Balkan-Halbinsel. Nordgrenze: Irland, Schottland, Norwegen.

301 Saumnarbe, Tauernblümchen   *Lomatogonium carinthiacum (Wulf.) Rchb.*
F a m i l i e : Enziangewächse   *Gentianaceae*

Der meist von Grund aus verzweigte, kantige Stengel wird 1—13 cm hoch. Die unteren Blättchen sind kurz gestielt, spatelig oder länglich, die oberen meist sitzend und spitz. Langgestielt und endständig sind die eigenartig blaßblauen Blüten, die ihre Kronblätter radförmig ausbreiten. An dem länglichen Frucht-knoten laufen seitlich die Narben leistenförmig herab.
Auf basischer und saurer Unterlage. Kurzrasige Matten und Weiden, Schwemmböden, Böschungen. 1400 bis 2700 m. August—Oktober. Schlerngebiet, Sellajoch, Geislergruppe usw.
V e r b r e i t u n g : Alpen (vor allem Tauern, westl. bis Wallis, nördl. bis in die Berge vom Funtensee); Ostkarpaten, vom Kaukasus bis Sibirien, Nordamerika.

302 Niedriges Seifenkraut, Saupeterstamm   *Saponaria pumila Janch. ex Hayek*
F a m i l i e : Nelkengewächse   *Caryophyllaceae*

Dichte, fast polsterförmige Rasen bildet diese niedrige Pflanze. Ihre Blättchen sind schmal-lineal, gegen die Spitze zu etwas verbreitet und stumpf. Endständig stehen auf kurzen Stengelchen die großen, leuchtend rosaroten Blüten. Sie haben 5 längliche, tief zweispaltige Kronblätter und tragen am Grunde ein zweispitzi-ges Krönchen. Auffallend ist der aufgeblasene, stumpfzähnige, kurzzottige grüne oft auch braunrote Kelch. Auf Weiden, Erdabrissen, Zwergstrauchheiden, Asaleenteppichen. Liebt saure, kalkarme Böden. 1900 bis 2600 m. Juli—September. Fleimstaler und Fassaner Berge.
V e r b r e i t u n g : Südalpen (Sarntaler Alpen); Ostalpen, Hohe Tauern bis Defreggengebirge. Siebenbürgen.

303 Nickender Steinbrech   *Saxifraga cernua L.*
F a m i l i e : Steinbrechgewächse   *Saxifragaceae*

Der dünne, stets nur einblütige, meist etwas nickende Stengel wird 3—35 cm hoch. Langgestielt sind die Grundblätter, herznierenförmig und 3—7-lappig. Die Stengelblätter tragen in den Blattachseln kleine, auf-fallend rötliche Brutknöllchen. Die endständigen, weißen Blüten haben längliche, gestutzte Kronblätter.
Feuchte, schattige Felsnischen, unter Überhängen. 1800—2500 m. Juli Fassatal, Sella, Pordoi und Rolle.
V e r b r e i t u n g : Wallis, Seealpen, Ostalpen, Karpaten, Altai, Zentralasiat. Hochgebirge, Sibirien; Schott-land, Grönland, Arkt. Europa, Amerika.

304 Dolomiten-Streifenfarn   *Asplenium seelosii Leyb.*
F a m i l i e : Tüpfelfarne   *Polypodiaceae*

Entdeckt wurde dieser Farn im Schlerngebiet von Gustav v. Seelos, Innsbruck, im Jahre 1854.
Die Spreite des 2—10 cm langen Farnes sind beiderseits weiß-filzig, dreiteilig mit rhombischen Abschnit-ten, am Rande leicht gezähnt und meist etwas eingerollt. Sori zweireihig.
F. v. Hausmann bezeichnete diese Form als „planta imbrium impatiens" als Pflanze, die gegen Regen emp-findlich ist. Die Vorkeimung erfolgt meist in dem, den braunen Spaltenton bewohnenden Schönastmoos.
Trockene Kalk- und Dolomitfelswände. Bis 2600 m. Juli—Sept. Schlerngebiet, Sella, Pustertal, Primiero.
V e r b r e i t u n g : Judikarien, Südtirol, Kärnten, Krain, Nieder- und Oberösterreich.

Naturschutz

Mit Recht darf man von einem Biologen erwarten, daß er in einem solchen Buch eine Lanze bricht für den Schutz der bedrohten Natur. Naturschutz heute ist aber viel mehr als das neidische Bewachen einiger seltener Blumen, es ist das Bewahren einer zwar schon arg mitgenommenen, aber n o c h lebenswerten Welt für den Menschen. Naturschutz heute mahnt uns mit allem Ernst daran, daß Übervölkerung, Nahrungsmangel und Umweltvergiftung das Ende der Menschheit in vorausschaubare Nähe gerückt haben.

Die Dolomiten, wo Landschaft und Natur in seltenem Einklang den Schöpfer loben, sind zum ersehnten Ziel für Hunderttausende geworden. Sie könnten freilich auch eines der »besten« Beispiele dafür werden, wie Mangel an vorausschauender Planung in unserer vom Profitdenken beherrschten Gegenwart eine Naturlandschaft zerstören kann. Wo nämlich Fremdenverkehr zum Ausverkauf der Landschaft führt, die ihn trägt, wird er wirtschaftlich unsinnig.

In maßloser Selbstüberschätzung dünkt sich der Mensch das Maß aller Dinge und vergißt dabei, daß er selbst nur ein Stück jener Natur ist, die ihn umgibt, jener Natur, die bis in die Neuzeit herauf in einem wohlausgewogenen Gleichgewicht leben konnte. Erst der Mensch hat es in wenigen Jahrzehnten geschafft, dieses Gleichgewicht so entscheidend zu stören, daß sein eigenes Überleben, vielleicht sogar die Existenz der Erde überhaupt, auf dem Spiel steht. Schreckt ihn das drohende Ende? Den düstersten Prognosen zum Trotz fährt er fort, seine Umwelt zu zerstören und Leben zu vernichten. Die vernunftbegabte »Krone der Schöpfung« sollte doch fähig sein, ihr zukünftiges Geschick auf dieser Erde neu zu gestalten. Oder ist es dazu bereits für immer zu spät? Diese Frage wird wohl erst die nächste Generation beantwortet sehen.

Was in unseren eigenen Kräften steht, können und müssen wir aber tun. Das beginnt damit, daß wir unsere Bergblumen nicht als bald verwelkenden Strauß, sondern als Bild im Herzen heimtragen; es bedeutet, daß wir den technischen Fortschritt wieder auf das rechte Maß reduzieren, daß wir freiwillig darauf verzichten, auch noch den allerletzten Gipfel mit Straße und Seilbahn zu »erschließen«, mit Benzingestank und Abfällen zu versauen.

Welcher Katastrophen wird es noch bedürfen, bis wir begreifen, daß es in der Natur keine »Bevorzugten«, nichts Besseres im ethischen Sinn gibt. Vielleicht lernen wir Menschen dann wieder, in rechter Selbsteinschätzung unserer Möglichkeiten jenen Platz zu finden, der uns im großen Zusammenspiel allen Lebens auf dieser Erde zugewiesen ist.

Dr. Herbert R e i s i g l

Bezüglich der vollkommen geschützten Pflanzen sei auf das entsprechende Südtiroler Landesgesetz verwiesen, das in diesem Buch auf Seite 183 abgedruckt ist.
Alle weiteren bedrohten und daher besonders schützenswerten Pflanzen sind außerdem in der Bildbeschriftung noch durch ein »G« gekennzeichnet.
Grundsätzlich gilt, daß auch von Pflanzen, die keinerlei Schutzbestimmung unterliegen, niemals mehr als zehn Blütenstände gepflückt werden dürfen, wobei die Zahl Zehn als die oberste Mengengrenze gilt.

Das in Südtirol geltende Landesgesetz vom 28. 6. 72, Nr. 13

(abgeändert mit D. LH. Nr. 63 vom 17. 7. 79) zum

Schutz der Alpenflora

Vorbemerkung: Die im Sinne des hier angeführten Gesetzes geschützten Blumen sowie weitere bedrohte und schützenswerte Arten sind im Bildteil dieses Buches durch ein (G) gekennzeichnet.

Art. 1

Alle kraut- und staudenartigen Pflanzen, die in der Provinz Bozen von Natur aus verbreitet sind und wild wachsen, gelten als charakteristisch für den alpinen Raum und sind daher geschützt.

Art. 2

Verboten ist das Pflücken und Aufbewahren von Pflanzen und Pflanzenteilen folgender Arten: 1) Kuhschelle, alle einheimischen Arten - *Pulsatilla species,* davon z. B. Schwefelgelbe Anemone, Schwefelgelbe Kuhschelle - *Pulsatilla alpina, ssp. sulphurea (L.) DT.;* Frühlingskuhschelle, Pelzanemone - *Pulsatilla vernalis (L.) Mill.* — 2) Dolomiten-Akelei, Einseles Akelei - *Aquilegia einseleana F. W. Schultz* — 3) Großes Schneeglöckchen, Frühlingsknotenblume - *Leucojum vernum L.* — 4) Türkenbund - *Lilium martagon G.* — 5) Feuerlilie - *Lilium bulbiferum L.* — 6) Orchidee, alle einheimischen Arten - *Orchidaceae species,* davon z. B. Weiße Waldhyazinthe - *Platanthera bifolia (L.) Rich.* - Schwarzes Kohlröschen, Braunelle - *Nigritella nigra (L.) Rchb.;* Frauenschuh - *Cypripedium calceolus L.* — 7) Seidelbast und Steinröserl, alle einheimischen Arten - *Daphne species,* davon z. B. Seidelbast - *Daphne mezereum L.;* Steinröserl, Gestreifter Seidelbast - *Daphne striata Tratt.* — 8) Kartäusernelke - *Dianthus charthusianorum L.* — 9) Gemeine Spechtwurz, Diptam - *Dictamnus albus L.* — 10) Primel, Schlüsselblume, alle einheimischen Arten mit Ausnahme der Frühlingsschlüsselblume - *Primula species, praeter primula veris L.,* davon z. B. Klebrige Primel, Blauer Speik - *Primula glutinosa Wulf.,* Behaarte Primel - *Primula hirsuta All.,* Felsaurikel, Platenigl - *Primula auricula L.* — 11) Alpenveilchen, Erdscheibe - *Cyclamen purpurascens Mill.* — 12) Schlernhexe, Alpen-Grasnelke - *Armeria alpina (DC.) Willd.* — 13) Enzian, alle einheimischen Arten - *Gentiana species,* davon z. B. Punktierter Enzian - *Gentiana punctata L.;* Großblütiger Enzian - *Gentiana clusii Perr. et Song.;* Gelber Enzian - *Gentiana lutea L.* — 14) Gelbe Schwertlilie - *Iris pseudacorus L.* — 15) Weiße Seerose - *Nymphaea alba L.* — 16) Rohrkolben, alle einheimischen Arten - *Typha species,* davon z. B. Schmalblättriger Rohrkolben - *Typha angustifolia L.* — 17) Gelbe Teichrose - *Nuphar luteum S. et S.* — 18) Schopf-Rapunzel, Teufelskralle - *Phyteuma comosum L.* — 19) Himmelsherold - *Eritrichum nanum (Amann) Schrad.* — 20) Dolomitenschafgarbe - *Achillea oxyloba (DT.) F. W. Schultz* — 21) Edelweiß - *Leontopodium alpinum Cass.* — 22) Echte Edelraute - *Artemisia mutellina Vill.* — 23) Mäusedorn - *Ruscus aculeatus L.*

Das im vorhergehenden Absatz enthaltene Verzeichnis kann aufgrund eines Beschlusses des Landesausschusses und nach Anhören des Unterausschusses für Landschaftsschutz im Beirat für Raumordnung mit Dekret des Präsidenten des Landesausschusses abgeändert werden.

Art. 3

Von allen anderen wildwachsenden Pflanzenarten, welche nicht im Art. 2 aufgezählt sind, dürfen im Gebiet der Provinz insgesamt je Person und Tag höchstens zehn Blütenstände (Blütenstengel) gepflückt werden.

Auf jeden Fall ist das Ausreißen von Pflanzen oder das Abreißen von Pflanzenteilen verboten. Für die Verwendung der gezüchteten sowie der als Unkraut in den bewirtschafteten Grundstücken auftretenden Pflanzen zum Eigengebrauch ist dem Eigentümer und Selbstbebauer keine Einschränkung gesetzt.

Art. 4

Der zuständige Landesassessor kann, vorbehaltlich der Zustimmung des Grundeigentümers, das Sammeln von geschützten Pflanzen oder Pflanzenteilen sowie das Sammeln der nach Art. 2 geschützten Arten zu wissenschaftlichen, didaktischen und pharmazeutischen Zwecken ermächtigen.

Der Antrag auf Ermächtigung ist auf Stempelpapier abzufassen und an das Amt für Naturausstattung der autonomen Provinz zu richten; im Antrag müssen der Zweck des Sammelns und die Daten zur Person, für welche die Ermächtigung eingeholt wird, genau angegeben werden.

Die Ermächtigung ist nicht übertragbar und muß ihre Dauer, den Ort des Sammelns sowie die Menge und Art der Pflanzen, die gesammelt werden dürfen, enthalten.

A r t. 5

Im Gebiet der Provinz ist es verboten, geschützte wildwachsende Pflanzen oder Pflanzenteile zum Verkauf anzubieten und damit Handel zu treiben.

A r t. 6

Das Verbot und die Einschränkung gemäß Art. 2 und 3 dieses Gesetzes gelten nicht für die geschützten Pflanzen, die aus Kulturen in Gärten oder gewerblichen Gärtnereien stammen. Diese Pflanzen und Blüten müssen jedoch, wenn sie in den Handel gebracht werden, von einem vom Gärtner ausgestellten Ursprungszeugnis begleitet sein.

A r t. 7

Für die Einhaltung dieses Gesetzes sorgen, auf Antrag des Präsidenten des Landesausschusses, die Organe der öffentlichen Sicherheit sowie mit Ermächtigung des Landesausschusses die Organe der Forstpolizei, die Jagd- und Fischereiaufseher, die Waldaufseher der Gemeinden und der Gemeindekonsortien und die vereidigten Aufsichtspersonen, die von Körperschaften und Verbänden namhaft gemacht werden, deren Hauptziel der Natur-, Landschafts- und Umweltschutz ist.

Die vereidigten Aufsichtspersonen müssen die im Art. 138 des Einheitstextes der Gesetze über die öffentliche Sicherheit, genehmigt mit kgl. Dekret vom 18. Juni 1931, Nr. 773, angeführten Voraussetzungen besitzen und vor dem Bezirksrichter den Amtseid leisten.

Mit Durchführungsverordnung zum vorliegenden Gesetz werden die Bestimmungen zur Koordinierung des Dienstes der vereidigten Aufsichtspersnen unbeschadet der Bestimmungen des kgl. Dekretes vom 26. September 1935, Nr. 1952, festgesetzt.

A r t. 8

Wer die Bestimmungen der Art. 2, 3, 5 und 6 Abs. 2 verletzt oder die Vorschriften, die in der Ermächtigung nach Art. 4 Abs. 3 angegeben sind, nicht beachtet, muß eine Verwaltungsstrafe von 10.000 Lire entrichten; außerdem werden die Pflanzen im Verwaltungswege eingezogen. Die Verletzung gilt als begangen, wenn jemand auf die förmliche Aufforderung hin sich weigert, tragbare Behälter oder andere Beförderungsmittel zwecks Kontrolle zu öffnen. In diesem Falle wird eine Verwaltungsstrafe von 20.000 Lire verhängt.

Wird die Verletzung von jemandem begangen, der der Amtsgewalt, Leitung oder Aufsicht eines anderen untersteht, so macht sich gemäß den Vorschriften der vorhergehenden Absätze die Person strafbar, welche die Amtsgewalt innehat oder die mit der Leitung oder der Aufsicht betraut ist.

A r t. 9

Von den in den Art. 2, 3, 4 und Abs. 3, 5 und 6 Abs. 2 vorgesehenen Übertretungen ist eine entsprechende Niederschrift zu verfassen. Das Original der Niederschrift wird vom Verfasser dem Amt für Naturausstattung der autonomen Provinz übermittelt.

Eine Durchschrift davon muß unverzüglich dem Zuwiderhandelnden oder den Personen, die nach Art. 8 Abs. 3 verantwortlich sind, ausgefolgt werden; wenn das nicht möglich ist oder die Annahme verweigert wird, übermittelt der Verfasser der Niederschrift auch diese Durchschrift an das Amt für Naturausstattung, das dann seinerseits die Durchschrift innerhalb von zehn Tagen mittels eingeschriebenem Brief mit Rückschein an die Betroffenen sendet. Die Verwaltungsstrafe muß in der in der Niederschrift angegebenen Höhe innerhalb von dreißig Tagen ab Übergabe der Niederschrift oder deren Zustellung durch die Post gezahlt werden.

A r t. 10

Wenn die Bezahlung nicht gemäß den Vorschriften des vorhergehenden Artikels erfolgt, ordnet der Leiter des Amtes für Naturausstattung mit gesonderter Verfügung, die mit eingeschriebenem Brief mit Rückschein zugestellt werden muß, dem Schuldner an, innerhalb von dreißig Tagen nach Zustellung den geschuldeten Betrag erhöht um die Hälfte zu bezahlen. Der Betroffene muß angehört werden, falls er innerhalb von fünfzehn Tagen ab Vorhaltung der Übertretung oder nach Zustellung der Niederschrift durch die Post darum angesucht hat. Die Zahlungsaufforderung ist vollstreckbar.

Gegen diese kann der Betroffene innerhalb der für die Zahlung festgesetzten Frist beim Bezirksrichter, in dessen Amtsbereich die Übertretung festgestellt wurde, Einspruch erheben.

A r t. 11 und 12
Omissis

Verzeichnis der lateinischen und deutschen Pflanzennamen

187

189

Literaturverzeichnis

DALLA TORRE, V. & L., v. SARNTHEIN, 1900—1913: Flora von Tirol, Vorarlberg und Liechtenstein, Innsbruck.

DANESCH, E. & O., 1962: Orchideen Europas/Mitteleuropa. Verlag Hallwag, Bern. 1969: Orchideen Europas/Südeuropa. Verlag Hallwag, Bern.

FENAROLI, L., 1971: Flora delle alpi. Aldo Martello Editore, Milano.

FRITSCH, K., 1922: Exkursionsflora für Österreich und die Nachbargebiete. Wien und Leipzig.

EHRENDORFER, F., 1973: Liste der Gefäßpflanzen Mitteleuropas. Fischer Verlag, Jena.

GAMS, H., 1971: Die Wandlung der Seiser Alm. Jahrbuch d. Ver. z. Schutze der Alpenpflanzen und -tiere. Gerber Verlag, München.

HEGI, G.: Illustrierte Flora von Mitteleuropa. Neuauflage. Hanser Verlag, München.

HEGI/MERXMÜLLER, 1969: Alpenflora. Hanser Verlag, München.

KLEBELSBERG, R. v., 1935: Geologie von Tirol, Verlag Borntraeger, Berlin.

KOHLHAUPT, P., 1963/64: Alpenblumen. Belser Verlag, Stuttgart. Bd. 1 und 2.

KOHLHAUPT, P., 1971: Bunte Welt der Orchideen. Bunte Kosmos Taschenführer.

LADURNER, J., PURTSCHELLER, F., REISIGL, H., TRATZ, E., u. a. 1970: Die Welt der Alpen, Pinguin Verlag, Innsbruck, Umschau-Verlag, Frankfurt.

LANDOLT, E., 1964: Unsere Alpenflora. Verlag Schweizer Alpen Club.

LANDEOLT, HESS, HIRZEL, 1967: Flora der Schweiz und angrenzender Gebiete. 3 Bände. Birkhäuser Verlag, Basel.

PITSCHMANN, H., & REISIGL, H., 1957: Endemische Blütenpflanzen der Südtiroler Dolomiten. Museum Ferdinandeum, Innsbruck.

PITSCHMANN, H., & REISIGL, H., 1965: Bilder-Flora der Südalpen. 2. Auflage. Gustav Fischer Verlag, Stuttgart.

RAMPOLD, J., 1968: Von Südtirol zum Gardasee. Tyrolia Verlag, Innsbruck.

SCHROETER, C., 1908: Pflanzenleben der Alpen. Raustein Verlag, Zürich.

SUNDERMANN, H., 1970: Europäische und mediterrane Orchideen. Brücke Verlag, Hannover.

Alle Aufnahmen wurden mit der Rolleiflex SL 66 auf Ektachrome X und Ektachrome Professional-Film aufgenommen.

INHALT